面向中等职业教育改革规划创新教材
中等职业教育课程改革项目研究成果

应用文写作

（第2版）

主　编　周　泉
副主编　刘玉珍　赵燕玲　张小平
　　　　谢周龙　孙晓磊　王兴佳
编　委　傅细华　王云峰　康道德

北京理工大学出版社
BEIJING INSTITUTE OF TECHNOLOGY PRESS

内容简介

中职生无论在学习、生活中，还是应聘实习过程中，甚至到了工作岗位上，都离不开应用文写作，生活中的感谢信、请假条 学习中的演讲稿、倡议书，应聘中的推荐信、求职信以及工作中的述职报告和各种公文、报表等的写作都是需要学习和掌握的。

写作课是一门技能课，它的最终目的是要教会学生如何写出合格的文章，如果仅仅让学生弄明白写作"是什么""为什么"而不知道"如何做"，那么这门课的性质就没有被体现出来，即应用写作教学要体现写作"知行合一"的本质。

本书以应用文的写作和实际应用为出发点，结合精辟实例，由教育专家组编写，其目的是让中职生朋友们熟练地掌握各种日常应用文体的写作，并在工作岗位上运用自如。

版权专有 侵权必究

图书在版编目（CIP）数据

应用文写作/ 周泉主编. —2版. —北京：北京理工大学出版社，2022.8重印

ISBN 978-7-5640-4788-7

Ⅰ.①应… Ⅱ.①周… Ⅲ.①汉语应用文写作 Ⅳ．H152.3

中国版本图书馆CIP数据核字（2011）第136774号

出版发行/北京理工大学出版社有限责任公司

社　　址/北京市海淀区中关村南大街5号

邮　　编/100081

电　　话/（010）68914775（总编室）

　　　　　（010）82562903（教材售后服务热线）

　　　　　（010）68944723（其他图书服务热线）

网　　址/http：//www.bitpress.com.cn

经　　销/全国各地新华书店

印　　刷/定州市新华印刷有限公司

开　　本/787毫米×1092毫米　1/16

印　　张/12

字　　数/294千字

版　　次/2022年8月第2版第15次印刷　　　　　　　　责任校对/周瑞红

定　　价/29.00元　　　　　　　　　　　　　　　　责任印制/边心超

前　言

中职生无论在学习、生活中,还是应聘实习过程中,甚至到了工作岗位上,都离不开应用文写作,生活中的感谢信、请假条,学习中的演讲稿、倡议书,应聘中的推荐信、求职信以及工作中的述职报告和各种公文、报表等的写作都是需要学习和掌握的。

写作课是一门技能课,它的最终目的是要教会学生如何写出合格的文章。如果仅仅让学生弄明白写作“是什么”“为什么”而不知道“如何做”,那么这门课的性质就没有被体现出来,即应用写作教学要体现写作“知行合一”的本质。

应用文的教学应从两方面入手:首先,设置悬念,在教学之前设计“练”的环节,用“练”过程中产生的问题将基本知识点串联起来,在解决问题的过程中掌握知识;模拟情景,在教学之中设计“练”的环节,让学生明白某一文种之所以要求在不同的部分写出规定的内容,是由这一文种能够解决的问题、事物自身的组织构造以及人们认识事物的思维规律共同决定的;拓展时空,在教学之后设计“练”的环节,由小组在活动中完成。其次,将写作应用到具体生活教育中去,不外乎两种方式,一种是将教学内容与生活世界联系在一起,另一种是让学生直接参加到生活中去,在生活中不断地观察、体验,形成自己的知识。中职生在校学习过程中有大量的实习机会,这是目前中等职业学校为培养应用型、技能型人才不可或缺的重要环节,也是学生写作的重要源泉。例如,可以让学生拟写关于发生在实习生活中有新闻价值事件的消息;可以让学生在实习结束时给实习单位写一封感谢信;可以让食品加工专业的学生写出某种蛋糕或者某款菜肴制作程序的说明书……凡此种种,无一不涉及职业素质的方方面面,在写作的过程中,学生逐渐会对职业素质有自己的感悟,并有意识地培养自己的职业素质。

本书以应用文的写作和实际应用为出发点,结合精辟实例,由教育专家组编写,其目的是让中职生朋友们熟练地掌握各种日常应用文体的写作,并在工作岗位上运用自如。

编　者

目　录

教学目标

　　本章主要介绍了应用文的含义、起源和发展，阐明了应用文的社会功能、特点和种类，通过学习，学生应对应用写作科学、课程体系有宏观、全面的了解，为学好这门课程打下良好的知识基础。

教学要求

　　认知：了解应用文的基本类型和重要作用，理解应用写作的目的和功能。

　　情感态度观念：认识应用文写作在生活工作中的重要性，提升自身综合素质。

　　运用：充分掌握应用文写作可以使学生在今后的生活工作中得心应手，应用文还能解决和避免人际交往中的问题和摩擦。

知识点 **1** 　什么是应用文

应用文是一种记录、传达社会信息、交流情况和经验的文本。所以我们又把应用文称为文书，是党政机关、企事业单位、社会团体及人民群众在处理日常公、私事务时所使用的具有一定格式的实用性文体的统称。应用文是人们交流思想、互通情况、解决问题、处理事务的工具，是生活、学习、工作中必不可少的帮手。

■ 一、应用文的起源及发展

1. 初期形成

应用文是人类社会发展到一定阶段的产物。我国的应用文大约起源于公元前 3200—公元前 2100 年，距今至少有 5000 年的历史。产生应用文的物质条件有两个，一是有应用文反映的内容即公务活动和事务活动；二是有反映应用文内容的文字，根据研究，我国在公元前 4800—公元前 4300 年的母系氏族社会就有了文字雏形。可以说，距今 6000 年前，中华民族的祖先已经在使用文字。5000 年前，古人的生活中已经存在着大量公务活动和事务活动，主要有祭祀、战争、部落的协商以及后来出现的部落选举等。而结绳记事时代是事物应用文，出现文字以后，就是以文记事的文字应用文。出土的大量文献显示，公元前 26 世纪时，已经使用兽骨进行记事，属于应用文的雏形。

起源时期的应用文内容主要是氏族公社的部落联盟首领的谈话记录、会议记录、命令、宣言、卦辞等，《尚书·尧典》就记载了尧帝召集四岳会议商议治水以及尧帝让位的史实。在五帝时代的应用文主要以"帝曰"或"王曰"开头，接着就是正文，内容简要、文字少、篇幅短、语言成熟。

2. 发展过程

我国应用文的演变和发展经历了奴隶社会和封建社会的漫长历史过程。在奴隶社会中，应用文在不断的演变中已经形成了一定的程式和类型。2000 年前的《尚书》是我国最早的一部应用文汇编，全书上起尧、舜，下到秦穆公，分为《夏虞书》《商书》《周书》，汇集了奴隶社会夏、商、周 1300 年间的主要应用文，问题种类主要有典、谟、誓、诰、训、命六种。公元前 13 世纪的殷墟甲骨文就是商代的应用文，除了记事外，还有卜辞，而商代已有的古代称为"乍册"这一官职就是专门负责应用文的写作和保管工作。到了春秋战国时代应用文又出现了盟约、诉讼及军事上的檄文，诸侯之间的移文和向君主陈述意见的书。行文关系一般是上对下或是下对上的笼统约定的格式，没有固定的要求，比较自由。

秦汉时代是我国应用文的形成和发展时期，从秦代起我国第一次有统一规定的应用文种：制、诰只有皇帝才能使用，"奏"只有臣下对皇帝称。同时各类应用文在格式上也有规定，这些成为我国封建时代应用文形成的标志。秦代加强了中央集权的统治，统一了文字，这也对应用文的发展起到了推动作用。到了汉代，应用文又有了较大的发展，皇帝的下行文有了制书、诏书、策书、戒书四种，臣属给皇帝的上行文也有了章、奏、表、驳议四种。南朝刘勰的《文心雕龙》是我国第一部写作理论的总汇，精辟地论述了 20 多种文体的历史源流和发展。

唐宋时期应用文是我国古代应用文发展比较完备的时期，根据需要，应用文被列为国家科举考试主要科目之一，唐朝将应用文明确分为上行文、平行文和下行文三种。上行文有表、状、笺、启、辞、牒；平行文有关、移、刺；下行文有制、敕、册、令、教、符。宋代进行了更细致的划分。总之，唐宋时期对应用文的格式作了严格的规定，形成了一系列的制度，有一文一事的制度、公文用纸的制度、公文折叠的制度、公文拟制和誊写制度、公文贴黄制度及公文编号制度。元代在此基础上对文书和档案的分工更加明确。这一时期的应用文汇编有《唐文粹》一百卷、《宋文卷》一百五十卷、《文章正宗》四十四卷、《元文类》七十卷。

封建时代是我国封建应用文从繁荣发展到没落的一个时期，应用文的名目空前繁荣，文种增加了很多。同时封建时代各种应用文都打上了专制主义的烙印，皇帝至高无上，尊君抑臣，等级森严；应用文格式陈腐、文风古板，堆砌颂美之词，成文臃肿，大量沿用虚浮套语，语言晦涩陈古。应用文机构庞杂，夹私诬陷、贿赂行文、舞文弄墨、侵欺钱粮，甚至盗改文档，诸多痼疾，说明封建应用文已经到了衰亡阶段。

3. 应用文体系的形成

近百年来，中国人民进行了资产阶级革命和社会主义革命，应用文也随之发生了深刻的变化。特别是中华人民共和国成立后，政府对应用文进行了彻底的改革，建立及革新了社会主义应用文体系，并且制定了一批新应用文，包括①会议决定、决议、纲领；②会议记录；③中央通告；④宣言；⑤告群众书；⑥信函；⑦通知；⑧报告；⑨统计报表。此前在1931年后，中央苏区又增加了一些新的文种，如中央指示信、命令、训令、条例等。特别是党的第一个纲领、宣言及毛泽东为党起草的文告、主张、决议案、决议、调查报告等，为新的无产阶级应用文树立了楷模。

二、应用文的特征和分类

1. 应用文的特征

应用文是党的机关和行政机关行使管理职能、办理具体事务的重要工具，对国家的政治、经济和社会生活的各个领域都有着指导作用，是维护和发展社会主义制度、建设物质文明和精神文明的保障。各级党办机关和行政机关制发的应用文，都必须用来贯彻和执行党和国家的有关政策，执行国家的法律和法令，丝毫不能偏离党和国家的政治目标和政策轨道。因此，应用文是观点鲜明的文体，是严肃郑重的文体，是有着充分权威的文体，要求作者必须有严肃认真的态度。应用文具有以下特征。

（1）突出实用性　实用性是实用写作的出发点和归宿，是这类写作的本质属性。应用文之所以不同于文学作品，并且在实用文本中独树一帜，就在于它的实用性。

（2）恪守真实性　对文中使用的材料严格把关，保证真实可靠性，是应用文的又一特征。

（3）强调针对性　针对性指的是意图清楚，目的明确。包含两种意义：一是受众对象明确，二是行文内容针对性强。

（4）注重时效性　要使应用文在人们的社会实践中更好地发挥工具作用，不能不注重它时效性强的特点。

（5）讲究规范性　应用文体式的规范性是实用性在形式上的体现。

（6）追求平实性　应用文的表达心态和接受心态都是求实用、重实效，因此行文内容须简明扼要，表达要清晰流畅，风格上平易朴实。

2. 应用文的分类

我国的应用文发展历经3000多年的历史，种类繁多，分类复杂，目前常用的应用文就有近 200 种。要对这一庞大的系统进行分类，实非易事。到目前为止，应用文还没有权威的分类体系，标准不一，类别相殊。另外，各种版本的应用文写作书籍对其分类不完全相同，这是由划分的标准不同而形成的。而应用文可以从不同的方面（角度）划分成不同的类别。

我们大致依据应用文的功能和属性，可进行如下分类：

（1）**按其处理事情的性质划分**　可以分为公务类应用文和私务类应用文。

公务类应用文是指为处理国家和集体的事务而写作和使用的应用文，即通常所说的公文。私务类应用文是指为处理个人的事务而写作和使用的应用文，即通常所说的个人日用文书。

（2）**按表达方式划分**　有记叙文、说明文、议论文。记叙文是以记叙作为主要表达方式的应用文；说明文是以说明作为主要表达方式的应用文；议论文是以议论作为主要表达方式的应用文。

（3）**按使用领域划分**　应用文可分为：①行政类应用文；②司法类应用文；③外交类应用文；④经济类应用文；⑤科技类应用文；⑥教学类应用文；⑦新闻类应用文；⑧日常生活应用文。

（4）**按本书教学要求划分**　可具体可划分为：

● **公务文书**。主要指国务院办公厅 2000 年 8 月 24 日发布的《国家行政机关公文处理办法》中所规定的 13 种公文：命令（令）、决定、公告、通告、通知、通报、议案、报告、请示、批复、意见、函、会议纪要。

● **事务文书**。包括计划、总结、调查报告、书信、记录、述职报告等。

● **财经文书**。包括经济信息文书、经济合同文书、经济报告文书、市场预测报告等。

● **法规文书**。包括规章制度、起诉状、答辩状、上诉状、申诉状、公证书、判决书等。

● **礼仪文书**。包括邀约类文书、庆谢类文书、迎送类文书、悼唁类文书等。

● **传播文书**。包括消息、通讯、特写、广告等。

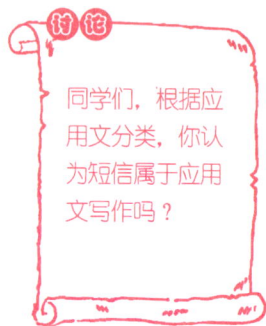

三、应用文的重要作用

应用文的作用在于"应用"。我国的应用文源远流长，历史悠久。它的用途非常广泛，使用频率很高，在不同的历史时期起着不同的作用。随着社会的发展，时代的前进，科学技术的进步，应用文发挥的作用越来越大。在今天改革开放的新时代，它的作用主要体现在以下四个方面：

1. 指导、规范作用

应用文的指导、规范作用主要体现在以下方面：如法规性公文经常应用于对人民群众的工作、行为具有强大约束力的机关、团体、企事业单位，它们要经常制发文件，对下级起到领导和指导的规范和约束作用；政府下发的各类文件，其方针政策对下级做好各项工作起到明确的指导作用；有些反映工作情况、通报典型事件、总结经验教训的公务类文书，能给下属单位及有关人员起到教育、借鉴作用，同时也体现了一定的指导作用。

2. 宣传、教育作用

应用文的宣传、教育作用主要体现在公文类和宣传类应用文中。如党和政府下发的各种文件、法规、制度等，其中重要的作用之一就是宣传党和政府的方针政策；各级各类机关单

讨论

同学们，根据应用文分类，你认为短信属于应用文写作吗？

位通过新闻媒体宣传党和政府的方针政策，推广先进经验，进行好人好事表扬，批评不良现象和揭露丑恶行为，其主要作用是为了向广大群众进行宣传教育，加强舆论监督的力度，规范人们的行为，从而更好地推动各项事业健康、有序地发展。

3. 交际、联系作用

应用文的交际、联系作用最广泛，可以说大部分应用文都具有这种作用。应用文以其方便快捷的方式，在人们之间传递信息，沟通思想。机关、团体和企事业单位，要经常利用应用文与上下左右联系，沟通情况、处理问题；在人与人之间也要经常利用应用文进行沟通和交流等。如公文就是加强上下级联系的纽带，也是与平级单位或不相隶属的单位沟通联系的有效工具；各种专用书信、启事、海报等，在人们的日常生活、经济活动中起到公关交际、沟通联系的作用。

4. 凭证依据作用

应用文在实际的工作中，是指导工作的重要依据，在工作完毕之后，文件存档，又具有重要的资料凭证作用。如上级下达的文件、党和政府颁布的法规、有关方面的规章制度等，都可作为开展工作和检查工作的依据；而一些条据、合同等，是经济业务中的凭证，当事人一旦与对方产生经济纠纷，便可通过这些凭证以正当的法律途径去追究对方的责任，维护自身的利益。另外，有些应用文也是历史档案资料，如要了解某一时期的政治、经济情况，只要查阅当时存档的应用文便可得知；有些冤假错案在事后也能凭借存档的有关文书澄清事实，平反昭雪。

四、应用文写作是中职文秘专业学生的必须掌握的专业技能

作为教材，《应用文写作基础》是中等职业学校文秘专业的一门专业主干课程。就课程设置的目的来说，应用文写作能力是最基础的专业技能，是个人岗位所要求的必备能力之一。就将来就业岗位职责所需来说，从事文秘一职的人员必须具备很强的应用文写作和各种形式信息的处理能力。因此，学好这门课的主要意义是：培养中职文秘专业学生具备较扎实的应用文写作基础知识和常用应用文写作实践能力，为其毕业后能成为企事业单位合格的初、中级文秘人员，以及为继续学习，增强适应职业变化的综合素质打下一定的基础。

> 讨论
>
> 应用文写作仅是文秘专业学生必掌握的技能吗？

总之，应用文是使用最广泛的文体。它是人们在日常生活、工作中必备的交际工具。人们可以通过书信等进行交际，加强联系沟通；通过写启事等求得别人的帮助；通过写经济合同、诉状等来维护自己的合法权益；通过写计划、总结等使自己的工作做得更好。即使不从事文秘工作的人，在日常生活、工作中也离不开应用文。应用文写作与我们每个人的工作、学习、生活息息相关。正是由于此，学习好《应用文写作基础》这门课，是同学们日常生活中的一种基本技能。除专业性较强的应用文之外，一般常用的应用文如果能亲自写，会给自己的生活与工作带来极大的便利。

五、应用文的写作要求

1. 端正认识，树立正确的学习态度

态度决定行为。在中等职业学校文秘专业的学生中，好多人认为应用文写作是"小儿科"，是"雕虫小技"，不如写文学作品、记叙文和议论文那样容易出名；还有人认为应用文文种多而

杂，格式上生硬无变化，既难写又枯燥乏味，不如写文学作品、记叙文那样可以创造，可以虚构。这两种看法对学好应用文写作是极为不利的，必须纠正。应用文写作不是"小儿科"和"雕虫小技"，文体之间绝无高下尊卑之分，而是各负使命。不管是应用文还是文学作品等，只要写得好，都是有意义、有价值的。写应用文确实有一定的难度，但应用文规范化的格式从某种意义上说更便于初学者模仿借鉴，更便于掌握写作的基本规律，因此比写其他体裁的文章入门更快，进步更明显。只要方法得当，反复训练，是完全可以写好应用文的。

2. 熟悉方针政策

应用文写作是为现实生活和各项工作服务的，不了解有关的方针政策，不熟悉有关的法律与规定，就不可能写好应用文书。只有努力学习、积极钻研党和国家的方针政策，不断提高政策水平，才能以正确的立场、观点、方法分析问题，解决问题，推动各项工作的顺利进行。例如拟写一份中外合资经营合同，就必须熟悉《中华人民共和国中外合资经营企业法实施条例》和《中华人民共和国涉外经济合同法》等有关法律和法规，才不至于违背政府有关政策，造成国家与企业的损失。

3. 勤于学习，扩大信息储存

实用写作的过程是作者处理信息的过程。其路线是：信息输入——信息加工——信息输出。输入、储存的信息如何，是文书写作的前提。输入、储存的信息量愈大，加工信息、制作文书就越容易。写作信息包括自然信息、社会信息和语言信息。应用文书的作者，应从实际出发，尽可能多储存信息。撰写自然科学文章的，储存的自然信息量越大，就越容易正确认识并表述自然规律；撰写社会生活的文书，就要多方面储存社会生活的信息，如写经济类文书，就要储存丰富的经济管理信息。经济管理信息离不开人、财、物，包括人与人、人与财、人与物、物与物、财与物、财与财的组合关系、运动状态，再加上本系统同其他系统的耦合、和同级单位的联系与时间的关联、在空间的移位等，共十大信息源。涉及现代经济管理内容的写作，离开了对信息源的开发、利用，是寸步难移的。语言信息也非常重要，如果词汇贫乏，找不到充分表情达意的语言，文书也不可能写好。收集储存信息的途径很多，但最重要的有两条：一是深入实际，调查研究；二是阅读报刊图书，间接取得信息。

4. 注重应用文写作的基本功训练

写作是一项综合性、实践性很强的劳动，没有写作基本功是难以胜任的。如收集材料、提炼观点、选取材料、安排结构、锤炼语言、起草修改，以及根据目的内容采取叙述、议论、说明等方法，都是应用写作的基本功，只有掌握了这些基本功，才有撰写文书的基础。

5. 要注重语言方面的修养

应用文的语言要做到平实、庄重、简洁、严谨，要讲求语法，注重逻辑的严密，用语要准确，以一当十，文从字顺，符合体式规范。

你知道吗

如何训练应用文写作基本功

要练好这些基本功要靠长期训练，一是认真学习、了解教材中介绍的各类应用文的基础知识，熟悉和掌握它们的格式和写作方法。二是从中学习、借鉴他人的写法，在此基础上进行拟写。三是要与实际实践训练相结合。比如结合班级、学校开展的各项活动和个人生活与学习的实际需要，也可利用社会实践活动等各种途径，进行针对性的写作训练。四是要勤于修改。好文章是改出来的，即使是较简短的应用文也要修改，绝不能马虎；重要的或篇幅较长的应用文应反复、全方位地修改，包括对主题的确定、材料的选用、结构的安排、语言的表述、文种选用及其格式等方面进行审核。最后还有非常重要的一点，在科技迅速发展的今天，电脑已进入办公室和家庭，运用电脑写作的能力，也逐步变成不可缺少的一种能力，同学们应习惯于上机操作应用文写作训练，适应时代的要求。

知识点 2　应用文的构成和写作要点

一、应用文的观点和材料

观点和材料是构成文章的两个主要因素，观点和材料的统一是文章的基本要求。对日常应用文而言，所谓观点，就是指应用文所发表的主张、态度、看法和所要表达的意愿等。所谓材料，也就是那些用以说明观点的事实根据。

具体来讲，日常应用文对观点和材料有以下要求：

（1）观点既要集中明确，又要切合实际　日常应用文一般一事一写，即一篇文章所说明或处理的问题一般只有一个，而且提倡什么、反对什么、支持什么、该怎样做、不该怎样做等均要旗帜鲜明，不可模棱两可。当然，任何观点的提出又要符合国家的法律、法规，符合党和政府的方针、政策及有关规定。日常应用文所表达的意思还要符合生活的实际情况，所提出的方法、要求也要切实可行，不可主观空谈，凭空想象。

（2）所引事实或材料要确凿，有说服力　观点是灵魂，所引事实是观点的根据，没有材料，观点便站不住脚。缺乏材料或材料失当，就不能很好地表明观点，因此对材料的选择要求是十分严格的。证明某一观点，翔实的材料是必要的，但若只是一味地堆积材料，在日常应用文的写作中是尤其不可取的。日常应用文要求以精炼、恰当的材料来说明问题。

二、应用文的表达方式

表达方式就是作者将内容传达出来所运用的方法和手段。由于社会生活本身是复杂的，对社会生活的认知，也需要有各种各样的认识方式和反映方式。这些认识方式和反映方式，在转换为语言进行传达的时候，就是表达方式。

对于应用文来说，所用的表达方式，主要是叙述、议论、说明三种，但不能用通常的记叙、议论、说明三大文体的标准去分类。在应用文内部，虽然表达方式有时仍可作为区分不同文体的参考因素，如决议，议论成分就比较多；通报，叙事的成分较多。但在多数情况下，应用文对表达方式是综合运用的。在一篇应用文中，叙述、议论、说明三种表达方式，常常水乳交融，无法决然分开。

1. 叙述

叙述就是对人物的行动或事件的发展变化过程所作的叙说和交代。叙述是写作中运用最为广泛的一种表达方式。在应用文中，叙述运用得也十分普遍。决议中提供的事实论据，报告中对事件前因后果的汇报，通报中对先进事迹或错误事实的交代，调查报告和总结中对事件和现象的转达，都要使用叙述。

（1）按详略程度分类　按照详略程度的不同，叙述可分为概述和细叙两种类型。

● 概述。粗略简练，只介绍事件梗概的叙述叫概述，它的特点是篇幅不长，语言简明，事实完整，但缺少细节。

● 细叙。细叙就是详细叙述，它所叙述的不只是事件的梗概，还有较多的细节。细叙的特点是详尽具体、篇幅较长。

（2）按叙述时间次序分类　按照叙述的时间次序的不同，叙述可以分为顺叙、倒叙、插叙、分叙四种类型。

● 顺叙。顺叙就是完全按照事件发生的时间顺序叙述，先发生的先说，后发生的后说。这是叙述中最常见、最基本的叙述方式，也是最原始的叙述方式。顺叙的优点是线索清楚，层次分明，合乎人们认识事物的习惯，便于掌握也便于理解。公文中的叙述，只求事实清楚、完整，不求新鲜、生动，所以大部分叙述都是顺叙。

● 倒叙。倒叙并不是将时间顺序完全倒过来叙述，实质上只是顺叙的局部变异或调整。把事件的结局或事件发展的某一个阶段提到前面先行叙述，然后再按时间顺序叙述事件的全过程，这样的叙述就是倒叙。倒叙的优点是能突出结果，造成悬念，引人入胜。

● 插叙。复杂的事件往往是事件牵起事件，此物引出彼物。

● 分叙。对同一时间内发生在不同地方或单位的事件，采用"花开两朵，各表一枝"的方法，分别先后进行叙述，这种叙述方式就是分叙。分叙在应用文中用得也不多，但当用时不可不用。例如，表彰性通报在叙述不同单位在事件中的积极作用时，就有可能用到分叙。

2. 议论

议论就是对某一事件或问题发表见解，表明观点和态度，并以充分的材料证明自己观点的正确性。这种表达方式在议论文中运用得很多，在公文中也有大量运用。

议论的目的一是表明观点，二是说服读者。对于一篇文章而言，议论可以使其观点鲜明、深刻，具有较强的哲理性和理论深度。

（1）议论的要素　议论有三个要素：论点、论据、论证。在应用文中，这三个要素一般都要齐备。

● 论点　论点就是作者对所论事物或问题所持的观点、见解、态度。相对于材料（在议论中就是论据）而言，论点占据着主导地位，它是论据所证明的对象。

论点又有中心论点和分论点之分。中心论点就是议论性文章的主题，分论点则是各个层次的中心意思以及各个自然段的段旨。中心论点和分论点之间，是纲与目的关系。分论点是中心论点的从属论点、下位论点，各个分论点是从不同角度证明中心论点的。

● 论据　论据就是用来证明论点的根据，也就是议论中所使用的材料。如果只有论点而没有论据，就是不完整的议论。离开了论据的证明和支持，论点无法成立，也说服不了读者。所以，论据是议论的基础。

论据有事实论据和理论论据之分。事实论据指人物、事件、统计数字等；理论论据指公理、公式、格言成语、名人名言等。

● 论证　论证是用论据证明论点的方法和过程。简单地说，论证就是用论据有效地证明论点，或者说就是揭示论点与论据之间的逻辑联系。

在一个完整的议论过程中，论点是核心，它是论据和论点证明的对象；论据是基础，它解决用什么去证明的问题；论证则是论点和论据之间的桥梁，实现了整个证明的过程。

（2）论证的基本方法之一——立论

● 例证法　例证法就是通过列举事实来证明论点的方法。由于人们最相信的就是眼前的事实，因此有"事实胜于雄辩"的说法，所以这是一种最容易被读者接受、最有说服力的方法，也是议论中采用最多的论证方法。

● 引证法　引证法是运用理论论据时采用的一种论证方法。所引用的，大多是公认的真理、名言、警句，具有一定的权威性，因此也有很强的说服力。我们在议论性文章中常见引用马列主义经典语录、孔孟老庄及西方哲人名言的情况，都属于这种论证方法。

● 对比法　对比法就是把两个特征相反的事物或者一个事物截然不同的两个侧面加以比较和对照，目的是使那些彼此不同的性质和特点显现得更加鲜明突出。在应用文写作中运用对比，便于肯定先进、否定落后，表扬成效、纠正错误。

● 类比法　类比法和对比法都是比较法，但彼此的特点很不相同。类比法是将性质特点相近的事物放在一起比较，从而达到准确认识事物的目的。在应用文写作中，把一些规模、条件彼此相似的单位、企业进行比较的方法，运用得比较普遍。

● 因果推论法　由原因推导结果，或者反过来由结果推导原因的论证方法，就是因果推论法。有些原因必然会导致某种结果，某些结果出现后，我们也不难推出其产生的原因。

（3）论证的基本方法之二——驳论　批驳一个错误观点的论证，叫驳论。以上所说的那些用于立论的方法，也都可以用于驳论。除此之外，驳论还有自己的一些方法。这跟议论三要素有密切的关系，分别是：

● 反驳论点　就是运用以上方法，直接证明所反驳的论点是错误的。在反驳论点时，较多采用的是例证、引证、因果推论等具体方法。

● 反驳论据　不直接反驳对方的论点，而是指出对方赖以产生论点的论据不可靠。论据不能成立，它所支持的论点自然不攻自破。

● 反驳论证　这种方法不直接反驳论点，而是寻找对方论证过程中的逻辑漏洞，从而指出对方的推理不能成立，譬如指出对方概念不清、偷换概念、自相矛盾等。对方的论证有问题，所得出的结论当然也是不可靠的，这样就达到了驳倒对方论点的目的。

3. 说明

说明是用简明扼要的文字，将客观事物或事理的形状、性质、特征、成因、关系、功用等属性解说清楚的表达方式。说明包括事物的说明和事理的说明两大类型。

● 凡以某一个客观存在物为对象的，都是事物说明。如介绍某一产品，或者介绍某一组织的历史状况。

● 凡以抽象的概念或科学道理为对象的，都是事理说明。如解释什么是公文，宣传有关宇宙形成的原理来说明世界上没有神仙和灵魂等。

📢 你知道吗

表达方式小常识

如果反映的对象是事物的运动过程，我们就需要用叙述的方式。叙述就是对事件发展变化过程的陈述和呈现。

如果反映的对象是事物栩栩如生的外貌和形态，我们就需要用描写的方式。描写是将事物的状貌、情态描绘出来，活生生地再现给读者的一种表达方式。

如果表达的对象是作者的思想观点、理性认识，就要采用议论的方式。议论是对某一事物或问题发表见解，表明自己的观点和态度的表达方式。

如果表达的对象是作者的情感，就要采用抒情的方式。抒情就是对内心情感的抒发。

如果表达的对象是某种知识，也就是对一个事物或事理的科学认知，就要采用说明的方式。说明是把事物的形状、性质、特征、成因、关系、功用等解说清楚的表达方式。

对一般文章而言，表达方式是文章体裁的重要标志。叙述描写用得多，就是记叙文；议论用得多，就是议论文；抒情用得多，就是抒情文；说明用得多，就是说明文。

三、应用文的语言

1. 应用文语言的特点

（1）准确

①认真辨析词义　西方有作家说，要表现一个事物，只有一个名词是准确的；要描绘一种状态，只有一个形容词是准确的；要说明一个动作，只有一个动词是准确的。写作的主要工作之一，就是找到这一个准确的名词、形容词、动词。这话对于文学创作来说未必适用，因为文学语言不循常规，而作家的创造性语言又因其个性和素质的差异各有特色，很难说哪个词语是绝对准确的。这话用于公文写作，倒是比较确切的。

②讲究语法和逻辑　公文写作语言的规范性，体现在句子上就是造句合乎语法规则、合乎逻辑。

●句子成分要完整。汉语构句有主、谓、宾、定、状、补六种句子成分，其中主语、谓语、宾语是主干成分，定语、状语、补语是辅助句子成分。对于每一个句子来说，主干成分是必不可少的，即使省略也有省略的规则，不能任意省略和无故残缺。例如："厂领导的做法，受到了全厂职工的热烈欢迎，对他们联系群众、实事求是的作风给予很高评价。"后一个句子就残缺句子成分。谁给予评价？此句少了主语，违反了语法规则，意思就不明白了。

●句子中词语之间的搭配要恰当。词语相互搭配在一起，必须符合事理和习惯，否则就是不通。如："这种精神充满了各个村庄，开遍了全乡的各个角落。"精神无形，说它充满了某一空间，已经十分勉强，又说它开遍了各个角落，更是无稽之谈。改成"精神文明之花开遍了全乡"，才算通顺。

●造句还要讲究逻辑性。有些句子语法上没有问题，却出现了主属概念并列、自相矛盾等逻辑错误。如："他们加强了对团员和青年的思想教育。"团员是青年的一部分，团员和青年是不能相互并列的。

（2）简练　用语精确，以一当十。在生活中我们都有这样的体会：有时一两个词句，就能把要说的意思清楚完整地表达出来；有时说了很多话，要表达的意思却仍然不清楚。

（3）平实　应用文的文风要朴实自然，所讲事情要符合实际情况，数字要确实无误，办法要切实可行。实事求是是应用文的起码要求，不能为了达到某种目的而夸大或缩小一些真实情况。一句话，应用文要做到文实相符、文如其事，来不得半点虚假。要做到实事求是，就必须深入生活，亲自调查，不闭门造车。同时还要熟悉本行业务，学习有关知识，避免由于"外行"而抓不住重点，说不到要害。

2. 应用文语言的要求

应用文要做到语言准确，具体来讲，又可从词语的选用、句子的使用、修辞格的使用等方面来说明。

（1）词语的选用　说话、写文章都离不开词，词是构成句子、篇章的最基本的语言单位，所以词语的选择就显得十分重要。加上汉语语言词汇相当丰富，表达同样的事情，可以选用不同的词语，因此，选择词语时要注意不错用词义。如："我们到该木器厂地下室检查时发现，里面陈列着很多套顾客退还的不合规格的组合柜、转角沙发、写字台、皮转椅。"这是一句多处有错的句子，错在有些词语的选用上。这里显然应当将"陈列"改为"摆着"或"放着"或者"堆着"；"退还"应改为"退回"；而"不合规格"可改为"质量不合格"；而"套"字对组合柜、转角沙发是合适的，用来修饰写字台、皮转椅显然不合适。除此之外，词语的选用还要考虑到不出现词类误用现象，不出现词语感情色彩不配的现象以及产生歧义甚至生造词语等情况。如："经过反复讨论，五易其稿，我们终于制订出了一个规模庞大的计划。"（"庞大"改为"宏大"）"听了同学的先进事迹后，我们对他刻苦求学、身处逆境仍奋斗不息十分感动。"（这里"对……十分感动"改为"被……的精神所感动"）

（2）句子的使用　日常应用文句子的使用要做到以下几点：即少用长句，多用短句；少用整句，多用散句；少用感叹句、疑问句，多用陈述句。选择合适的句子形式可以使读者更好地理解文章的内容，如果长句太多，既易出现病句，又会带来理解方面的困难；而整句、感叹句、疑问句使用太多，也会使日常应用文失去其独有的平实、自然的文风，降低其作为日常应用文的存在价值。除此之外，造句时要避免出现病句，病句的出现不仅不能正确地表达所要说明的意思，反而会影响所要传递的信息。如："参加安全生产知识竞赛的只是该厂职工中的一部分工人。"（删去"职工中"三字，同"工人"重复了）"工人们克服了天气干燥、风沙较大、饮水缺乏等问题。"（"问题"改成"困难"，属于搭配不当现象）

（3）修辞格的运用　应用文要少用修辞，若确实必要用的话，要注意用得恰当、合适，不可滥用。一般来讲，应用文中常用的修辞格有比喻、对比、引用、设问、反问等。应用文是实用性很强的文体，运用语言表达意思必须确切，因此像"夸张"这种言过其实的修辞格是绝对不能随便用的。"双关"的修辞方式也不适用于应用文。总之，"准确"是应用文语言的基本要求，所列的数字、事例、话语要准确。日常应用文所引用的内容，往往是做出判断、处理事情的依据，因此要反复核对，做到准确无误，引用话语要写原话，不任意改动，必要时还要注明出处。除此之外，应用文还要准确地使用标点符号。

请区别一下设问和反问的修辞效果。

（4）行文的要求　应用文的写作目的可以说是以传递信息为主，因此应用文行文务必简洁。具体来讲，简洁在这里主要体现为：

●文字要简练，篇幅要短小精悍。应用文写作要惜墨如金，要选用简洁的词语，要删去可有可无的段落，要实话实说，不穿靴戴帽。冗长的文章往往湮没了主题，同时也浪费了阅读时间，降低了办事效率。

●去掉套话、空话、废话。文字是用来表情达意、传递信息的，如果为写作而写作就会废话连篇。日常应用文更是要避免说无用的话，读者希望得到的是你提供给他的信息，"言之无文，行而不远"。

3. 应用文语言的修改

（1）修改的作用和态度　有人说，文章是改出来的。此话不一定全对，却也道出了修改对于文章写作的重要性。古今中外许多作家的写作实践，很好地证明了这一事实，即好文章、好作品都是经过多次修改而成的。因此，应用文的写作也需十分注意修改这一环节，只有这样，才能真正写出不错的应用文来。一句话，修改文章是为了提高质量。

修改文章也是提高写作能力的重要途径，不要小看文章的修改。人们在修改文章时，往往能发现自己的优点和不足，而自己发现自己写作上的优缺点，往往比别人告诉你更能指导自己以后的写作。

修改应用文，也要有耐性，要有正确的认识，思想上要重视。从来没有什么一挥而就、文不加点的人，因此重视修改是改好、写好应用文的心理基础。修改日常应用文，还要有"割爱"的精神。修改的过程也就是删节的过程，"删"才能突出中心，"删"才能去掉一些芜杂和不当的东西。要有勇气对自己的文章"动手术"。

（2）修改的基本过程　修改文章，首先从内容修改起。应用文阅读对象固定，目的性强。无论反映情况、说明问题、交流信息、总结经验、提出建议，其主要部分都是内容。修改内容方面就是要看看该写的是否全写进去了，写清楚了没有。

格式规范是应用文的一大特点，除内容的修改外，就要看应用文的格式是否合适。日常应用文种类繁多，格式也有区别。有的有称呼、署名，有的没有。同是条据类，借条、领条、留言条格式也有区别。在格式上出问题一般是初学写应用文的人常犯的毛病，因此要依据范文，对照修改。同时还要注意词句、标点符号等的修改。

你知道吗

如何修改应用文

修改的一般方法可以概括为"增、删、改、调"四种。增，就是增加、补充有关内容，增补某些修饰文字；删，就是对某些材料或语句进行必要的删削；改，就是对原文的语言进行必要的润色和锤炼；调，就是对结构顺序或某些词句进行逻辑或表达上的调整。

诵读是修改的一个好方法。写完之后，可以先通读一遍，看看前后是否连贯，有无写错、漏写的地方，有无逻辑不清的地方。一般来说，一篇文章反复诵读之后，何处好，何处有毛病就清清楚楚地显出来了。

请别人改也是文章修改的一个重要方法。听听别人的意见，会大大提高修改的质量。自己由于局限于某种框框之内，往往在经过修改之后，就很难再发现什么问题，所以此时请别人看看改改往往会有想不到的收获。

四、应用文写作的要点

1. 准——格式准确、观点准确、事实准确

（1）格式准确　应用文在长期使用的过程中，逐渐形成各自比较固定的格式和写法，并且还有某些约定俗成的习惯用语。如写请示时，第一行抬头要写主送领导机关的名称，正文要写清需要请示的内容，结尾一般要写"以上请示当否，请指示"的话语。起草公文、书信，都要按一定的格式，否则容易出差错，甚至闹出笑话。

（2）观点准确　应用文是客观事物的反映，具有思想性、政策性强的特点。写应用文主张什么、反对什么，必须鲜明、准确。因此，撰稿人要具有较高的思想理论水平及辩证唯物主义和历史唯物主义的认识能力，所阐明观点要符合马克思主义、毛泽东思想和邓小平理论。撰稿人还必须具有较高的政策水平。政策和策略是党的生命。每篇应用文涉及的政策，都应符合党和国家所制订的法律和政策，否则就会出问题。如所写应用文系反映知识分子问题，就要贯彻党的知识分子政策，即"政治上充分信任、工作上合理使用、生活上关心照顾"。

倘若违背这个政策，就会挫伤知识分子的积极性和创造性，不利于现代化建设。

（3）说事实准确 应用文不同于小说、散文和诗歌，不能虚构、夸张、拟人。所写的时间、地点、人物、情节和事实，都要准确无误，经得起历史的推敲。比如，写全年工作总结，产值、产量和取得的成绩必须真实，不能虚报、浮夸；写来年工作计划或"五年规划"，也要实事求是，指标不能定得太高，要留有余地，绝对不能写出"人有多大胆，地有多大产"之类的指标；写请示，要求上级机关给予解决某一问题，或增加编制，或增加拨款，也要有理有据，理由充分，真实可信，那种"张嘴三分利，不给也够本"的思想要不得；写通报，事实更要准确，无论是表扬还是批评，都会在群众中造成较大影响，一旦事实有误，会适得其反。

2. 精——选材要精、事例要精、文字要精

（1）选材要精 写好应用文的前提，是搞好调查研究，积累材料。然后再把收集到的材料，进行去粗取精、去伪存真、由此及彼、由表及里的筛选与分析。把最有代表性、最有说服力的材料提炼出来，写到文章里，不能泛泛议论、漫无边际，也不能把收集到的材料自然罗列、不分主次。比如，在写一位先进人物时，往往要收集其先进事迹和"豪言壮语"，其实有些语言并不都是"豪言"，却非常朴实感人。一位劳模说过这样一句话："今天这个活不干完我睡不着觉。"这句话不算是什么"壮语"，却反映出他的敬业精神。

（2）事例要精 写应用文往往要举些例子来说明问题。写事例应注意两点：一是不能写得太多。写多了使文章冗长、烦琐，效果不佳；二是要把主要事例写深写透，其余可略写或不写。人民的好公仆焦裕禄事迹感人，之所以感人是因为作者突出地叙写了他带病治风沙、盐碱，生活困难不搞特殊，给老百姓办实事等事例，给人留下极其深刻的印象。

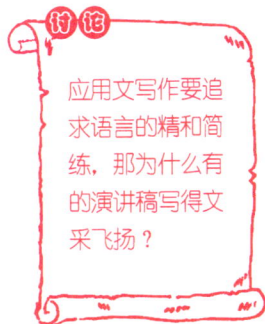

讨论

应用文写作要追求语言的精和简练，那为什么有的演讲稿写得文采飞扬？

（3）文字要精 写应用文应精炼，不能下笔千言，离题万里。要字斟句酌，多余的字一律删掉。毛泽东同志提倡写文章用语要准确、鲜明、生动，并努力在自己的文章中体现这一点，是值得称赞的。他在批评一些骄傲自满又无真才实学的人时，用了"墙头芦苇头重脚轻根底浅，山间竹笋嘴尖皮厚腹中空"一句谚语，体现了准确、鲜明、生动的特色。

3. 新——立意要新、题材要新、时间要新

写应用文从立意，到选材，到发文，时间性极强，要突出时代的特点。凡急需解决的问题、必须宣讲的内容、急需传达的精神，都要及时抓住，迅速立意，迅速选材，迅速发文，否则会失去时效性。

写好应用文并非一蹴而就的事。写作水平的提高，要经过一个反复学习和实践的过程。多学、多写、多看、多改，持之以恒，才能提高。人们常说，好文章不是写出来的，而是改出来的。这说明改文章十分重要，修改就是写作实践。在修改过程中，可以润色文章，使词句通顺，语言生动，修辞准确。

每章一练

1. 简述应用文的特征。
2. 按应用文使用领域划分，应用文可分为哪几类？
3. 日常应用文对观点和材料有哪些要求？
4. 论证的基本方法——立论的写作手法有几种？

教学目标

　　公务文书，即公文。行政公文是在国家行政机关在实施行政和公务活动中所用的一种应用文体。通过本章的学习，学生应了解国家行政公文的特点和功能，学习和掌握常用行政公文的书面格式及写作方法，从而具备一定的公文理论知识和撰写能力。

教学要求

　　认知：认识国家行政公文的规范性，了解各类公文的写作要求。

　　情感态度观念：了解和掌握行政公文的基本理论知识，对理解、学习、宣传政策法规有重要作用。

　　运用：掌握各类公文文种的写作并加强训练，以便在未来的工作岗位上协同完成公务、疏通信息渠道、实施管理等工作。

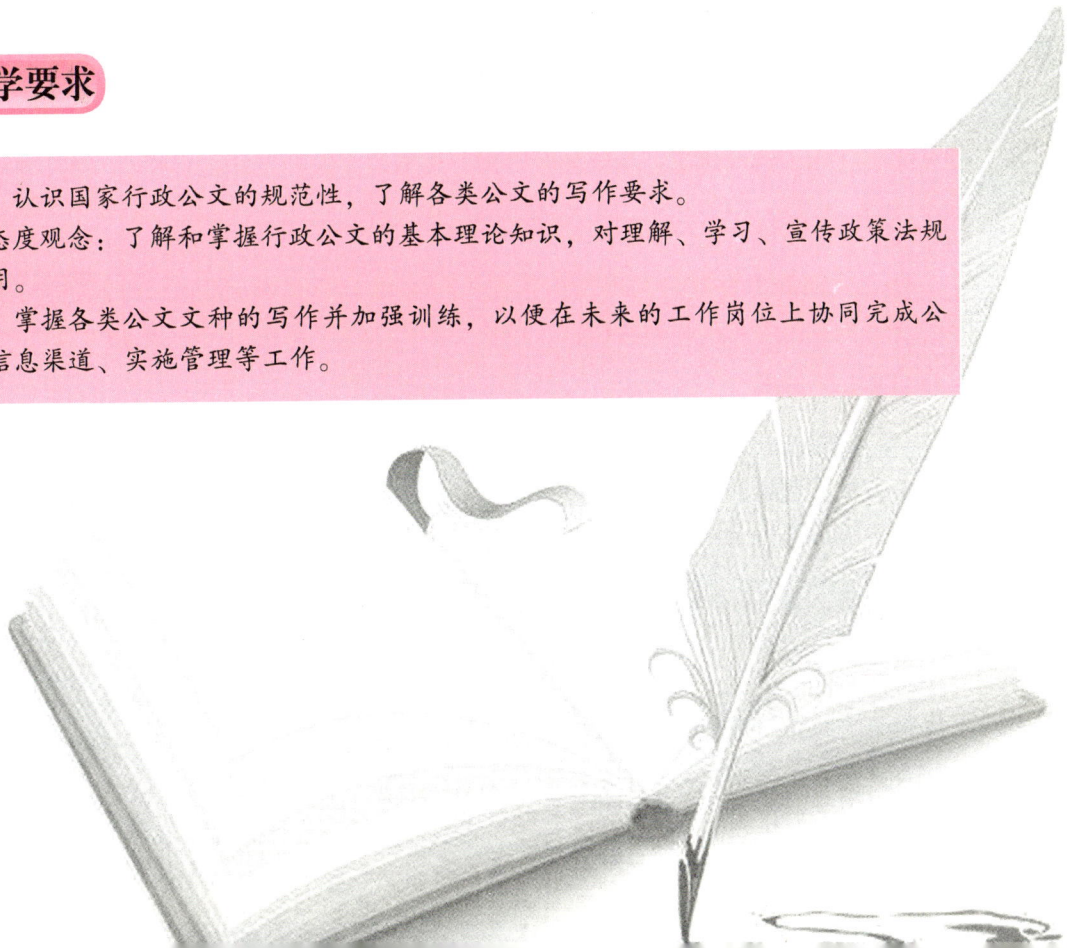

知识点 1　行政公文概述

一、行政公文的特征和意义

公务文书是指国家行政机关在行政管理过程中形成的具有法定效力和规范体式的行政公文的统称。行政公文也是依法行政和进行公务活动的重要工具，具体地说，行政公文就是传达、贯彻党和政府的方针、政策，发布行政法规和规章，施行行政措施，请示和答复问题，指导、布置和商洽工作，报告情况、交流经验的主要工具。

1. 特征

（1）政策性　行政公文是党的机关和行政机关行使管理职能、办理具体事务的重要工具，对国家政治、经济和社会生活的各个领域都有着指导作用，是维护和发展社会主义制度、建设物质文明和精神文明的保障。各级党的机关和行政机关制发的公文，都必须用来贯彻执行党和国家的有关政策，执行国家的法律和法令，丝毫不能偏离党和国家的政治目标和政策轨道。因此，公文是观点鲜明的文体，是严肃郑重的文体，是有着充分权威的文体，要求作者必须有严肃认真的态度。

（2）实用性　行政公文是用来处理公务的文书，所以它总是根据现实需要，针对实际问题而制发，有着明确的写作目的。国务院办公厅在《国家行政机关公文处理办法》中，对此提出的要求是"各级行政机关要发扬深入实际、联系群众、调查研究、实事求是和认真负责的工作作风，克服官僚主义、形式主义和文牍主义……行文要少而精，注重效用"。

（3）可靠性　行政公文涉及的事实以及所引用的材料和数据，必须真实可靠，不得有任何虚假和错漏。内容真实、准确，这是公文写作最基本的原则。一般文章写作中的虚构手法，在公文中不能使用；合理想象、添枝加叶、移花接木的方法，也同样不能使用。因此，公文写作一定要核准事实和数据，确保材料的可靠性。

> 讨论
>
> 根据行政公文的特征，你觉得它与记叙文、议论文、说明文中哪种体裁相近？

（4）定向性　行政公文都是由某一个特定机关制发的，并且大部分都是写给特定对象阅读的，作者与读者之间有具体、明确的对应关系。公文的这种定向性特点使得写作有着很强的针对性。

（5）时间性　行政公文所针对的问题，总是存在于特定的时间范围之内，一旦时过境迁，公文的实用价值也会随之丧失。所以，公文的写作、传递和办理，都要求迅速及时。

（6）规范性　为了更方便、有效地办理事务，公文形成了自身特有的办理程序和写作格式。中央办公厅和国务院办公厅对公文的种类、用途、文面都作了统一的规定。

另外，多数常用应用文文种在结构、用语等方面，也有着约定俗成的程式。

2. 意义

（1）颁布法规　《国家行政机关公文处理办法》总则第二条在概述公文的作用时强调，公文"是依法行政和进行公务活动的重要工具"。《中国共产党机关公文处理条例》也有类似的表述。对于行政公文来说，大到国家的宪法及刑法、民法、诉讼法等各种法律，小到办理

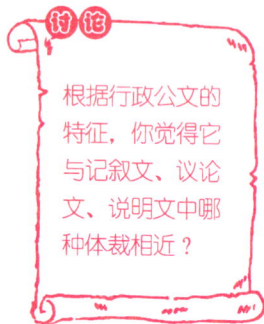

某一具体事务的规定、办法，在制定出来后，都要通过行政公文予以颁布实施。对于党的公文来说，条例、规定等就是用来发布党内规章制度和行为规范的公文文种。行政法规一经发布，任何人都不得违反。党的规章制度和行为规范，则对党组织的所有成员都有约束作用。目前，我们国家正在努力进行完善的法制建设，在人民群众中开展深入的普法教育，公文在这方面的作用也日益强化。

（2）指挥管理　党政机关、企事业单位、群众团体，都在特定的范围内担负着组织、指挥、管理的职责，而实施这些职责的基本工具，就是公文。在党政公文中，命令、决定、决议、指示、批复等文种，就属于指挥、管理性的下行公文。这些公文一经下发，下级机关必须执行。大到国家机器的运转，小到一个企事业单位内部工作有秩序地开展，都跟公文的指挥管理作用密切相关，离开了公文的这一作用，各方面的管理工作很可能陷入混乱状态。因此，我们应该意识到，相当多的公文的起草、定稿过程，实质上就是管理工作的实施过程。

（3）交流信息　公文还有一个重要的作用是交流信息。下行文中的公告、通告、公报、通知、通报，上行文中的汇报，下情上述的申请等，都属于上下级之间的一种信息交流。另外还包括友邻单位互通情报。有了公文作为信息流通的渠道，上下级机关就能做到耳聪目明，不至于闭目塞听。

（4）宣传教育　决议、公报、公告、通报、会议纪要等文体，还有着很明显的宣传教育作用。针对现实生活中普遍存在的某一问题或认识的偏差，摆事实，讲道理，进行启发诱导，使大家明白应该确立什么立场，应该坚持什么原则，进而知道自己应该做什么、怎样做。

（5）商洽协调　很多工作，单凭一个单位很难顺利完成，往往需要相关单位给以配合、帮助。这样，地区与地区、单位与单位、团体与团体之间，就需要加强联系，互相协商，互相帮助，协调工作。公文实现这一功能的主要文种是"函"，它可以在没有隶属关系的机关之间起到沟通、协调的作用，使各个机关形成一个有机的整体，协同处理、协作完成某项公务。

（6）凭证依据　公文还有明显的凭证和依据作用。上级发布的下行文，是下级机关开展工作的依据；下级上报的公文，是上级决策的依据；一个机关自己制作的公文，是自己履行职能、开展工作的真实记录和凭证。

你知道吗

行政公文存档的作用

在日常工作中常会遇到这样的情况：对一个具体的事务该如何处理没有把握，就查找相关的公文，看上级或有关职能部门在这方面有哪些规定，然后按照规定行事。对某次会议的有关情况不够了解，就查找那次会议的纪要，马上即可获得清晰可靠的材料。这些都是公文依据和凭证作用的具体表现。因此，许多重要的公文，都需要归档保存很长时间，以便需要时查找。

二、行政公文的格式

具有特定的格式是行政公文区别于其他文章的一个显著特点。这种特定的格式，是保证公文的合法性、有效性、正确性、完整性的重要条件，绝不是可以随意取舍、变更的单纯形式。我们在起草公文文稿时，必须遵循其特定格式，不得标新立异，自行其是。

1. 公文的书面格式

根据《中国共产党机关公文处理条例》（简称《条例》）和《国家行政机关公文处理办法》（简称《办法》）的规定，行政公务应用文的格式一般由版头、标题、发文字号、签发人、秘密等级、紧急程度、主送机关、正文、附件、发文机关署名、成文日期、印章、主题词、附注 15 个项目构成，各项目要素的内涵和撰制要求，在《条例》和《办法》中都有明确的规定，现综述如下。

（1）版头　公文的版头由发文机关全称或规范简称加"文件"二字构成，党务公文的版头也可用发文机关全称或规范简称加括号标明文种组成。版头均用套红大字居中印在公文首页上部。联合行文，版头可用主办机关名称，也可以并用联署机关名称。在民族自治地方，发文机关名称可以并用自治民族的文字和汉字印刷。字下三行左右距离处有一红色横线，一颗小红五角星居于线中将线平均分为左右两段。

（2）标题　公文的标题一般由发文机关名称、发文事由、文体种类名称（简称文种）三个要素组成。如《国务院关于开展全国物价大检查的通知》这一标题，表明这份公文的发文机关是国务院，发文事由是开展全国物价大检查，采用的文种是通知。这种三要素齐全的规范化标题，使收文者一望而知是来自什么机关，关涉什么事项，属于哪类文件，从而为公文处理工作提供了很大的便利。一些内容单纯、文字简短的公文，如命令（令）、公告、通告等，可以适当简化标题。

公文标题中的发文机关名称一般要写全称。发文机关名称若要简写，必须是众所周知的简称，不得随意简化，以免引起公文处理上的混乱。几个机关联合发文时，应将主办机关排列在前，其余机关依其与公文关涉事项的关系逐次排列。发文事由通常是由介词"关于"和一个能高度概括公文关涉事项或问题的词组共同组成一个介词结构来表述的，在公文标题的语言结构中充当文种的定语，要求概括得准确精当，能使人一目了然，不致产生歧义。文种是根据行文目的、行文关系和公文内容的需要，结合各文种的作用、功能确定的，必须选用准确，不得随意混用。对于某些在时间上有特定要求、功能效用上有特定限制的公文，应在文种名称前冠以相应的定语予以强调或提示，如"紧急通知""补充报告"等。标题中除法规、规章名称应加书名号外，一般不用标点符号。

（3）发文字号　发文字号是公文的特殊标志之一。它的作用，在于为检索和引用公文提供专指性较强的代号，为公文的统计、收发和管理、使用提供方便。

除命令、公告等极少数公文的字号比较特殊外，其他公文的字号均由机关代字、年份、序号三要素组成，如"国发〔2015〕12 号""中办发〔2015〕14 号"。三要素的顺序不能颠倒，年份应写全并置于方括号内。几个机关联合发文时，只标注主办机关发文字号。

（4）签发人　签发人即代表发文机关审核并签字发布公文的领导人。一般在发文字号的右侧注明"签发人"三字，"签发人"后加冒号标注签发人姓名。公文注明签发人的作用是表明本份公文的具体负责者，强化公文质量，同时为直接联系工作、迅速有效地答复询问的有关问题提供方便。

（5）秘密等级　秘密等级是根据公文内容涉及机密的程度，按照有关保密法规而划定的等次级别标志。一般标注在公文首页左上角。秘密等级分为秘密、机密、绝密三级，要划分得准确恰当，标注得鲜明醒目。划分过宽、过严或标注不明会导致失密或造成传递、处理上的不必要负担。

凡属秘密公文，还须逐份编制，加注印刷序列号码。

（6）紧急程度　紧急程度是发文机关根据公文内容对公文送达和办理的时间要求所作的标注，其作用在于维护公文的时效，避免延误公务。

公文的紧急程度分平、加急、特急三类。平件一般可不作标注，急件和特急件则应分别在醒目位置注明"加急"或"特急"；党的机关用电报形式发布的紧急公文，分特提、特急、加急、平急四类，应根据具体情况分别标明。

（7）主送机关　主送机关即主要受理公文的机关，也就是主办或答复本公文关涉事项或问题的受文机关，是公文发送的直接对象。主送机关要求在正文上方顶格书写、排印。

公告、通告等公开发布的公文，可不写主送机关。

你知道吗

三类主送机关

公文的主送机关有三类。

一是上级机关。向上级机关报送的请示、报告等公文，一般只能有一个主送机关，不能多头主送。如需同时报送另一个上级机关，可以用"抄送"的形式，以免造成责任不明，延误公务。

二是下级机关。发送给某一特定下级机关的公文如批复等，主送机关只写这一个下级机关的名称；发送给所有下级机关的通知、通报等普发性公文，写所属机关的通称。

三是平行机关，即与发文机关同属一个组织系统的同级机关或不具有隶属关系的任何机关。若有公务需要与平行机关商洽联系时，主送机关便直接写该平行机关的名称。

（8）正文　正文是公文的主体，是容纳公文内容的地方，因而成为公文最重要的部分。

正文内容要准确地传达党和国家的有关方针、政策，实事求是，有的放矢，明确具体；写作上要力求条理清楚、简洁规范，切忌杂乱分散、拖沓冗长。除综合性内容的公文外，一般要求一文一事，以便于分送和处理。

正文的具体结构形式和写法因内容、文种、行文关系、发文目的的不同而有差异，应根据具体情况，结合各种因素恰当处理。

（9）附件　附件即随文发送的其他文件、报表及有关材料等。它是某些公文的一个重要组成部分甚至是发文的主要缘由，切不可因其是附件而视为可有可无。

凡带有附件的公文，应在正文结束后另起一行设立附件栏，用"附件"两字领起，然后写明附件名称。附件不止一件时，应分行写明，并以序码在名称前标明其顺序。

（10）发文机关署名　发文机关指制发公文并对公文负责的机关。发文机关署名用发文机关的全称或规范化的简称标示，因其标示位置在正文下方偏右而称落款。几个机关联合发文时，应将主办机关排列在前，其余机关按与公文关涉事项的关系逐次排列。按照有关规定以机关首长名义发布的公文，落款处应写明机关首长的职务名称和姓名。

（11）成文日期　成文日期即公文最终成文的具体日期，一般以发文机关领导人的签发日期为准。几个机关联合发文的，以最后一个签发机关的签发日期为准；会议通过的公文，以会议通过的日期为准。不能把成文日期理解为发出日期或初稿写成日期，更不可随意写个日期作为发文日期。

成文日期必须采用公元纪年；年份要写完整，不可简缩；月、日要写齐全，不可随意省略。

（12）印章　印章是证明公文作者的合法性并对公文生效负责的凭证，是发文机关权力的象征。印章文字要与发文机关名称完全符合，否则不具备法律效力。

印章的加盖位置在发文日期中间，几个机关联合发文时，其余机关的印章盖在主办机关印章的两侧。印章的加盖必须清晰、端正。

领导机关大批印发的公文，已按规定格式专门印有文件版头，并经机要交通传递，可以不盖印章；在报刊上公开发布的公文和随文上报下发的会议纪要，亦不必加盖印章。但这些公文依然合法、有效。

（13）抄送机关　抄送机关即主送机关之外，还需要知晓公文内容或协助办理公文关涉事项的其他上级、下级和不相隶属机关。

抄送机关的范围应根据公文内容、发文目的和隶属关系严格掌握，认真确定，既要避免该送而漏送，贻误公务；又不可不分情况，乱报滥送。

抄送机关名称应标注在主题词下方，附注栏的上方。

（14）主题词　主题词是揭示公文内容特性和归属类别的关键性词语，同时也是用现代化、自动化办公设备进行公文处理和管理的信息符号，具有主题性和技术性的两重性特点。

主题词在标示时用比正文大一号的黑体字由左至右排列，词与词间空一格，不必使用标点符号。

你知道吗

主题词的选取

公文的主题词一般由三到五个词或词组组成，选词范围应控制在国务院发布的《公文主题词表》之内。这些词或词组虽然一般不用考虑语法结构的规则，也不一定表达一个完整的意思，但必须能够准确无误地反映出公文的内容特征和归属类别，并具有明显的层次性。如《国务院关于严格审批和认真清理各类开发区的通知》一文的主题词"审批——清理——开发区——通知"，第一层次"审批——清理"高度概括了全文的内容实质；第二层次"开发区"点明了本文的关涉对象；第三层次"通知"则显示出公文种类。

（15）附注　附注是指关于公文印制或翻印机关，印发日期，印制份数、份号（印制份数顺序号），发送、传达范围等内容的说明文字。有些单位的打印文件还标明打字、校对人员姓名，以示负责。

公文是否需要标示附注及附注项目多少的设置，应视具体内容而定。一般来说，秘密公文要编列份号，并在秘密等级上方标注；印发、传达范围应加括号标注在成文日期左下方；其余需要附注的内容在公文正文末页下端分行标注，一行一项内容，行间用横线隔开。无保密要求的公文只在正文末页下端标出需要说明的内容即可。

2. 公文排版装订的具体要求

（1）公文排版的规格　正文用 3 号仿宋体字，文中如有小标题可用 3 号小标宋体字或黑体字，一般每页排 22 行，每行排 28 个字。

（2）公文制版的要求　版面干净无底灰，字迹清楚无断画，尺寸标准、版心不斜，误差不超过 1 mm。

（3）公文印刷的要求　　双面印刷，页码套正，两面误差不得超过 2 mm。黑色油墨应达到色谱所标 BL100%，红色油墨应达到色谱所标 Y80%、M80%。印品着墨实、均匀；字面不花、不白、不断画。

（4）公文的装订要求　　公文应左侧装订，不掉页；包本公文的封面与书芯不脱落，后背平整、不空。两页页码之间误差不超过 4 mm。骑马订或平订的订位为两钉钉距，外订眼距书芯上下各四分之一处，允许误差为±4 mm。平订钉距与书脊间的距离为 3~5 mm；无坏钉、漏钉、重钉，钉脚平伏牢固；后背不可散页明订。裁切成品尺寸误差为±1 mm，四角成90°，无毛茬或缺损。

（5）公文的用纸要求　　我国公文用纸由长期以来一直沿用的 16 开型改为国际标准纸型 A4 型后，对公文的页边与版心尺寸也作了新的规定，具体是：

- 公文用纸天头（上白边）为（37±1）mm。
- 公文用纸订口（左白边）为（28±1）mm。
- 版心尺寸为 156 mm×225 mm（不含页码）。

三、行政公文的分类

《国家行政机关公文处理办法》中对现在实行的行政公文种类分为：①命令（令）；②决定；③公告；④通告；⑤通知；⑥通报；⑦议案；⑧报告；⑨请示；⑩批复；⑪意见；⑫函；⑬会议纪要，共计 13 种。

知识点 2　命令（令）、意见

一、命令

命令（令）是一种行政公文，《国家行政机关公文处理办法》对命令（令）的功能作了如下阐述：适用于依照有关法律公布行政法规和规章；宣布实行重大强制性行政措施；嘉奖有关单位及人员。

"命令"和"令"曾被作为两种文体看待，实际上，从性质、功能和写作方法上看，并没有什么差别，不过是一种文体的两个名称而已。1987 年后，两者合并为一种文体。目前，在公文写作实践中，两种名称仍然并存。如《国务院、中央军委关于授予钱学森同志"国家杰出贡献科学家"荣誉称号的命令》一文（国发［1991］51 号）使用了"命令"的文体名称；而 1999 年 10 月 15 日建设部发布第 71 号《中华人民共和国建设部令》宣布实施《建筑工程施工许可管理办法》，使用的是"令"这一文体名称。两个名称的使用有这样的规律：如果标题中有主要内容这一项，一般用"命令"这一名称；如果标题中没有主要内容这一项，由发令机关加文种组成，一般用"令"这一名称。

1. 命令（令）的特点

（1）权威性和强制性　　命令（令）是所有公文中最具权威性和强制性的下行文种。命令一经发布，受令者必须绝对服从，没有讨价还价的余地，更不允许抵制和违反。通常所说的"令行禁止"，通过命令这种文体，能得到最充分的体现。

受权威性和强制性特点的制约，命令（令）只能用于重大决策性事项，如发布重要的行政法规和规章，宣布实行重大强制性行政措施以及奖励成就突出的人员等。

（2）使用权限有严格的限制　命令（令）虽是行政公文的主要文体，但并不是所有行政机关都有权发布命令（令）。按照《中华人民共和国宪法》和《中华人民共和国地方各级人民代表大会和地方各级人民政府组织法》的有关规定，只有全国人民代表大会的常务委员会、委员长，国家主席，国务院和国务院总理，国务院各部委及其部长、主任，地方各级人民政府和各级人民代表大会，才有权力发布命令（令）。其他各种企事业单位、党团组织和社会团体，均无权发布命令（令）。党的领导机关可以和同级人民政府联合发布命令（令），但是要以行政公文的面目出现。

2. 命令（令）的分类

按照《国家行政机关公文处理办法》对命令（令）功能的阐述，这种文体可大致分出三种基本类型。

（1）公布令　公布令是依照有关法律公布行政法规和规章的命令。例如，《中华人民共和国国务院公报》2000 年第 8 号，一期就刊登了三则《中华人民共和国国务院令》（第 277 号、第 278 号、第 279 号），分别发布了《第五次全国人口普查办法》《中华人民共和国森林法实施条例》《建设工程质量管理条例》。同期还有《中华人民共和国教育部令》（第 8 号）、《中华人民共和国民政部令》（第 18 号）、《中华人民共和国司法部令》（第 56 号）各一则，分别发布了《中小学校长培训规定》《民办非企业单位登记暂行办法》《未成年犯管教所管理规定》。

公布令一般由四个方面的内容组成：发布对象、发布依据、发布决定、执行要求。公布令篇幅短小，言无虚设，四个方面的内容并不各自独立成段，而是篇段合一。

（2）行政令　宣布施行重大强制性行政措施的命令，称为行政令。例如国务院 1984 年 4 月 13 日发布的《国务院关于严格保护珍贵稀有野生动物的通令》就是典型的行政令。

属于行政令的还有动员、戒严令等。

（3）奖惩令　奖惩令就是用来奖励和惩戒有关人员的命令，有嘉奖令和惩戒令两种类型。

嘉奖令是奖励的最高级别，用于奖励贡献突出的个人或集体。它由先进事迹、性质和意义、奖励项目、希望和号召四部分组成。例如《国务院对胜利粉碎劫机事件的民航杨继海机组的嘉奖令》（1982 年 8 月 12 日发布），《国务院、中央军委关于授予钱学森同志"国家杰出贡献科学家"荣誉称号的命令》（1991 年 10 月 14 日发布）。

惩戒令由错误事实、错误性质、惩戒项目三个部分组成，在实践中很少使用，新的《国家行政机关公文处理办法》已不再提及这种命令。

讨论

请问通缉令是属于这种文体吗？

3. 命令（令）的结构及写作方法

（1）标题　命令（令）的标题有三种构成形式：

● 由发令机关名称、主要内容、文种构成。如《中华人民共和国国务院关于发行新版人民币的命令》。

● 由发令机关名称或发令人身份加文种组成。如《郑州市人民政府令》《中华人民共和国主席令》。

● 由主要内容加文种组成。如《向全国进军的命令》。这种形式应用较少。

（2）正文　公布令、嘉奖令的结构和内容，前面已有介绍，这里着重介绍行政令的写法。

行政令的正文按照公文的常规模式进行操作，由开头、主体、结尾三大部分组成。

开头部分主要写发布命令的原因、根据、目的、意义等。作为开头部分，原则上不宜过长，但有时因原因复杂、意义重大，也可以用较多文字表述。如《向全国进军的命令》，开头部分就占了全文的二分之一左右。

主体部分是全文的核心，主要写命令事项，也就是要求受命者做些什么、怎么做、做到何种程度等。这部分内容复杂，层次较多，一般都需要分条表达，以便眉目清楚。

结尾部分，主要用来写执行要求。如由何单位负责执行，从何时起开始执行等。这部分内容单纯，篇幅短小。

例文

国务院、中央军委关于授予钱学森同志
"国家杰出贡献科学家"荣誉称号的命令

国发〔1991〕51号

国防科工委：

钱学森同志是我国著名科学家。他早年在空气动力学、航空工程、喷气推进、工程控制论等技术科学领域做出许多开创性的贡献。1955年9月，在毛泽东、周恩来等老一辈无产阶级革命家的关怀下，他冲破重重阻力，离开美国回到社会主义祖国。1959年8月，他光荣地加入了中国共产党。数十年来，他以对祖国、对人民的无限热爱和忠诚，满腔热忱地投身于我国国防科研事业，为我国火箭、导弹和航天事业的创建与发展做出了卓越的贡献。他潜心研究的工程控制论，发展成为系统工程理论，并广泛地运用于军事运筹、农业、林业，乃至整个社会经济各个领域的实践活动，在我国现代化建设中发挥了重要作用。在发展系统工程理论与实践方面，是我国科技界公认的倡导人。他一贯努力学习马克思主义、毛泽东思想，坚持运用马克思主义哲学理论指导科学活动。他热爱中国共产党，热爱社会主义祖国，热爱人民，充分体现了新中国知识分子的高尚品德，他是我国爱国知识分子的杰出典范。

为了表彰钱学森同志全心全意为人民服务，为祖国科技事业的发展所做出的卓越贡献，国务院、中央军委决定，授予钱学森同志"国家杰出贡献科学家"的荣誉称号。

国务院、中央军委号召广大科技工作者向钱学森同志学习，学习他崇高的民族气节、严谨的科学态度、朴实的工作作风。像他那样忠于党、忠于社会主义祖国、忠于人民，像他那样坚持运用辩证唯物主义和历史唯物主义的科学世界观、方法论指导科研工作；像他那样勤勤恳恳，艰苦奋斗，顽强拼搏，无私奉献，为发展和繁荣我国科技事业，推进社会主义现代化建设，做出新的贡献。

科学技术是第一生产力，是推动经济和社会发展的强大力量。各级领导干部都要继续认真贯彻落实党的知识分子政策和发展科技的方针，以对党对人民高度负责的精神，关心爱护和大力培养科技队伍，造就更多的世界第一流的科学技术专家，为在全社会进一步形成尊重知识，尊重人才的良好风尚而努力奋斗。

国务院总理 李 鹏
中央军委主席 江泽民
一九九一年十月十四日

二、意见

《中国共产党机关公文处理条例》将意见列为公文主要文种之一，对其功能给出如下定义：用于对重要问题提出见解和处理办法。

2001年施行的新的《国家行政机关公文处理办法》在主要公文种类中新增了"意见"这一文体，对其功能的表述与《条例》基本一致。以前行政公文的12类13种主要文体里没有"意见"，但这并不是说行政公文中就不使用意见这种文体。事实上，行政机关也经常使用意见来传达有关指示、布置某些工作。例如2000年2月20日出版的当年第5号《中华人民共和国国务院公报》，就刊登了三篇意见，其中有两篇是作为通知的转发或发布对象出现的。建设部等六单位制定的《关于工程勘察设计单位体制改革的若干意见》，由国务院向全国各省市自治区及各部委作了转发。教育部制定的《关于新时期加强高等学校教师队伍建设的意见》，是教育部自己用通知的形式发布的。还有一篇是教育部的《关于进一步加强中小学教育技术装备工作的意见》，它是以独立公文的形式直接向各省、自治区、直辖市教委、教育厅发布的，发文字号是"教基〔1999〕11号"。

1. 意见的特点

（1）指导性　意见虽然在文种的字面含义上没有指示、批复那样明显的指导色彩，似乎只是对某一工作提出些意见供参考，可实际上它也是指导性很强的一种文体。之所以不采用指示等指导色彩强的文种行文，主要有下列一些原因：

为体现党政分开的原则，党的机关在涉及政务时不宜采用指示等文种；

有关部门虽然对下级同类部门有业务指导权，但并没有行政领导权，采用指示显然没有采用意见更合适；

意见的内容业务性强、规划性强、组织性强，而这些内容采用较生硬的文种不如采用意见这样较委婉的文种更合适。

尽管如此，意见对受文机关来说，仍然有较强的约束性，下级机关要遵照执行。

（2）针对性　意见有着较强的针对性。它总是根据现实的需要，针对某一重要的问题提出见解或处理意见。例如，我国在提倡开展素质教育以来，中小学的现有教育技术装备显然不能适应素质教育的需要，教育部就及时对加强这一工作提出了意见。党内的民主生活会质量有待提高，中组部就及时下发了《关于提高县以上党和国家机关党员领导干部民主生活会质量的意见》。这些意见对于解决目前存在的问题，都起了积极的作用。

（3）原则性　意见通常不是具体的工作安排，总是从宏观上提出见解和意见，要求受文单位结合具体情况，参照文件中提出的精神来办理。下级机关在落实意见精神时，比起执行指示有更大的灵活处理的余地。

2. 意见的分类

（1）规划性意见　规划性意见是对某一时期的某一方面的工作提出的大体构想。它的特点是适用时期长，内容宏观化、整体化，类似于规划、纲要等计划性文体。它指示了一个时期内某项工作的要点、原则和努力方向，但一般没有具体的方法和措施。教育部在1999年8月用通知的形式发布的《关于新时期加强高等学校教师队伍建设的意见》，就是一个面向21世纪的宏观化、纲要化的意见。

（2）实施意见　实施意见一般是为贯彻落实某一重要决定或中心工作所制订的实施方案，它重在阐发上级的有关精神，使下级单位对上级的文件精神有更深入的理解，同时提出较为具体的行动方案和工作安排。例如《中共河南省委河南省人民政府关于贯彻〈中共中央、国务院关于深化教育改革全面推进素质教育的决定〉的实施意见》（豫发〔1999〕28号）。

（3）具体工作意见　对如何做好某项工作提出意见，所涉及的内容比较具体，有时还会有一些可操作性的办法、措施等。中央组织部发布的《关于提高县以上党和国家机关党员领导干部民主生活会质量的意见》，就是比较具体化的组织工作意见。行政机关的一些意见可以更具体地指向某项工作，如国务院办公厅 2000 年 1 月 14 日转发的，由交通部、财政部、公安部、国家计委联合制定的《关于继续做好公路养路费等交通规费征收工作的意见》。

3. 意见的结构及写作方法

（1）意见的标题和主送机关　意见的标题有两种常见写法。一种是由发文机关+主要内容+文种组成，如《中共河南省委河南省人民政府关于〈中国教育改革和发展纲要〉的实施意见》；另一种由主要内容+文种组成，如《关于提高县以上党和国家机关党员领导干部民主生活会质量的意见》。

意见的主送机关分为两种情况：需要转发的意见，没有主送机关这一项，但转发该意见的通知，要把主送机关写清楚。直接发布的意见要有主送机关，主送机关的排列方法和一般公文相同。

（2）意见的正文

①发文缘由　这是意见的开头部分，主要写出发布意见的背景、根据、目的、意义等，但不面面俱到。文字根据具体情况可长可短，最后以"现提出以下意见""特制定本实施意见"等过渡性语句转入下文。如交通部、财政部、公安部、国家计委联合制定的《关于继续做好公路养路费等交通规费征收工作的意见》一文的开头：

近几个月来，一些单位和个人错误地认为《中华人民共和国公路法》修改后即可不缴纳公路养路费等交通规费，因而出现了拖欠、拒缴、抗缴公路养路费等交通规费事件，造成了国家交通规费大量流失。为保障公路养路费、车辆购置附加费等交通规费征收工作的正常进行，现提出如下意见：……

这个开头前面叙述了发文的背景和根据，后面指出了发文的目的和意义。

②意见条文　这是意见的主体，要把对重要问题的见解或处理办法一一写明。

如果是规划性意见，内容繁多，可列出小标题作为各大层次的标志，小标题下再分条表述。如《中共河南省委河南省人民政府关于〈中国教育改革和发展纲要〉的实施意见》一文，主体就分为五大部分，各自冠以小标题，分别是：一、教育发展的目标和任务；二、深化教育改革的政策措施；三、切实增加教育投入；四、加强教师队伍建设；五、切实加强对教育工作的领导。每一小标题下列出若干条文，共计二十八条。

如果是内容较单纯集中的工作意见，主体部分直接列条即可，不必再设小标题。如《关于继续做好公路养路费等交通规费征收工作的意见》，主体部分就直接分为五条。

③执行要求　有些意见需要对贯彻执行提出一些要求，可以列入条款，也可单独在正文最后写一段简练的文字予以说明。如无必要，此项免除。

例文

关于优化发展环境的意见

国发〔1994〕50 号

为进一步优化东城区发展环境，培育东城区综合竞争优势，按照高效优质原则、依法行政原则、符合国际惯例原则和法无明令禁止的不受行政机关追究的原则，努力建设服务型政府、法治政府、诚信政府和高效政府，为区域经济发展提供更好的条件，提出以下意见。

一、建立科学的政策引导机制，优化服务环境

（一）坚持政策征询和反馈制度。涉及企业利益的政策出台之前要广泛听取专家、管理

相对人和相关部门的意见。对于涉及两个以上部门的政策，要明确一个主要责任部门，负责对政策制定、实施过程中的问题进行协调，保证政策相互配套，防止政令相抵触。建立畅通的信息反馈渠道，积极调查和搜集政策实施的反馈意见，不断完善相应的政策。

（二）坚持政务公开制度。通过政府网站、信息披露会、政府简报等方式，将区域中长期规划、经济结构调整计划、产业发展导向、重点招标项目、投资指南和相关的法规政策向社会公布，强化政府的信息导向作用。行政审批项目及时限、年检项目及表格、行政事业性收费项目及标准要在媒体上予以公示。完善政府行政措施和规范性文件公民自由索取制度，区政府有关部门特别是面向企业服务的部门，都要设立咨询窗口和电话，解答企业提出的问题。做到凡政府依法应该公开的信息要全部公开；凡企业、公民要求公开并且可以公开的服务性信息要全部公开。

（三）推行标准化服务。在"窗口"部门配备精通自身业务并熟悉相关业务的工作人员，加强公务员特别是一线工作人员的培训，提高工作水平和综合素质。普及标准化服务，从服务程序、服务用语、业务知识等各个环节都要做到规范化和标准化，促进政府服务水平和质量的不断提高。

（四）推广信息化服务。本着方便企业和居民的原则，以"数字东城"门户网站为依托，全面实现并完善7×24小时面向企业的网上政策信息咨询、项目申报、纳税申报、年检申报、问题投诉、互联审批等项服务。

（五）完善和延伸"一站式"服务。全面提升"一站式"服务的质量和水平，加快建设能体现人文关怀、功能完备的新服务大厅，实现内外资联合审批、集中服务。

（六）各类企业享受同样服务。在国家、市政府有关法律政策的框架内，做到在市场准入、进出口、参与政府采购和招投标、高新技术企业认定、奖励、优秀人才表彰等方面，区域内各类企业享受同等服务待遇。

（七）建立"企业家日"制度。在继续坚持区级领导联系企业制度、企业联络员制度的基础上，每季度指定一天为"企业家日"，区级领导与企业家直接进行对话和沟通，征询了解意见，同时也促进区域内企业家之间的学习与交流。

二、建立监督评价机制，优化管理环境

（八）提高行政审批效率。区级部门不得自行设置任何行政审批事项。继续精简市里下放的行政审批项目。除国家、市里另有规定外，区内单项审批时限一般压缩在5个工作日以内，企业办理工商注册和相关后置审批的时限压缩在10个工作日以内。

（九）规范收费行为。严禁任何部门和个人以任何名义向企业乱收费、乱摊派、乱罚款、乱培训行为。除法律、法规和政府规章规定以外，其他收费项目一律取消。明确执收部门，实行"收支两条线"，取消收费与经费挂钩。严格实行"单位开票、银行收款、财政统管"的票款分离管理方式。坚决禁止任何部门和单位到企业收费。物价部门向企业制发《东城区收费监督卡》，企业有权拒缴额外的收费项目。任何政府部门和单位都不得对企业进行带有强制性的收费培训，凡是政府部门要求的培训，组织者不得向企业收取任何费用。

（十）规范年检行为。除法律、法规和规章规定的以外，其他年检事项一律予以取消。全区确定一个年检主办部门，制订统一的年检表格，企业每年只需在规定时间内，通过网络或到一个部门上报一份材料，缴纳一次费用。企业办理年检时，可由法定代表人委托他人办理。严禁年检时搭车培训、征订报刊等变相收费行为。扩大免审范围，对连续两年未受过行政处罚或没有不良记录的企业和注册不足半年的企业免于审查，直接通过年检。

（十一）规范税收征管行为。建立纳税信誉等级评定管理制度，定期公布诚信纳税企业名单，除专案检查外，列入诚信纳税名单的企业，两年内免除税务检查。建立约谈制度，帮助纳税人准确理解和遵守税法。建立税务检查准入制度，依照"未经评估，不得检查"的原则，全面规范税务检查行为。适当扩大企业所得税定率征收范围。简化办税程序，开展网上报税。采用税法公告、税法咨询、执法公示等多种方式，开展税法服务。

（十二）规范行政执法行为。各部门不得任意设定行政处罚或行政限制行为，企业或个人的行为，凡是法律、法规和规章没有明文禁止的，不受行政机关追究。继续清理和精简检查事项，做到例行检查提前一周通知企业，临时性检查须经区政府或市主管部门批准。继续完善行政执法的工作标准、规范、程序和相应的责任制度，减少行政执法人员的自由裁量权和随意性，公平对待各类市场主体。

（十三）清理与企业签订责任书行为。原则上取消与企业签订的各类责任书。企业应承担的各项社会义务、责任要通过地方法规和政府规章予以确定。

（十四）实行主办部门负责制。涉及两个或两个以上部门的同一审批事项，明确一个主办部门，申办人或申办企业只需到主办部门递交相应的申请材料。主办部门按照"一家受理、转告相关、联动审批、限时完成、责任追究"的办法，实行统一受理、统一审核、统一回复、统一发证，避免交叉审批和重复审批。

（十五）推行首问负责制。第一位接受询问的工作人员即为首问责任人。群众咨询或办理的事项属于本人职责范围内的，应按照"一次性告知"制度，立即给予答复或办理。自身不能解决的，及时向上级请示汇报。不属于自己职责范围的，要热情接待，负责指引到有关职能部门。

（十六）坚持行政救济制度。拓宽行政复议渠道，企业和公民认为政府的规章、行政措施或规范性文件、政府做出的有关决定或处罚损害了自己的合法权益，可以依法申请行政复议。

（十七）坚持企业评议制度。每年定期举行企业评议政府职能部门活动，评议结果向社会公布，并根据评议结果制定整改措施。

（十八）坚持督查考核制度。由区"优化发展环境领导小组"办公室协调、检查、督促优化发展环境措施的落实情况。将企业评议政府职能部门结果纳入督查考核体系，作为考核政绩突出单位以及各部门一把手的重要依据，凡被投诉且经调查属实的，实行"一票否决"制，年终不得评为"政绩突出单位"。加强对公务员特别是一线工作人员的督查，凡被举报投诉并经调查属实的，视情节轻重，给予行政告诫或纪律处分，直至开除。邀请党风廉政监督员、特约监察员和企业家对服务环境进行监督，出台《东城区行政效能监察工作实施办法》。

三、建立公平竞争机制，优化市场环境

（十九）进一步规范和整顿市场秩序。继续贯彻落实《北京市东城区人民政府关于整顿和规范市场秩序的决定》，加强产品质量的监督检查和各项专项检查工作，重点查处假冒伪劣、盗版等侵权行为，保护知识产权。严厉打击非法传销活动和骗税、骗汇、走私及伪造、倒卖、虚开增值税专用发票的涉税犯罪活动，努力维护公平有序的市场竞争秩序。

（二十）积极促进社会信用体系的建设。以工商行政管理、司法机关等部门提供的各类监管信息为内容，加快社会信用体系建设。建立企业不良信息警示系统，及时将企业不良行为信息在"数字东城"网站上公布。

（二十一）培育、规范各类行业协会和社会中介机构。按照市场经济的要求，将政府承担的部分社会服务职能逐步从政府行政职能中剥离出来，移交给各类行业协会和社会中介机构。加强对行业协会和社会中介机构的指导和监管，确定独立法人地位，彻底解决某些中介机构依附于政府的问题。

（二十二）在投资、建设等领域推广招投标制度。对需要政府投资的项目，面向境内外试行招标，选择项目法人；对需要政府投资而单位无力自行建设的项目，实行面向社会公开招标的代建制。

四、建立良好的育人用人机制，优化人才发展环境

（二十三）加速人才绿色通道的建设。做好对各类人才的服务工作，加大人才引进力度。

（二十四）建立比较完善的选聘、激励机制。围绕人才的使用和发展制订选聘和激励办法，加大对高级人才的政策支持力度，鼓励优秀人才在东城开拓创业。

五、建立开放活跃的宣传机制，优化舆论环境

（二十五）加强对优化发展环境重要性的宣传教育。要加强优化发展环境的宣传，教育全区公务人员树立"人人是首都形象，人人是发展环境"的理念，增强全民的开放意识和营造环境意识。

（二十六）加强对区域经济环境优势的宣传。通过多种渠道、多种方式积极宣传区域资源优势、建设成就、政策措施等内容，提高我区的社会影响力，塑造东城新形象。

1994 年 6 月 2 日

知识点 3　决　定

一、决定的含义

决定是机关公文中共有的文种。适用于对重要事项或者重大行动做出安排，奖惩有关单位及人员，变更或者撤销下级机关不适当的决定事项。各行各业的领导机构，对于自己职权范围内的事项或问题，做出肯定或否定性的结论，做出规划和安排时，都可以使用决定。《国家行政机关公文处理办法》对决定的功能作如下阐述：适用于对重要事项或者重大行动做出安排，奖惩有关单位及人员，变更或者撤销下级机关不适当的决定事项。《中国共产党机关公文处理条例》对决定功能的阐述是：用于对重要事项做出决策和安排。

二、决定的特点

1. 广泛性

各级各类单位都可以使用决定。换言之，只要发文单位认为事关大局、事项重要，就可以用决定来行文。当然，从发文机关的角度出发，使用决定行文的事项应该是本机关比较重要的事项，否则，决定与同样具有安排事项这一功能的通知就显示不出区别了。

2. 指挥性

决定在对重要事项进行决策时，同时也提出工作任务、具体措施和实施方案，要求受文单位依照执行。决定通过原则、任务、措施、方案的确定和安排，指挥下属单位统一思想、统一行动，从而保证工作的顺利开展，并取得预期效果。

3. 全局性

决定一般不是向某一个具体单位发出的，行文对象有一定的普遍性。这是由于决定所涉

及的事项和解决的问题，都有全局性的意义。类似依法行政、西部开发，都是事关全局的重要问题。即使有时涉及的事件比较具体，其意义也必然是全局性的。

4. 权威性

决定虽然没有命令那样浓的强制色彩，但也是一种权威性很强的下行文。决定是上级机关针对重要事项和重大行动，经重要会议或领导班子研究通过后，对所辖范围内的工作所做的安排。决定一经发布，就对受文单位具有很强的约束力，受文单位必须遵照执行。

> 试比较决定与命令的特点有哪些异同。

三、决定的分类

1. 法规政策性决定

关于建立、修改某项法规的决定，关于贯彻、落实某一法律的决定，关于对某一领域犯罪行为进行专项打击的决定，都属于法规政策性决定。如《全国人民代表大会常务委员会关于修改〈中华人民共和国大气污染防治法〉的决定》《全国人大常委会关于惩治侵犯著作权的犯罪的决定》《关于惩治虚开、伪造和非法出售增值税专用发票犯罪的决定》等。

2. 重要事项和重大行动的决定

对重要事项或事关全局的重大行动做出的决定，具有决策的性质。一般要阐述基本原则，提出工作任务、方案、措施、要求。如《国务院关于全面推进依法行政的决定》《国务院关于成立国务院西部开发领导小组的决定》《中共中央关于加强党同人民群众联系的决定》《中共中央关于恢复沈雁冰同志党籍的决定》等。

3. 奖惩性决定

决定也可以对一些事迹突出、有典型意义的先进个人或集体进行表彰，或者对一些影响较大、群众关心的事故、错误进行处理。前者如《国务院关于授予赵春娥、罗健夫、蒋筑英全国劳动模范称号的决定》《中共中央国务院中央军委关于授予费俊龙、聂海胜同志"英雄航天员"荣誉称号并颁发"航天功勋奖章"的决定》等。后者如《国务院关于处理"渤海二号"事故的决定》《国务院关于大兴安岭特大森林火灾事故的处理决定》等。

奖惩性决定跟用于奖惩的命令和通报作用接近，但层次规格不同。决定从规格上看低于命令，但高于通报。一般性的奖惩或者基层单位的奖惩活动，用通报即可。

用于奖惩的这三种文体，在写法上也比较接近。

四、决定的结构及写作要求

决定的内容结构一般由标题、编号、受文机关、正文、落款五部分组成。

1. 标题

决定的标题，有两种写法：

● 发文机关+事由+文种，如《中共中央关于科学技术体制改革的决定》。一般都用这种完整的写法。

● 发文机关+文种，如《全国人民代表大会常务委员会决定》。这种写法一般比较少用。

2. 编号

决定的编号，一般用发文字号。

3. 受文机关

受文机关的名称，在正文的上一行顶格书写。受文机关的名称后要加"："。

4. 正文

由于决定的类型不同，其正文的内容侧重点与写法也有所不同。

（1）对某项工作或重大行动做出安排的决定　对某项工作或重大行动做出安排的决定，具有很强的规定性和指挥效能，既要提出工作任务或重大行动，又要阐述完成工作任务或重大行动的政策规定、方法措施等，内容丰富，行文较复杂。

正文通常由决定缘由、决定内容和执行要求三部分构成。决定缘由是指对某项工作或重大行动做出安排的依据。行文要求简明扼要，依据要恰当充分，令人信服；决定内容是全文的主体内容，主要包括开展工作的有关政策原则、执行的事项及有关规定要求等。涉及材料较多的，一般采用分条式或分题式表述，行文要眉目清楚，用语要确切明了，易于有关人员把握和执行；最后提出执行本决定的要求、意见。

（2）一般决定　一般宣布法规、机构设置、人事安排的决定，正文由决定缘由和决定事项两部分组成。要求行文简短，篇段合一，不作分析。

5. 落款

● 如果标题已有发文机关名称，落款处则一般不再写发文机关名称；

● 决定的日期，是写公布此项决定的年、月、日，其位置通常写在标题下的括号内。如果是会议通过的决定，需要在标题下的小括号内写明这一决定是在什么时间、什么会议通过的。

⏱ 例文

县农业局行政处罚决定书

南农（种子）罚［2007］04号

当事人兴隆种业有限责任公司涉嫌经营标签内容不符合规定油菜种子一案，经县农业局依审理，现查：

今年八月九日至十五日，县农业局农业综合执法大队先后在××县大河坎镇、梁山镇、城关镇、青树镇、高家岭乡等乡镇检查种子市场时，发现曹树文、冯中诚、许强等11户种子零售点销售的"陕油9号"油菜品种标签没有标注生产日期和产地；"杂优1号"油菜品种无审定证编号，同时也没有生产日期和产地，11个点共查扣标签内容不符合规定的"陕油9号"854袋，计85.4千克；"杂优1号"226袋，计22.6千克。

经调查证实上述"陕油9号"和"杂优1号"油菜种子均是由××兴隆种业有限责任公司提供货源，当事人经营标签标注内容不符合规定油菜种子"陕油9号""杂优1号"的事实清楚、证据充分，应予认定。

本机关已于二〇〇七年八月十九日向当事人发出《违法行为处理通知书》，当事人在规定时限内未向本机关提出陈述和组织听证要求。

综上所述，经研究认为：当事人××兴隆种业有限责任公司经营标签标注内容不符合规定油菜种子"陕油9号"及"杂优1号"的行为已违反《中华人民共和国种子法》第三十五条第一款、《农作物种子标签管理办法》第四条第一款的规定，鉴于当事人能认识错误，积极配合执法人员调查，能及时悔改，社会危害较轻，依照《中华人民共和国种子法》第六十二条第一款第二项之规定，本机关对当事人做出如下处罚决定：

1. 立即停止经营销售标签标注内容不符合规定的"陕油9号"及"杂优1号"油菜种子，责令改正。

2. 行政罚款人民币肆仟元整（￥4 000.00元）。

当事人××兴隆种业有限责任公司必须在收到本处罚决定书之日起十五日内持本决定书到××县收费管理局缴纳罚款，逾期不按规定缴纳罚款，每日按罚款额的3倍加处罚款。

当事人对本处罚决定不服的，可以在收到本处罚决定书之日起六十日内向××市农业局申请行政复议或九十日内向人民法院起诉。当事人逾期不申请行政复议或起诉，也不履行义务的，本机关将申请人民法院强制执行。

处罚机关：人民法院
二〇〇七年八月二十四日

知识点 4　公告、报告

一、公告

公告是较高级别的国家行政机关、法定机关向国内外宣布重大事项或者法定事项的周知性公文。公告是公开发布，告启公众应当遵守的公文。其发布范围较广泛，具有一定的强制性和约束力。

公告和通告都属周知性公文，内容不涉密，均要公开发布，写法也很相似。但二者同时存在一定的差别。公告强调法定权威性，其周知事项常有较强的法律效力或行政效力，除法定机关或者较高级别行政机关外，基层行政机关和企事业单位不用公告行文。通告的适用范围较广，除行政机关外，企事业单位也可使用，其约束力往往是涉及一定范围内的机关、单位或群众。

1. 公告的分类和特点

（1）分类

●向国内外宣布重要事项的公告　用于级别较高的国家行政机关宣布重要事项，也用于人大及其常委会颁布法律法规、公布选举结果等。

●公布法定事项的公告　这是有关法令、法规规定使用的专门事项公告。如《国家公务员暂行条例》规定的招考公告。

●法院公告　这是我们在日常生活中常见的一种公告形式。如开庭公告、财产认领公告、强制执行公告等。

（2）特点

●发布内容必须重要　公告发布的内容必须是重要事项或法定事项。要注意不能事无大小都使用公告。

●发布范围广泛　一般公文只向一定范围发布，而公告是向国内外发布，经常是通过新华社用登报、广播的形式向全国、全世界发布。

● **发布机关有资格限制** 公告一般是由较高级别的国家领导机关，或者授权新华社制发的。基层单位不能滥用公告。

2. 公告的结构及写作要求

公告一般由标题、发文字号、正文、落款四个部分组成。

（1）标题 通常写明事由、文种，重要的还要写明发文机关。如果内容简单，有时也可只写文种"公告"，但尽可能写明事由，以便阅读和处理。标题写法有三种：第一种是完整的标准式标题，即写明发文机关、事由和文种，如《国务院关于坚决制止冲击铁路确保铁路运输通畅的公告》；第二种是写明发文机关和文种，省去发文事由，如《中华人民共和国全国人民代表大会公告》；第三种是只写明文种，但是一定要在落款处注明发文机关。

（2）正文 通常由缘由、事项、结语组成。通告缘由常用"为了……"或"根据……"的句式说明发布通告的目的、依据和原因。为了突出公告的权威性，公告缘由常要说明法律依据或者职权依据。事项是正文的主体，要写得简洁明了，具体明确。若内容属周知性，往往篇幅较短，常采用篇段合一的结构；若内容属规定性，一般分条文写明应当遵守的有关事项。一般的写法是：首先写明制发公告的根据、理由或目的，说明为什么要制发这个公告；其次写明宣布的重要事项是什么，包括时间、地点、人物、主要情节、结果、立场、态度等。结尾可写"特此公告""现予公告"。

（3）发文字号 公告的发文字号有的使用流水号，如"第1号""第21号"，即表示该届人大或政府所发公告的顺序号。有的公告则不用发文字号。

（4）结语 常采用"特此公告"的形式。如果开头有"特公告如下"的用语，结尾则可省略。有时可不写结语，有时用提出希望或要求作结。

📍 例文

中国侨联 2007 年招录机关工作人员面试公告

根据国家公务员录用有关规定和中国侨联招录计划，现将中国侨联 2007 年招录机关工作人员面试工作有关事项公告如下：

一、参加面试的人员

姓　名	准考证号
赵　五	95211281113
祝建宁	95219170108
米蔺轩	95217920311
孙文轩	95218942217
孙小敏	95218451704

经济联络处职位最低分数线为 114.4 分；政策法规处职位最低分数线为 122 分。

二、面试时间、地点

2007 年 1 月 24 日上午 8 时 30 分在中国侨联机关办公楼（北京东城区北新桥三条甲一号）面试。请各位考生准时到达，迟到者视为自动放弃面试。

三、面试注意事项

1. 参加面试人员须回复信箱 ccan200800@163.com 确认。

2. 参加面试人员须携带本人身份证、准考证原件、所在学校盖章的报名推荐表或所在单位出具的同意报考的证明，考生报名登记表1份，本人近期一英寸、二英寸免冠彩色照片各三张。缺少上述证件者，原则上不得参加面试。

3. 面试结束当晚确定参加体检人员，第二天进行体检。接到参加体检通知的人员，25日清晨不得进食、进水，保持空腹。体检结束后考生即可返回。

4. 考生食、宿、路费用自理。

四、联系人和电话

赵珊珊 010—84024904、64011649

组织人事部人事处
2007年1月20日

二、报告

报告一般是向上级机关汇报工作、反映情况、提出建议、答复询问和请求备案的陈述性应用文体。报告是下级机关呈送上级机关的上行文种，是上级机关了解下情、制定方针政策、指导工作的重要依据。中下级机关，特别是基层单位和部门经常使用这一文种。一般事后、事中行文。不要求上级批复，行文较长。

1. 报告的特点

（1）重要性 重要性指调研报告在写作中必须突出重点，着重分析有关的各因素，对存在的重要问题进行细致分析，并提出与之相关的措施。

（2）明晰性 明晰性指调研报告的内容必须条理清楚、简单扼要、观点明确。它要求调研报告从内容到语言都具有高度的确定性，在用词时不应出现"大概""可能"等字眼，内容表述所用文字应准确，技术名词应解释清楚，让读者明了其确定含义。

（3）概括性 报告是以叙述和说明为主要表达方式的文种，但它的叙述和说明是概括性的，要求短小精悍。

（4）真实性 真实性即调研报告应以事实为基础，以数据为依托，调研报告要建立在真实可信的资料基础上，进行客观分析，反映出事物的真实情况。不得更改统计数字、随意夸大或隐瞒事实。

2. 报告的种类

（1）综合性报告 综合性报告是将全面工作或一个阶段许多方面的工作综合起来写成的报告。它在内容上具有综合性、广泛性，写作难度较大，要求较高。

（2）情况报告 情况报告是针对某项工作、某一问题、某一事件或某一活动写成的报告，在内容上具有专一性。

（3）建议报告 在下级机关就工作中的重大问题和事项，专门向上级机关提出建议时使用。

（4）回复报告 回复报告是根据上级机关或领导人的查询、提问做出的报告。

> 讨论
> 工作报告和工作汇报有区别吗？

3. 报告的结构及写作要求

报告通常由标题、正文、结尾三部分构成。

（1）标题 发文机关+事由+文种。标题可以有多种形式，如事由加文种，如《关于2003年关于抢救情况的紧急报告》；或发文机关、事由加文种，如《市人民政府工作报告》。

（2）正文　分为两种情况：

第一，综合性报告正文。

● 情况简述：工作时间、地点、背景、条件或各项工作的开展情况。这种开头称为概述式。此外还有结论式（议论判断）、说明式（用"为了……"）等，百字上下。

● 成绩做法：这是主体。可以简要叙述一下工作过程。成绩常常通过数字、比较、事实来表现。安排形式有条陈式、小标题式、阶段式和贯通式。

● 经验教训：要有观点、看法和规律，又要有具体的典型事例以及理论分析，常常占1/5篇幅。

● 今后计划：往往写成今后的工作计划，常常占1/3篇幅。

第二，专题性报告正文。

● 概述情况。讲清工作开展情况或问题发生的原委、事项的起因和经过。

● 说明理由、做法和反应。或取得的成绩和经验，或分析存在的问题及原因，或说明工作做法，或写出群众反应。

● 提出意见。写基本看法、解决问题的建议和办法。

（3）结尾　一般用"特此报告""以上报告如无不妥，请批转各地执行"等习惯用语结尾，有的不写。最后写发文机关或个人，盖章，写发文时间。如标题中有发文机关名称，发文机关可以不写。一般情况下，要在正文右下角署上发文机关名称或主要负责人姓名以及成文日期。

例文

辞 职 报 告

从2015年年初至今，进入公司工作两年的时间里，得到了公司各位同事的多方帮助，我非常感谢公司各位同事。

在过去的两年里，我在公司里工作得很开心，感觉公司的气氛就和一个大家庭一样，大家相处得融洽和睦，同时我在公司里也学会了如何与同事相处，如何与客户建立良好关系等。在过去的两年里，利用公司给予的良好学习机会，我学习了一些新的东西来充实了自己，增加了知识和实践经验。我对于公司两年多的照顾表示真心的感谢！

2017年下半年，公司给予了很好的机会，让我学习市场方面的运作，但由于缺乏经验，自己没有能很好地为公司做好新的市场开发，为此我深感有愧于公司两年来的培养。

我在过去一段时间里的表现不能让自己满意，感觉自己的能力还差得很多，经过慎重考虑，现向公司提出辞职，望予批准。

签名：×××

2017 年 2 月 14 日

你知道吗

> **报告的写作注意事项**
>
> 1. 写综合报告应注意抓住重点，突出主要矛盾和矛盾的主要方面。在此基础上列出若干观点，分层次阐述。说明观点的材料要详略得当，以观点统领材料。
>
> 2. 专题报告，要一事一报，体现其专一性，切忌在同一专题报告中反映几件各不相干的事项和问题。
>
> 3. 切忌将报告提出的建议或意见当做请示，要求上级指示或批准。

知识点5　通告、通知、通报

一、通告

通告是行政公文的主要文种之一，适用于在一定范围内公布应当遵守或者周知事项的周知性公文，是用途最广泛的告启公众应当遵守、周知或要执行的文种。通告属告知性公文，使用频率高。《国家行政机关公文处理办法》把通告定义为：适用于公布社会有关方面应当遵守或者周知的事项。国家机关、社会团体和企事业单位都可使用通告。

1. 通告的特点

通告主要有以下三个特点：

- 内容具体，业务性强。通告的内容多是业务工作方面的，而且使用频率比较高；
- 有限制的行文对象。通告是"在一定范围内"发布的，使用范围比较小；
- 发文机关广泛。通告的内容是一般事项，所以发文单位比较广泛。

2. 通告的分类

（1）通告从内容上分类，有两种

- 全国范围内的重大法规性通告，如《中华人民共和国公安部通告》；
- 针对某一项工作或专门问题发布的通告。

（2）从效用上分类，也有两种

- 制约性通告，属于在一定范围内，为保证某一项工作的开展与某项活动的进行，而发布的规定性措施；
- 周知性通告，用于向一定范围内的单位或个人发布应当遵守或周知的事项。

3. 通告的结构及写作要求

通告由标题、正文、发文机关和日期等部分组成。

（1）标题　由发文机关、事由、文种构成。根据具体情况，也可使用发文机关+文种、事由+文种或只写"通告"二字。

（2）正文　由缘由和通告事项两部分组成。缘由为发布通告的原因和根据，事项为须知和遵守的内容。用"特通告如下"转承连接。通告事项是面对大众的，应简洁明了，叙述清楚，通俗易懂，便于掌握。结尾部分可提出要求、希望，并用"特此通告"作结。有时也可不写，形式比较灵活。

（3）署名和日期　正文后签署发布通告的机关名称和日期。

例文

郑州市人民政府关于郑州市 2015 年度
第三批乡镇建设用地问题的通告

郑政通 ［2016］ 1 号

2015 年 12 月 6 日，《河南省人民政府关于郑州市 2015 年度第三批乡镇建设用地的批复》（豫政土 ［2015］ 40 号），批准我市征收集体土地 59.6944 公顷。依照《中华人民共和国土地管理法》第 46 条、《中华人民共和国土地管理法实施条例》第 25 条的规定，现将经批准的《征用土地方案》主要内容和有关事项公告如下：

一、建设用地项目名称

郑州市 2015 年度第三批乡镇建设用地。

二、征用土地位置

1. 开元路南、天河路东；

2. 中原路北、大李路南。

三、被征用土地村及面积

1. 毛庄镇弓寨村 0.4073 公顷。

2. 新城办事处贾河村 0.8305 公顷，胖庄村 23.5617 公顷。

3. 须水镇须水村 10.6867 公顷，大李村 17.1999 公顷，三王庄村 3.0083 公顷。

四、土地补偿费、安置补助费及地上附着物补偿标准，按照《郑州市人民政府关于调整国家建设征用土地补偿安置标准等若干问题的通知》（郑政文 ［1993］ 144 号、郑政文 ［2015］ 87 号）规定执行。

五、征用土地四至范围内的土地所有权人、使用人，在本通告规定的期限内，持土地权属证书或其他证明材料，到各所在区国土资源局办理征地补偿登记，时间 2016 年 1 月 4 日至 2016 年 1 月 17 日。

自本通告发布之日起，新增加的地上附着物不予办理补偿登记。

六、被征用土地的所有权人、使用权人在规定的期限内不进行征地补偿登记的，将依法予以处理。

特此通告

二〇一六年一月四日

你知道吗

通告和公告的异同

通告和公告二者有一些相似之处，即都具有晓谕性和公布性，发布范围都是面向全社会。但两者的区别更为关键，可大致概括为三个方面。

第一，发布范围不同。公告是向国内外发布重要事项和法定事项采用的文种，它的发布范围比较广，昭示的受众较全面。通告虽然也是面向社会发布的，但多是限定在一个特定区域范围内，而且内容也多是指向一个特定的人群，要求这一区域内的某一特定人群遵守或周知。

第二，对发文机关的限制不同。公告是一种高级别的文体，所以常常涉及全局性的重大事项或法定事项，而且必须由高级别的行政部门发布。通告是一种高级机关和基层单位都可进行发布的文体，不仅行政机关可以制发，社会团体、企事业单位在自己的职权范围之内，也都可以制发。

第三，内容的重要程度不同。公告是用来发布重要事项和法定事项的，涉及内容多是国家大事或省市级的行政大事，或者履行法律规定必须遵循的程序。通告是用来发布在一定范围内需要遵守或周知的事项的，它所涉及的事项一般没有公告那么重大。

二、通知

1. 通知的概念及种类

通知是批转下级公文、转发上级或不相隶属机关的公文、发布规章、传达事项，要求有关单位和人员周知、办理或共同执行的普遍使用的文种。通知，最重要的一点是说明事项要明确，不能有半点含糊，用语要得体。所以它是最常用的行政公文。

通知一般可分为：

（1）指示性通知　上级机关对下级机关某一项工作做出指示和安排，而根据公文内容又不必用"命令"或"指示"时，可使用这类通知。

（2）知晓性通知　用于告之各有关方面通知的事项等。这种通知发送对象广泛，对下级、平级均可发送。

（3）事务性通知　用于上级机关对下级就某一具体事项布置工作，交代任务；同级机关及不相隶属的单位之间就某一项具体工作的进行或某一具体问题的解决要求对方配合、协助办理等。

2. 通知的格式及写作要求

通知由标题、正文、结尾三部分构成。

（1）批示性通知的写法　标题由发文机关、事由和文种组成，也可省去发文机关名称。正文由缘由、内容、要求等部分组成。缘由要简洁明了，说理充分；内容要具体明确、条理清楚、详略得当，充分体现指示性通知的政策性、权威性、原则性；要求要切实可行，便于受文单位具体操作。

（2）知晓性通知的写法　这种通知使用广泛，体式多样，主要是根据通知的内容，交代清楚知晓事项。

（3）事务性通知的写法　通常由发文缘由、具体任务、执行要求等组成。会议通知也属事务性通知的一种，但写法又与一般事务性通知有所不同。会议通知的内容一般应写明召开会议的原因、目的、名称、通知对象，会议的时间、地点，需准备的材料等。

（4）任免、聘用通知的写法　一般只写决定任免、聘用的机关、依据，以及任免、聘用人员的具体职务即可。

3. 通知的文体构成

通知一般由标题、主送机关、正文、结尾和落款五个部分组成。

（1）标题　批转性和发布性通知。一般有两种写法：由发文机关、发布（批转或转发）、被发布或批转的文件标题和文种构成。被发布、批转、转发公文为法规、规章时，一般应加上书名号，省略发文机关，如《关于印发〈中华人民共和国大气污染防治法〉的通知》。

其他种类的通知：①完全式。②省略发文机关，如《关于举办 1999 市书法国际邀请赛的通知》。③省略发文机关和事由，只写文种，这种写法一般在范围比较小、内容比较简单时运用。

（2）主送机关　主送机关可以是一个或几个甚至所有的有关单位。普发性通知可省去主送机关名称。

（3）正文

●批转、发布性通知　正文包括两个部分：第一是批语或印发语；第二是批转或印发的规章或文件。批语一般比较简单，只要说明批转或印发的文件和贯彻要求就可以了，如"现将《关于……的规定》印发（或批转、转发）给你们，请认真贯彻执行"。有些比较复杂的还要对有关规章的实施进行具体说明，或者阐述该文件的意义、重要性以及领导机关的意见和工作指示等。

●指示性通知　正文一般由两个部分组成：缘由、事项。缘由是发文的目的和根据。事项部分是主体，要把具体内容分条列项地阐述清楚，不能含糊。

●告知性通知　正文由缘由和通知事项两部分构成。缘由直陈根据或原委，不必如指示性通知那样进行说理分析，因此更为简要；通知事项，只讲决定怎么办，直截了当，充分显示其关照、告知的作用，不提出执行要求。

●会议通知　会议通知内容较为固定，一般包括会议目的、会议名称、会议内容（或主题）以及时间、地点、参加对象和报到的时间、地点、需要准备的材料等具体事项。会议通知的内容最主要是写得清楚明白，写作时要考虑周全，让有关人员知道该做什么、怎么做。

●任免和聘用通知　此类通知的行文比较简单，说明任免或聘用某人担任某项职务即可。有的还加上决定任免的组织以及任期等。如果同时有任职和免职，就要先写被免职者，再写任职者。

（4）结尾　通知常用的结尾用语是：（以上各项）请遵照办理、希参照执行、希依照执行、希贯彻执行、希认真贯彻执行、请即研究试行、特此通知等。结尾用语是发出通知的机关对受文对象的总的要求，它必须与通知的具体要求和重要程度相适应。

（5）落款　标注制发通知的机关和日期。

例文

×× 省交通厅关于印发
《汽车维修市场整顿工作议案》的通知

×交运［2017］705 号

各地、州、市交通局，厅属各交通运输集团公司、汽车维修企业：

自我省 2015 年开展汽车维修市场秩序整顿工作以来，在各级政府的高度重视下，在各相关部门的积极配合下，经全省行业管理部门的辛勤工作和广大汽车维修企业的配合，全省维修市场秩序有所好转，维修市场行为初步得到规范，维修企业无证经营、无序竞争和维修质量低劣的局面有较大改观。但是，当前我省维修市场仍然存在一些突出的问题，如维修作业不规范，从业人员素质低，服务意识差，使用假冒伪劣配件，维修收费混乱，有的地区无证经营、超范围经营、占道经营等现象有所反弹。

为进一步规范汽车维修市场秩序，提高维修质量和服务质量，切实为社会提供方便快捷、优质可靠、价格合理的汽车维修服务，维护车主的合法权益，根据交通部《关于印发（汽车维修市场整顿工作方案）的通知》要求，在我省已开展的维修业市场秩序整顿工作的基础上，省厅决定对全省汽车维修市场进一步进行专项整顿。现将《××省汽车维修市场整顿工作方案》印发给你们，请遵照执行，并将整顿工作中出现的新情况、新问题，及时报省运管局。

附件：《××省汽车维修市场整顿工作方案》

××省交通厅

二〇一七年十月十八日

三、通报

1. 通报的概念及种类

通报适用于表彰先进、批评错误、传达重要精神或者情况。它是党政机关、社会团体、企事业单位将工作情况、经验教训以及各种典型事例告知有关单位和人员的公文文种，其作用是将有关情况告知所属单位，以增加工作的透明度，使各单位相互协调，搞好工作。

通报一般可分为：

● 表彰性通报　主要用来表彰先进，介绍单位或个人成功的经验、做法，以学习先进，见贤思齐，改进与推动工作。

● 批评性通报　用来批评后进，纠正错误，打击歪风，指出有关单位或个人存在的错误事实，提出解决办法或处理意见。

● 传达性通报　用于传达上级重要精神与重要情况，引起人们的警觉与注意，对当前的工作起指导作用。

2. 通报的结构及写作要求

通报由标题、主送单位、正文、发文机关和日期组成。

（1）标题　通报的标题由发文机关、事由、文种或事由、文种构成。所以应具备公文标题的三要素，以显示庄重，不可只写"通报"，如《××市人民政府办公厅关于××有限公司发生重大交通事故的通报》。通报标题中的事由，有的只写"表扬"或"批评"，如"关于给王

××表扬（批评）的通报"。这样写较简单，因为"表扬"或"批评"不能反映事由的内容，它反映的是组织的决定，事由应是具体事实的概括，如《国务院关于一份国务院文件周转情况的通报》《关于人大建议、政协提案办理情况的通报》等。

（2）正文　要有具体事实。表彰性通报和批评性通报一般分为四部分：

● 主要事实　表彰性通报要突出主要先进事迹，批评性通报要抓住主要错误事实。

● 分析指出事例的教育意义　表彰性通报，要在阐述先进事迹的基础上，提炼主要经验、意义和值得学习与发扬的精神。批评性通报要分析错误的性质、危害，产生的根源和责任，指出应吸取的主要教训等。

● 决定要求　表彰性和批评性的通报，应写明组织结论与予以表彰或处理的决定，同时提出对表彰或批评对象与读者的希望、要求。为了防范和杜绝类似错误发生，批评性通报的结尾处，通常要有针对性地提出防范的措施或规定。

● 最后要提出希望或要求　传达性通报一般不写决定要求。

（3）生效标识　在正文右下方标明发文机关名称，加盖印章，写明发文日期。

3. 通报的特点

通报的应用也比较广泛，主要具有以下两个特点：

（1）内容的真实性　真实是通报的生命。通报的任何情况、事实都必须是真实的，不能有差错，更不能有造假情况。

（2）目的的告知性　通报的内容，常常是把现实生活当中一些正、反面的典型或某些带有倾向性的重要问题告诉人们，让人们知晓、了解。

例文

关于表彰 2003 年全省春运工作先进单位的通报

各市、县、自治县人民政府，省府直属有关单位：

2003 年全省春运工作在国家有关部门的指导下，各级政府、各有关部门、各运输单位认真贯彻省委、省政府关于做好春运工作的指示精神，精心部署，严密组织，实现了国家提出的"以客为主，客货兼顾，安全第一，快捷有序"的工作目标，圆满地完成了全省春运工作的各项任务，为促进我省经济持续快速发展和确保社会稳定做出了贡献。省人民政府决定，授予今年春运工作成绩突出的广东省经济贸易委员会交通处等 67 个单位"广东省 2003 年春运工作先进单位"荣誉称号，在全省范围内通报表彰。

希望受表彰的单位戒骄戒躁，继续发扬成绩，再接再厉，与时俱进，开拓创新，不断改进和提高春运工作的组织管理水平，为我省全面建设小康社会做出新的贡献。

附件：2003 年全省春运工作先进单位名单

广东省人民政府

二〇〇三年三月二十四日

你知道吗

通报和通知的区别

通报和通知同属告知性的公文。但它们也有明显的不同。通知重在告知人们在工作上要做什么和怎样去做。通报的作用，则在于"表彰先进、批评错误，传达重要精神或者情况"，主要目的是要提高人们的思想认识，规范人们的行为。

知识点6　请示、批复

一、请示

请示适用于向上级机关请求指示、批复。任何一级机关都有相应的职权范围。凡是下级机关无权或无力解决，以及按规定应由上级机关决断的问题，都应该向上级机关行文请示。同时必须事前行文，一事一文。上级应在一定的时限内批复。请示主要用于：在实际工作中，遇到缺乏明确政策规定的情况需要处理；工作中遇到需要上级批准才能办理的事情；超出本部门职权之外，涉及多个部门和地区的事情，请示上级予以指示。

1. 请示的分类和特点

（1）分类　按请示目的分，可分为批准性请示、呈转性请示和请求指示性请示三类。

①批准性请示　内容比较简单、具体，往往是一些较为细小的实际事项的请求。请示被批准后，执行机关范围也比较小，常常就是请示单位自己。

②呈转性请示　请示事项较为重大复杂，具有一定的普遍意义，不但需要上级批准，还需要上级转发。

③请求指示性请示　这类请示多涉及政策上、认识上的问题。下级机关在执行政策时遇到困难或出现新的情况，需要变通，或执行政策时尚有不太清楚明了的地方，或对上级机关某个决定有看法，可以向上级机关请求指示性请示。

（2）特点　请示属于上行公文，其应用范围也比较广泛，具有针对性、呈批性、单一性、时效性等特点。同时还应注意：一是必须由下级行文；二是在自己职权范围内无法决定或无法处理的事；三是必须要求上级明确表态、批复。

2. 请示的结构及写作要求

请示的结构一般包括：标题、主送机关、正文三部分。

（1）标题　一般由发文机关、事由、公文种类三部分组成。如：某市关于创办《市政刊物》报的请示。有时可以省去发文机关。

（2）主送机关　表示接受请求的直接上级机关，在标题下面一行顶格写起。请示的主送机关就是负责受理和答复请示的机关。请示单位在确定主送机关时，应注意以下3点：①不送领导个人；②只写一个主送机关；③不越级请示。

（3）正文要写请示或请求的原因及做法

● 请求缘由　公文的开头主要表述请示的理由，即请求事项所持的依据、缘由，它是上级机关批复的主要依据。一种是写情况依据（往往用"目前"开头），另一种是写目的说明（用"为……"开头）。一般而言，这部分要写明所遇到的新情况、新问题，或自身没有能力解决的困难，要写得充分、恰当、有说服力。

如请示仅仅是为了履行一下规定的程序，开头可以写得简略一些。

● 请求事项　请求事项是请示最核心、最重要的部分，要写得明确、具体。请求指示的请示，主体要写明想在哪些具体问题、哪些方面得到指示。分层分项写清具体要求，并说透理由，提出充足的事实和理论根据。同时，依据实际情况，提出切实可行的处理意见，作为上级机关进行判断和指示的参考。如果在请求批准的同时还需要人、财、物等方面的支持和帮助，更需要把编制、数量、途径等表达清楚、准确，以便上级及时批复。

● 结尾　请示的结尾要明确提出要求，要求上级批准、指示。常只只一句祈使性的话作结尾，如："当否，请批复""以上如无不当，请批准""妥否，请批示"。这是请示必不可少的内容。

● 署名、日期　附件可有可无，是随同请求的有关材料、图表或其他文件。在正文之后（隔一行）注明附件名称和顺序。

3. 批准性请示的具体写作要求

批准性请示一般由三部分组成：请示理由、请示内容、请示结语。

● 请示理由是文章的开头部分，常是导语式的，要扼要地讲明请示的背景和根据，及概括地写出请示事项。复杂的一般写成一段话，简单的就以一句话为之。请示理由之后，许多请示中都要紧接着写上一句承上启下的过渡语。它们的基本格式是"现将……报告如下"，随之点上冒号。但有些极短小的请求也可不写。

● 请示内容是请示的中心部分，要写得具体，条理清楚，说服力强。请示内容包括提出请示事项和阐述说明道理或事实两项内容。提出请示事项要详细，阐述说明道理要充分，只有这样才能使有关领导心中有数。

有些情况简单，有条文和规定可依据，只是出于组织原则报给上级知道，请示批准的请示，请示内容部分只需提出请示事项即可，不必阐释道理。

● 请示结语是请示的结尾部分，一般是另起一行空两格书写，请示结语语气要谦恭。请示结语的通常写法是："特此请示，请审批""以上意见妥当否，请指示""特此请示，请批复"等。

4. 呈转性请示的具体写作要求

呈转性请示一般由三部分组成：请示理由、请示内容、请示结语。

● 请示理由　与批准性请示的写法基本相同，只不过有时语气较批准性请示更为庄重一些，由于这种请示批准转发后带有指导性，所以有时理由交待得要较详细，以期更加引起领导重视。

请示理由之后的过渡语与批准性请示相同。

● 请示内容　一般都是请示单位的设想和建议。因为比较复杂，提出请示事项和阐述说明道理两条，缺一不可。阐释道理时，可采取引用理论根据或摆明事实根据两种写法。呈转性请示内容部分在书写时要更注意条理分明，较长者要分条分项来写。

● 请示结语　呈转性请示结语也要另起一行空两格书写。写

讨论

你能分清请示和申请之间的区别吗？

法与批准性请示结尾略有不同，通常写法是："以上报告，如无不妥，请批转各地贯彻执行""以上意见，如属可行，请批转有关单位执行"，或其他一些类似的说法。

5. 呈转性请示和呈转性报告的区别

呈转性请示和呈转性报告的区别主要有两点：

● 呈转性请示不但要求上级批转，而且一定要有复文；呈转性报告虽也要求上级批转，但不要求上级复文。

● 呈转性请示里要求批转的意见往往是较具体的做法、措施；呈转性报告里要求批转的意见往往是较原则、较概括的政策性意见。

另外，批准性请示和呈转性请示也有较大区别，不仅是要求目的上的区别，而且在执行范围上也有区别。批准性请示执行范围较窄，一般就是请示单位自己；呈转性请示执行范围较宽泛，往往不仅是请示者的本单位，而且还要包括其他很多有关单位共同执行。

例文

关于暂缓调高旅游专项资金在交通建设附加费中分配比例的请示

××市人民政府：

今年4月7日，××市委、市政府《关于加快发展旅游业的决定》（×字［××］8号），同意建立旅游建设发展专项资金，其部分资金来源于交通建设附加费的分配，并将此分配比例从原来的5%调高到10%。对此，我委认为该措施无疑有利于筹集资金，促进旅游业发展。但当初决定征收旅业交通建设附加费的目的，主要是筹集地铁资金，现要提高旅游专项资金在交通建设附加费中的分配比例，必然减少地铁资金的来源。地铁工程建设年度投资高达30亿元，筹资任务十分艰巨，而今年地铁资金缺口更大，需开拓更多的资金来源。因此，任何减少筹集地铁资金的做法都会导致工期拖长和投资增大，不利于工程建设。

鉴此，我委建议在地铁建设期内，暂缓调高旅游专项资金在交通建设附加费中的分配比例，仍执行旅游专项资金在交通建设附加费中占5%的分配比例不变。

专此请示，请批复。

××市计委

××××年××月××日

你知道吗

请示写作注意事项

在写请示时，应当注意以下一些事项：要坚持一文一事；请示事项必须明确、具体、可行；不要搞多头请示（请示应主送直接主管机关或主管领导，其他确需了解请示事项的领导机关或领导人，采取抄报形式处理；如是受双重领导的机关，也应根据请示内容，择要送一处领导机关，由主送机关答复请示的问题，对另一领导机关采取抄报形式）；一般不得越级请示，个别需要越级请示的，常采用两种方式：一种是转呈式，可以既避免越级，又明确主送机关；另一种是在越级请求的同时，把请示抄报被越过的主管部门；不要把请示写成报告或请示报告；除领导直接交办的事项外，请示不要直接送领导者个人，或既写主送机关，又同时主送、抄送给主送机关领导人。一般情况下，也不得在上报请示的同时抄送平级和下级机关。

二、批复

批复是用于答复下级机关请示事项的回复性公文。其制作和应用一般以下级的"请示"为条件。当下级机关的工作涉及方针、政策等方面的重大问题，报请上级机关审核批准时；当下级机关在工作中遇到新情况、新问题，无章可循，报请上级机关给予明确指示时；当下级机关遇到无法解决的具体困难，报请上级机关给予指导帮助时；当下级机关对现行方针政策、法规等有疑问，报请上级机关予以解答说明时；以及当下级机关因重大问题有意见分歧，报请上级机关裁决时，上级机关都应该用"批复"予以答复。除此之外，有时"批复"还被用来授权政府职能部门发布或修改行政法规和规章。

1. 批复的特点

● 针对性　批复的针对性反映在两个方面：一是批复必须针对请示机关行文，而对非请示机关不产生直接影响；二是批复的内容必须针对请示事项，不涉及请示事项以外的内容。

● 回复性　批复的内容属于回复性的内容。因为批复的制作和应用是以下级机关的请示为条件，对上级机关来说是被动的发文，下级机关请示什么事项，上级机关就批复什么事项。并且，上级机关对请求事项无论同意与否，都必须有针对性地明确予以回答。

● 权威性　批复是答复下级机关请求事项的回复性公文，它提出的处理意见和办法，代表上级机关对问题的决策意见，对下级机关具有行政约束力，特别是对一些重大事项的答复，体现了党和国家的有关方针、政策，具有权威性。所以批复一经下发，下级机关必须遵照执行。

2. 批复的分类

根据内容、性质的不同，批复可分为两类：一类是审批性批复；另一类是指示性批复。审批性批复主要是针对下级机关请示的公务事宜，经审核后所作的指示性答复。比如关于机构设置、人事安排、项目设立、资金划拨等事项的审批。指示性批复主要是针对方针、政策性问题进行答复。这一类批复，不只是对请示机关提出请示事项的答复，而且批复的指示性内容，在其管辖范围内，具有普遍的指导和规范作用。另外，授权政府职能部门发布或修改行政法规和规章的批复，也属于指示性批复。

3. 批复的结构及写作要求

批复主要由标题、主送机关、正文、落款组成。

（1）批复的标题和主送机关　批复的标题一般采用公文常规模式写法，即发文机关+主要内容+文种。略有不同的是，批复往往在标题的主要内容一项中，明确表示对请示事件的意见和态度；而一般公文标题中的主要内容部分一般只点明文件指向的中心事件或问题，多数不明确表示态度和意见。如《国务院关于同意陕西省撤销榆林地区设立地级榆林市的批复》，其中"同意"两字就是用来表明态度和意见的。如果不批准请求事项，标题中可以不出现态度和意见，到正文中再表态。如果是答复请求指示的批复，也无须在标题中表态。

批复的主送机关，一般只有一个，那就是发出请示的下级机关。

（2）批复的正文　批复的正文由三部分组成，分别是批复依据、批复事项、执行要求。

● 批复依据　批复依据主要涉及两个方面：一是对方的请示，二是与请求事项有关的方针政策和上级规定。

对方的请示是批复最主要的论据，要完整引用请示的标题并加括号注明其请示的发文字号，例如："你省《关于变更西宁市行政区域范围的请示》（青政［1999］49号）收悉。"

上级有关的文件和规定是答复请示的政策和理论依据。可表述为："根据××关于××的规定，现作如下答复。"必要时，可标引文件名、文件编号和条款序号。如果下级请示的事项在上级文件和规定中找不到依据，这样的文字便不需出现了。

● 批复事项　针对下级机关请示所发出的指示而做出的批准决定，以及补充的有关内容，都属于批复事项。如果内容复杂，可分条表述，但必须坚持一文一批的原则，不得将若干请示合在一起用列条的方式分别给以答复。

● 执行要求　对下级执行批复的要求可写在结尾处，文字要简约。如《国务院关于同意陕西省撤销榆林地区设立地级榆林市的批复》的结尾："榆林市的各级机构均应按照'精简、效能'的原则设置，所需人员编制和经费由你省自行解决。"如果只是批准事项，无须提出要求，此段可免。

例文 1　指示性批复

省教育委员会关于计划生育二部管理学院开设新闻专业的批复

计划生育二部管理学院：

你院××××年××月××日×号请示收悉。关于你院从××年暑假后开设新闻专业的问题，我们已请示省委宣传部。限于校舍、经费开支和师资条件有一定困难，可暂缓进行。待××××年××月招生条件基本具备后再写一份请示报来，经研究后，再作答复。

省教育委员会
××××年××月××日

例文 2　授权指示性批复

国务院关于决定加入《专利合作条约》的批复

国函［1993］113号

中国专利局、外交部：

国务院决定：我国加入《专利合作条约》，具体手续由外交部办理。我国加入该条约后，关于《专利合作条约实施细则》的修订问题，由中国专利局同外交部决定，报国务院备案，可以不另行报批；中国专利局可以制订实施该条约的具体规定。

国务院（盖章）
一九九三年八月二日

知识点 7 函

一、函的概念

函是不相隶属机关之间相互商洽工作、询问和答复问题，或者向有关主管部门请求批准事项时所使用的公文。

函作为公文中唯一的一种平行文种，其适用的范围相当广泛。在行文方向上，不但可以在平行机关之间行文，而且可以在不相隶属的机关之间行文，其中包括向上级机关或者下级机关行文。在适用的内容方面，它除了主要用于不相隶属机关相互洽谈工作、询问和答复问题外，也可以向有关主管部门请求批准事项，向上级机关询问具体事项，还可以用于上级机关答复下级机关的询问或请求批准事项，以及上级机关催办下级机关有关事宜，如要求下级机关函报报表、材料、统计数字等。此外，函有时还可用于上级机关对某件原发文件作较小的补充或更正。不过这种情况并不多见。

二、函的特点

（1）沟通性 函对于不相隶属机关之间相互洽谈工作、询问和答复问题，起着沟通作用，充分显示平行文种的功能，这是其他公文所不具备的特点。

（2）灵活性 表现在两个方面：一是行文关系灵活。函是平行公文，但是它除了平行行文外，还可以向上行文或向下行文，没有其他文种那样严格的特殊行文关系的限制。二是格式灵活，除了国家高级机关的主要函必须按照公文的格式、行文要求行文外，其他一般函，比较灵活自便，也可以按照公文的格式及行文要求办。可以有文头版，也可以没有文头版，不编发文字号，甚至可以不拟标题。

（3）单一性 函的主体内容应该具备单一性的特点，一份函只宜写一件事项。

三、函的分类

• 按性质分，可以分为公函和便函两种。公函用于机关单位正式的公务活动往来；便函则用于日常事务性工作的处理。便函不属于正式公文，没有公文格式要求，甚至可以不要标题，不用发文字号，只需要在尾部署上机关单位名称、成文时间并加盖公章。

• 按发文目的分，函可以分为发函和复函两种。发函即主动提出公事事项所发出的函。复函则是为回复对方所发出的函。

• 另外，从内容和用途上，还可以分为洽商事宜函、通知事宜函、催办事宜函、邀请函、请示答复事宜函、转办函、催办函、报送材料函等。

四、函的结构和写作方法

函的类别较多，从制作格式到内容表述均有一定灵活机动性。主要介绍规范性公函的结构、内容和写法。

公函由首部、正文和尾部三部分组成。其各部分的格式、内容和写法要求如下：

1. 首部

主要包括标题、主送机关两个项目内容。

● **标题** 公函的标题一般有两种形式。一种是由发文机关名称、事由和文种构成。另一种是由事由和文种构成。

● **主送机关** 即受文并办理来函事项的机关单位，于文首顶格写明全称或者规范化简称，其后用冒号。

2. 正文

其结构一般由开头、主体、结尾、结语等部分组成。

（1）开头 主要说明发函的缘由。一般要求概括交代发函的目的、根据、原因等内容，然后用"现将有关问题说明如下:"或"现将有关事项函复如下:"等过渡语转入下文。复函的缘由部分，一般首先引叙来文的标题、发文字号，然后再交代根据，以说明发文的缘由。

（2）主体 这是函的核心内容部分，主要说明致函事项。函的事项部分内容单一，一函一事，行文要直陈其事。无论是洽商工作、询问和答复问题，还是向有关主管部门请求批准事项等，都要用简洁得体的语言把需要告诉对方的问题、意见叙写清楚。如果属于复函，还要注意答复事项的针对性和明确性。

3. 结尾

一般用礼貌性语言向对方提出希望。或请对方协助解决某一问题，或请对方及时复函，或请对方提出意见，或请主管部门批准等。

4. 结语

通常应根据函询、函告、函或函复的事项，选择运用不同的结束语。如"特此函询""请即复函""特此函告""特此函复"等。有的函也可以不用结束语，如属便函，可以像普通信件一样，使用"此致""敬礼"。

5. 结尾落款

一般包括署名和成文时间两项内容。署名机关单位名称，写明成文时间年、月、日，并加盖公章。

📍 例文

国务院办公厅关于羊毛产销和质量等问题的函

国办函〔1993〕2号

国家计委、经贸办、农业部、商业部、经贸部、纺织部、技术监督局：

为进一步发展我国羊毛生产，搞活羊毛流通，提高羊毛质量，根据国务院领导同志的批示，现就有关问题通知如下：

一、要切实抓紧抓好草场改造和羊种改良工作。（略）

二、技术监督局要加强羊毛的质量监督和检验工作。（略）

三、要尽快组织直接进入国际羊毛拍卖市场。（略）

四、为了促进国内养羊业的发展，支持纺织工业生产和扩大出口创汇。（略）

上述有关政策，请有关部门、各地区特别是羊毛生产区认真研究落实，执行中的问题，由国家计委和经贸办协调，并督促落实。

国务院办公厅（盖章）
一九九三年一月三日

你知道吗

函的写作注意事项

　　函的写作，首先要注意行文简洁明确，用语把握分寸。无论是对平行机关或者是对不相隶属机关的行文，都要注意语气平和有礼，不要倚势压人或强人所难，也不必逢迎恭维、过分客套。至于复函，则要注意行文的针对性、答复的明确性。

　　其次，函也有时效性的问题，特别是复函更应该迅速、及时。像对待其他公文一样，及时处理函件，以保证公务等活动的正常进行。

知识点 8　会议纪要

一、会议纪要的概念

　　会议纪要是根据会议记录和会议文件以及其他有关材料加工整理而成的，它是反映会议基本情况和传达会议议定事项和主要精神的纪实性公文，并要求有关单位共同遵守执行的一种文体。

　　需要下发执行的会议纪要，可以"通知"形式发出。会议纪要可上报上级领导机关，供上级了解会议的情况以便取得领导的支持与指导；可以送有关的平行单位交流信息，沟通情况，以取得他们的协助和配合，其主要作用是沟通情况，交流经验，统一认识，指导工作。

二、会议纪要的特性

　　（1）内容的综合性　会议纪要是在对会议中各种材料、与会人员的发言以及会议简报等进行综合分析和概括提炼基础上形成的，注重真实客观、准确全面，它具有整理和提要的基本特点。

　　（2）指导性　这一特性包含两层含义：一是会议本身的权威性；二是会议纪要集中反映了会议的主要精神和决定事项。因而纪要一经下发，将对有关单位和人员产生约束力，起着类似于指示、决定或决议等指挥性公文的作用。会议纪要还可以作为与会同志向单位领导汇报、向群众传达的文字依据。

　　（3）纪实性　会议纪要是根据会议的主旨、议程、决议等概括整理成文的，对会议基本情况是纪实性的。会议纪要的撰写者，不能变更会议议定的事项，不能随意更改会议上达成的共识和形成的决议，更不能对会议内容进行随意的评议。

　　（4）备考性　一些会议纪要主要不是为了贯彻执行，而是向上汇报或向下通报情况，必要时可作查阅之用。

　　（5）形式的灵活性　可采取发言记录式，即按顺序将每个发言人的主要意见归纳整理出来，或按内容性质分类写，每一类有相对独立的小中心，或者将两种形式综合使用。

三、会议纪要的划分

1. 从会议性质划分

按照会议性质来分，会议纪要大致有办公会议纪要、专题会议纪要、联席（协调）会议纪要、座谈会议纪要，决定性会议纪要等。

● 办公会议纪要是记述机关或企业、事业单位等对重要的、综合性工作进行讨论、研究、议决等事项的一种会议纪要。这类纪要，有的起通报情况的作用，使有关人员了解会议的基本情况和精神；有的传达会议精神，是有关方面开展工作的依据。

● 专题会议纪要是专门记述座谈会讨论、研究的情况与成果的一种会议纪要。其主要特点是主题的集中性与观点意见的分呈性相结合，既要归纳比较集中、统一的认识，又要将各种不同观点和倾向性意见都归纳表达出来。

讨论

你能说说会议纪要的主要作用是什么吗？

● 决定性会议纪要对与会单位具有指示和指导作用，具有决定的性质。因为它反映的是会议的结论性意见，具有较强的政策性。这种会议纪要必须经过大会讨论通过，才能发布。

2. 从写作方法划分

根据纪要写法的不同，可分为决议型会议纪要、情况型会议纪要、综合型会议纪要三种。决议型会议纪要只记载会议决议或协议的事项；情况型会议纪要对会议的各方面情况进行纪录和整理，传达会议的有关信息；综合型会议纪要需要全面概括会议进行情况、讨论的结果和会议的主要精神，它在全面反映会议内容的基础上加以综合，适用范围最为广泛。

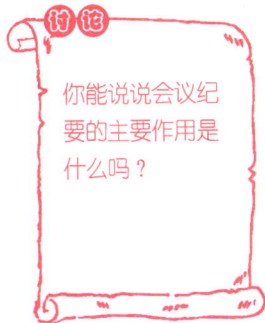

四、会议纪要的结构和写作要求

1. 结构

会议纪要一般由标题和正文两部分构成。

● 会议纪要的标题一般由会议名称和文种两部分组成。

● 正文是会议纪要的主要部分。一般由开头、主体和结尾三部分组成。

会议纪要的开头一般要写明会议的概况，包括会议召开的时间、主持召开会议的单位、开会地点、参加会议的人员以及会议的议题等。有的还写会议程序和概述会议总的情况。这一部分要写得简明扼要。

会议纪要的主体要记述会议的要点，主要写清三个方面的内容：第一，说明议题。主要是提示会议的宗旨、中心议题，内容不宜多写，文字要高度概括。第二，分析形势，研讨问题。主要是阐述会议讨论的重大问题，或者是对工作情况的基本估计，总结经验，提出需要解决的问题。这一部分常在段落或层次之首冠以"会议认为"或"与会代表一致认为"作为提挈语。第三，阐述会议结果。这是会议纪要最重要的一部分，主要阐述会议讨论的意见、形成的决议、做出的决定、提出的要求、需要采取的措施等。这部分常在段落和层次之间冠以"会议要求""会议决定""会议强调"等词语作为提挈语，以引出会议的主要精神。

会议记录的结尾提出希望和号召，或者列出尚未得到解决的问题，供以后继续研究探讨。

2. 写作要求

会议纪要的写作要求如下：

（1）客观整理，保证真实　会议纪要是会后形成的文件，是对会议情况实事求是的反映，一定要保证内容的真实性。会议纪要的撰写者在会议期间要尽量全面掌握会议的情况；在综合会议内容时，只能进行必要的归纳、概括和提炼，不能随便增减内容或想当然地修改原意。

（2）详略得当，突出"要点"　撰写会议纪要一定要抓住"要"字，紧紧围绕会议的中心议题，抓住会议要解决的问题，立足会议的实际情况，体现会议的主要精神。对会议材料要去粗取精，对与会者的发言要归纳出代表性、典型性的意见。对会议的一般内容不宜写得过于具体，要写得原则些，但要注意写好结论性的意见。

（3）切忌将会议纪要写成会议决议和会议记录　会议纪要即使在会议结束前写出，其成文日期也不能写成会议结束前的时间，可以写成会议结束的同日，一般是会后正式定稿的日期。

例文 1

阜阳市×××局一支部关于×××、×××、×××
三位同志预备期转正党内外群众座谈会会议纪要

　　时间：2015 年 6 月 27 日

　　地点：市局（公司）财务科

　　参加人员：（应到 15 人、实到 9 人）×××××××××

　　主持人：××

　　记录人：××

　　×××：三位年轻人干得不错，希望转正后继续严格要求自己，同意三位同志转正申请。

　　×××：三位同志年轻有前途，工作勤奋，表现突出，同意他们成为中共正式党员。

　　×××：三位同志积极要求进步，工作主动，能认真学习，加入党组织的心情迫切，在工作中表现出色，党悟高。同意三位同志的转正申请。

　　×××：同意三位同志转正申请。

　　×××：同意三位同志转正要求。

　　×××：同意三位同志转正申请。

　　大会通过决议，一致通过×××、×××、×××三位同志按期转为中共正式党员。

第一党支部

二〇一五年六月二十七日

例文 2

县供电局先进性教育活动专题报告会议纪要

　　3 月 1 日，平远县供电局 90 多名党政领导干部、党员参加了在该局四楼会议室举行的保持共产党员先进性教育活动专题学习报告会。会议由该局党总支副书记陈国浩同志主持，县督导组吴起华同志等到会并作了指导讲话。这是该局开展保持共产党员先进性教育活动的重要举措之一。

　　吴起华同志传达了县委关于开展保持共产党员先进性教育的有关要求，他说，根据县委的统一部署，督导组主要对先进性活动的开展进行督察指导，并根据进展情况提出要求和意见，坚持督导与服务并重，要统一认识，加强沟通，互相配合，互相学习，共同搞好先进性教育活动的各项工作。要通过学习实践"三个代表"重要思想，充分发挥党组织的战斗堡垒作用，发挥党员的先锋模范作用。

　　党总支副书记陈国浩同志作了《树立共产主义远大理想，发挥党员先锋模范作用》的专题辅导课，他就围绕加强党的先进性建设，要求全体党员：第一，坚定理想。第二，增强责任。第三，提高能力。第四，树立形象。他指出党员的理想、责任、能力、形象四个方面是相互联系、相互促进的有机整体，我们必须充分认识开展先进性教育的重要意义，充分认识市场经济条件下保持党员先进性的重要性与艰巨性，用坚定的理想、强烈的责任、出色的能力和良好的形象去实践先进性。要抓住学习践行"三个代表"重要思想这条主线，根据保持共产党员先进性这个主题，按照"三有一好"的目标要求，认真解决自己在思想、组织、作风以及工作方面存在的问题，永葆共产党员的先进性，争当时代的先锋。不断增强创造力、凝聚力、战斗力，在实践中不断探索电力发展规律，促进供电企业持续、健康协调发展和安全稳定运行，更好地推动供电事业的顺利进行。

党总支书记刘雪方同志作了《认清形势，积极工作为平远电力事业的发展做好各项工作》的讲话。他就当前的宏观环境作了剖析，向与会党员介绍了电力体制改革，电力发展及2004年度企业的工作情况。他表示，在县督导组的有力指导下，供电局要认真贯彻落实中央的决策和部署，按照县委的要求，结合实际，高标准、高质量、严要求，扎扎实实地开展先进性教育活动，要通过此次先进性教育活动，对全体党员进行马克思主义、毛泽东思想、邓小平理论、"三个代表"重要思想的教育，切实提高党员的基本素质，加强党组织建设，增强为人民服务的意识，努力做好供电企业的各项工作。他指出，开展先进性教育活动是党中央审时度势，深思熟虑作出的重大决策，是深化学习实践"三个代表"重要思想，提高党的执政能力的重要举措，是全面建设小康社会的重要保证。在新形势下开展先进性教育活动，对供电事业的发展尤为重要，我们一定要把思想认识统一到中央的重大决策和部署上来，以高度的政治责任感和使命感，积极投身到此次活动中去，要认真解决党员队伍和党组织在思想、组织、作风及工作方面存在的突出问题，不断增强党员队伍和党组织的创造力、凝聚力、战斗力，为建设一支高素质的供电企业队伍，开创供电事业工作新局面，提供坚强有力的政治保证和组织保证。

下午3时，该局组织全体党员在鲜艳的党旗下庄严地重温了入党誓词，接着组织到会的全体党员观看了专题教育片《让党旗更鲜艳》。会后，党员干部们纷纷表示，这样的教育活动既有理论，又有实际，形式新颖，易于接受。

××××年××月××日

每章一练

1. 行政公文的特征有哪些？
2. 行政公文的书面格式包括哪几部分项目？
3. 简述命令（令）的特点。
4. 试述通告的主要特点。
5. 通报一般可分为哪几种？
6. 假设你们学校周一要举行奥运志愿者表彰大会（在校礼堂），试拟一份通知，要求写明大会名称、目的、内容以及时间、地点，请全校奥运志愿者和班级代表届时参加。

第三章 经贸文书

教学目标

　　本章主要讲述国内经贸类文书的书写，通过学习，使中职生了解常见的国内经贸文书的特点和种类，理解各类经贸文书的含义和功能，学习和领会常用国内经贸文书的规范格式、写作方法和写作要点，并能具备一定的国内经贸文书写作能力。

教学要求

　　认知：市场经济的发展离不开经济贸易，经贸合作离不开经贸文书。

　　情感态度观念：认识经贸文书在经济活动中的重要作用，全面提升写作能力。

　　运用：在频繁的经贸活动中，公司、企业、个人之间经常需要经贸文书的往来，学习并掌握经贸文书的写作是一种长期受益的投资。

知识点 1　经贸文书概述

本章主要介绍国内经贸文书，即指我国企事业单位在从事国内经济贸易活动中，广泛使用的各类经贸文书的统称。

一、特点

1. 内容的专业性

国内经贸文书属于专业性较强的文书种类。从其内容上看，主要涉及的是国内企业之间的经济、贸易、协作等业务活动以及企业或组织之间的各种商贸事务的处理。因此，其内容要求体现出专业特点，一些名词、术语、数据、指标都要注意科学、准确、合理。

2. 格式的规范性

经贸文书是经贸活动的凭证和依据，是经贸活动的各方必不可少的文件材料，有的还具有相当强的法律效力。因此，格式的规范，是经贸文书的显著特点。

3. 写作的严谨性

经贸文书写作要求准确、精练、规范、严谨。因为，经贸文书中的一个小小失误都有可能导致严重的后果，损害企业的利益和形象。

二、分类

按其来源划分主要包括三种：

- 我国原有的一些经贸类文书，如市场调查报告、市场预测报告等；
- 由国外经贸文书演变而成专用文书，如招标书、投标书、可行性研究报告等；
- 直接借鉴国外经贸文书的种类，如企划方案、贸易函、信用证明等。

知识点 2　项目意向书和项目建议书

一、项目意向书

项目意向书是国家、单位、企业以及经济实体与个人之间，对某项事务在正式签订条约、达成协议之前，由一方向另一方表明基本态度或提出初步设想的一种具有协商性的应用文书。

意向书的主要作用是传达"意向"，提请对方注意或供参考，可以约束双方的行动，保证双方的利益；意向书能反映业务工作上的关系，能保证业务朝着健康有利的方向发展；意向书可为正式签订协议或合同打下基础。

1. 特点

（1）协商性　写意向书多用商量的语气，不带任何强制性。有时还用假设、询问的语气。

（2）灵活性　意向书的灵活性主要在两个方面：一是可以随情况改变自己的主张。意向书发出后，对方如有更好的意见，可以直接采纳，部分改变或全盘改变都是可能的；二是在同一份意向书里可以提出多种方案供对方选择，或者对其中的某项某款同时提出几种意见或调查，让对方比较和选择。

（3）临时性　意向书是协商过程中各方基本观点的记录，一旦达成正式协议，便完成了意向性的使命。意向书不像协议、合同那样具有法律效力。

2. 结构及写作方法

项目意向书一般由四个部分组成：标题、导语、正文和落款。

（1）标题　项目意向书的标题，可以是由合作双方名称、合作项目和文种三部分组成的完整标题；也可以是由合作项目、文种组成的简明标题；还可以是只写明"意向书"的省略式标题。

（2）导语　导语部分主要写明签订意向书的双方单位名称和法人代表名称、项目实施目的、主要内容、合作意向的形成过程和遵循原则、最终达成的目标等概括性内容。然后用"现达成以下意向"或"经友好协商，签订本意向书"等过渡性文字，转到正文部分。

（3）正文　正文是意向书的主体部分，这部分一般以分条列项的方式写作，通常原则性地列举出双方对项目的基本观点和态度，确定双方的权利、义务。

正文在写作时要注意其措辞和用语的准确性，既要充分表达双方的合作意愿，又要注意分寸，不能出现一些行政命令式或者过于肯定的文字。

正式条文写完后，意向书一般有专门的结尾，结尾部分应写明意向书的份数、各方或有关单位（个人）存执情况、有效期限及其他必要的说明。

（4）落款　由双方代表签字，并注明签订时间。

例文

校企全面合作意向书

甲方：××技术学院　　　　　　　乙方：××公司
地址：××　　　　　　　　　　　地址：××
联系电话：0633-×　　　　　　　　联系电话：0633-×
传真：0633-8123456　　　　　　传真：0633-12345678

第一章　总　则

第一条　为贯彻科教兴国方针，推动高等职业技术教育的发展，促进企业提高人才水平和科技创新能力，甲乙双方决定进行全面合作，共同培养具有服务意识、创新能力和可持续发展能力的高素质高技能人才。

第二条　双方经友好协商，本着优势互补、共同发展的宗旨，在人才培养训练基地、订单式人才培养和科研开发、技术服务等领域加强合作，达成一致意向，签订本意向书。

第三条　双方应保持经常性沟通与联系，互通信息，共同建立规范的合作信息网络工作系统，促进合作的全面深入开展。

第二章　人才培养培训基地

第四条　人才培养培训基地，是在新的经济社会环境下产教结合的一种新形式，是以学校和企业在教育培训方面的共同利益作为结合点，实行双向合作的一个途径。其具体形式是甲方在乙方建立挂牌基地，乙方在甲方建立挂牌基地，通过基地载体为甲方培养学生和为乙方培训员工，实现校企双赢。通过人才培养培训基地，甲方和乙方的培训要求都得以实现，促进资源使用的高效低耗和教学质量的优化。

第五条　甲方在乙方建立基地有双重功能，既是大学生技能实训基地，也是大学生人文素质教育校外基地，甲方在乙方挂牌名称为："××职业技术学院大学生技能实训基地"和"××职业技术学院大学生人文素质教育基地"；乙方在甲方挂牌名称为："××公司（厂）员工培训基地"。

第六条　甲方安排学生到乙方参加实践、实习、实训，教育学生遵守乙方的有关规章制度；乙方为甲方学生实践、实习、实训提供必要条件，并指派相关人员参与指导，在进行技能实践指导的同时，注重对学生职业道德的培训，对学生实习、实训情况提出考核评价意见。

第七条　乙方安排员工到甲方参加专业培训，教育员工遵守甲方的有关规章制度；甲方安排为乙方员工培训提供包括专业教师授课在内的必要条件。

第三章　订单式人才培养

第八条　订单式人才培养，是甲乙双方共同制订人才培养计划，共同开展人才培养工作，学生毕业后在乙方就业的一种产学合作教育人才培养模式，可以实现学生安心学习、不愁就业，学校提高人才培养和学生就业质量，企业节省人才培养时间和成本、获得量身定做的优秀人才的三方共赢。

第九条　双方成立5~7人的专业指导委员会，共同制订适应社会需求的人才培养计划，进行专业建设和对教学质量进行评估检查。

第十条　双方共同制订人才培养模式，乙方可参与修改课程计划、调整课程设置；甲方根据企业需要培养人才，学生毕业后直接去企业就业。

第十一条　乙方可以在学院内建立实验实训室；甲方认真维护与管理乙方资助建立的实验实训室。

第十二条　乙方可以资助甲方用于教学与管理的各种设备、仪器等，督促甲方认真维护与有效利用；甲方认真维护与有效利用乙方资助甲方用于教学与管理的各种设备、仪器等。

第四章　教学科研经营合作

第十三条　教学科研经营合作，包括互派教师技术人员、共建实验实训室、设立基金奖教奖学、合作创办企业以及其他一切有利于双方共同利益的合作事项。

第十四条　甲方聘请乙方经营、生产技术、科研、管理人员到甲方作学术报告；乙方推荐经营、生产技术、科研、管理人员到甲方作学术报告，向甲方提供相关技术信息、咨询等服务。

第十五条　甲方聘任乙方推荐的高级技术人员、管理人员为双师型兼职教授、副教授、讲师，直接参与甲方教学工作；乙方推荐符合双师型要求的技术人员、管理人员作为甲方的兼职教师，并支持他们到甲方开展授课、指导实训、编写教材等教学活动。

第十六条　甲方安排有经验的专业教师承担或参与乙方科研工作，优先优惠为乙方提供新信息、新技术的科技咨询和科研成果技术转让；乙方聘请甲方推荐的专业教师参与科研工作。

第十七条　乙方可以在学院设立奖教基金、奖学基金、助学基金、创新基金、校企合作办学基金、大学生创业基金、大学生艺术团基金、大学生社会实践基金、大学生科技创新基金；甲方对乙方设立的各种基金制订完善的评选与管理办法，认真评选，妥善管理。

第十八条　乙方可以申请对甲方二级学院（部）、实验实训室、楼堂馆所、班级等进行冠名；冠名事项商定、实施后，甲方尊重并维护乙方的冠名权。

第十九条　乙方优先使用甲方校内教学实训场所及设备，参股甲方的校办企业，开展经营合作。

第五章　附　则

第二十条　本协议为双方进行合作的原则性文件，应当根据双方具体的合作事项，依据本意向书精神，协商具体实施细则，签订具体的合作协议。

第二十一条　双方每年检查评估本意向书执行情况，总结合作经验，调整、完善合作方案。

第二十二条　双方根据全面合作开展情况，在各类媒体上进行相关宣传，扩大双方影响。

第二十三条　本意向书一式四份，双方各执两份。经双方授权代表共同签字盖章后生效，协议有效期三年。如需延长，在协议到期前三个月双方进行协商。

甲方（章）：××技术学院　　　　　乙方（章）：××公司
授权代表（签字）：　　　　　　　　授权代表（签字）：
签署日期：　　　　　　　　　　　　签署日期：

你知道吗

项目意向书写作要点

1. 坚持平等互利的原则。不分国家大小、单位大小和资本多少，都应一视同仁，平等对待；既不能迁就对方，也不能把自己的要求无原则地强加给对方。

2. 是非要分明，态度要诚恳，做到不卑不亢，礼貌客气。

3. 内容要明确，条款要具体，用词要准确，不能含混不清，模棱两可。

二、项目建议书

1. 含义

项目建议书是合作项目正式申报之前，向有关主管部门提交的介绍合作项目情况，建议批准和实施项目的建议性文书。

项目建议书是项目建设程序中的第一步，是投资决策前对拟建项目的轮廓设想。项目建议书经批准即项目立项后，有关单位据此进行项目可行性研究，对外开展一般性的技术考察等工作。

在合作双方进行充分的协商，并签订合作项目意向书之后，即可向有关主管部门提交项目建议书，以供主管部门了解项目的有关情况，争取予以批准。待主管部门批准后，双方才能正式洽谈项目的具体问题，拟定合同条款。项目建议书需要送交有关主管部门审查批准。

2. 结构与写作方法

项目建议书的编写目的，主要是为了争取上级主管部门审批立项。因此，围绕立项的必要性和可行性来写，是项目建议书写作的"纲"。

项目建议书一般包括以下六个方面：

（1）标题　项目建议书的标题，由项目承担方的单位（如果是合资或合作项目，则应该写明双方的名称）、项目名称以及文种三部分组成。

标题的写作关键是合作项目的名称，要简明扼要，让人一目了然。

（2）首部　项目建议书的首部，要写明项目主送机关，即具有项目审批权的专业主管机关、编制单位、负责人姓名、编制日期等内容。

（3）正文　项目建议书正文中心是论证说明项目设立的必要性和可能性。一般采用分条列项的方式写作。正文一般包括以下内容：

● 合作双方的基本情况　简略介绍双方单位名称、所属国（地）、法定地址、法人代表姓名和职务、资信情况、业务范围和规模、产品声誉和销售情况等内容。

● 举办合作项目的理由　着重说明设立本项目的必要和可能。一般从国内外市场需求、国内技术空白或差距、项目的市场竞争力和未来经济效益等方面进行阐述、说明。

● 项目主要内容介绍　项目主要内容介绍包括拟建项目名称、地址、投资总额、注册资本、各方出资比例和出资方式、出资期限；经营范围、经营年限、生产规模、职工人数；技术设备情况；市场分析、内外销售比例；主要原材料和供应情况；项目所需能源和市政设施、用量，对周围环境的影响；经济效益和社会效益初步估计。

（4）项目实施计划进度说明　对于周期较长的项目，应列出分期进度时间安排。

（5）附件　项目建议书后需附上有关该项目的相关资料和具体数据等文件，一般包括：合营各方合作的意向书；资信调查情况表；国内外市场需求情况的初步调研和预测报告，或有关主管部门对产品安排的意见；有关主管部门对主要物料（包括能源、交通等）安排的意向书；有关部门对资金安排的意向书。

（6）落款　包括建议方的单位名称、联系方式等内容。

讨论

项目建议书有临时性特点吗？

例文

施工项目建议书

一、项目概况

由某房地产开发有限公司（以下简称甲方）开发的"幸福海岸"项目位于 cc 地块，该项目为大型高尚住宅海滨居住社区，占地面积 10 万平方米，总建筑面积 40 万平方米，地下停车场面积 65 000 平方米，容积率 3.19。小区由 12 栋 18 层、2 栋 11 层、5 栋 29 层和 10 栋 33 层住宅组成，社区内另配备有会所和幼儿园，总户数为 2 900 户。

该住宅社区东侧为正在兴建的行政中心，西侧为业主已建的住宅小区和超市。该住宅小区交通十分便利。小区具有巨大的升值潜力。政府十分重视该小区开发，指示要建成标志性社区。

小区由THORP公司规划设计，建筑布局以大的组团围合成多个大的景观区，以点式高层为主，结合线性高层，使小区成为一种半封闭性空间通透的小区景观。保持良好的通风性和采光性，户型以110 m²为主，小部分为160 m²。总体规划符合人性化设计要求，为住户提供了良好的居住、生活空间，符合现时流行的购房要求。

二、项目运作方式

该项目总体规划采用二至三期的阶段开发方式，首期包括8栋18层、1栋11层等，总投资为1.5亿元人民币，要求取费类别为一、二类工程按三类下浮10%，三类工程下浮12%。

目前甲方已交清国土局地价款，取得了房地产证，土地价值评估为3亿元。如果进行开发可用房地产证做抵押贷款，到预售时就要取消抵押，但需要担保。甲方提出拟采取如下形式共同开发：甲方向银行申请项目贷款1.5亿，我公司为甲方提供担保，担保期为合同签订开始到竣工验收。贷款由银行全封闭式管理，全部用于项目开发。预售前甲方将房地产证交公司作为反担保。

三、工程实施方式

甲方将项目总承包给我公司，公司拟组建直属项目部，按派一名一级项目经理总负责。工程实施过程中所有环节均按标准施工，以样板工程为目标，按实施项目法施工。计划利润为5%~6%。

四、风险分析

担保风险：公司对房地产公司的担保期为工程实施阶段，最终撤保的条件是甲方还贷完成，即需甲方将售楼款全部用于归还贷款。其中存在的问题是如何保证所有售楼款项均用于还贷，是否可采取合作销售的方式。

反担保风险：贷款以前甲方提出将cc地块房地产证交乙方保管作为反担保。贷款到期如甲方不能还贷，我公司有权按成本价3 000元/m²收购建成的商品楼。其中风险在于甲方反担保期限仅到预售为止，同我公司担保期限不符合。另外应明确如果甲方到期无法还贷，应以预售合同方式按成本价将商品楼卖给我公司。

项目建议单位意见：　　　　　　　　行业或业务主管部门的推荐意见：

签名　　　　　　　　　　　　　　　签名

××××年××月××日　　　　　　　××××年××月××日

知识点3　市场调查报告、经济预测报告、市场决策报告

一、市场调查报告

市场调查报告属调查报告类文书。它是用科学的方法对市场情况进行调查，然后对调查搜集到的情报、资料进行整理和分析研究，提出调查结论，供有关决策者使用的书面报告。

市场调查报告的作用有：为管理决策部门制订市场战略对策提供信息和依据；为生产部

门发展生产与市场接轨起参谋作用；对促进市场贸易迅速发展和企业经济效益的提高起指导作用。

1. 分类

市场调查涉及内容很多，按不同标准有不同的分类。

宏观方面，企业常用的市场调查报告主要有：市场需求调查报告、市场竞争调查报告、经营政策调查报告、预测性调查报告。

微观方面，市场调查报告主要有：市场动态调查报告、市场商品调查报告、市场价格调查报告等。

2. 基本要素

一份市场调查报告一般具备三个要素：

（1）基本情况　即对调查结果的描述与解释说明，可以用文字、图表、数字加以说明。对情况的介绍要详尽而准确，为下一步做分析、下结论提供依据。

（2）分析与结论　对上述情况数据进行科学的分析，找出原因及各方面因素的影响，透过现象看本质，得出对调查对象的明确结论。

（3）措施与建议　通过对调查资料的分析研究，对市场情况有了明晰的认识。针对市场供求矛盾和调查发现的问题，提出建议和看法，供领导决策参考。

3. 结构和写作方法

市场调查报告一般由标题、正文和文尾三部分组成。

（1）标题　市场调查报告的标题写作比较灵活，常见的标题有以下三种：

- 第一种是公文式的标题，由调查单位、调查内容和文种组成。
- 第二种由调查对象和文种构成。
- 第三种是将调查对象的情况和结果概括成标题。

除此以外，还有正副标题的形式，正标题揭示调查结果、主题，副标题指明调查范围（时间、地点、对象）、调查情况等。

（2）正文　市场调查报告的正文包括前言、主体和结尾三部分。

①前言　市场调查报告的前言，即开头部分，常见的写法有：

- 第一种，概述调查研究的基本情况，包括市场调查的原因、目的、背景、地点、对象、范围、方式等，给读者以总体印象。
- 第二种，概括市场调查的基本观点、主要意义、主要内容。这种开头比较适合专题市场调查报告。
- 第三种，选用结论式、引文式、议论式、对比式、描述式开头。这种方法的好处是将最醒目的内容一开始就揭示给读者，以引起读者的兴趣。

②主体　主体是市场调查报告写作的重点。这部分主要通过调查获得的资料，介绍被调查事物的基本情况，分析原因，预测市场发展趋势。市场调查报告主体内容，主要是调查概况、情况分析和调查结论三部分。

③结尾　结尾一般是概括结论。即根据调查的事实，对有关市场的情况作必要归纳和总结，力求寻找出所调查内容的规律和共性，实事求是地提出自己的观点、建议，以供有关决策部门参考。

（3）文尾　指调查报告的单位落款或作者署名和日期。

例文

××市居民家庭饮食消费状况调查报告

为了深入了解本市居民家庭在酒类市场及餐饮类市场的消费情况，特进行此次调查。调查由本市某大学承担，调查时间是2015年7月至8月，调查方式为问卷式访问调查，本次调查选取的样本总数是2 000户。各项调查工作结束后，该大学将调查内容予以总结，其调查报告如下：

一、调查对象的基本情况

（1）样品类属情况。在有效样本户中，工人320户，占总数比例18.2%；农民130户，占总数比例7.4%；教师200户，占总数比例11.4%；机关干部190户，占总数比例10.8%；个体户220户，占总数比例12.5%；经理150户，占总数比例8.52%；科研人员50户，占总数比例2.84%；待业户90户，占总数比例5.1%；医生20户，占总数比例1.14%；其他260户，占总数比例14.77%。

（2）家庭收入情况。本次调查结果显示，从本市总的消费水平来看，相当一部分居民还达不到小康水平，大部分的人均收入在1 000元左右，样本中只有约2.3%的消费者收入在2 000元以上。因此，可以初步得出结论，本市总的消费水平较低，商家在定价的时候要特别慎重。

二、专门调查部分

（一）酒类产品的消费情况

1. 白酒比红酒消费量大

分析其原因，一是白酒除了顾客自己消费以外，用于送礼的较多，而红酒主要用于自己消费；二是商家做广告也多数是白酒广告，红酒的广告很少。这直接导致白酒的市场大于红酒的市场。

2. 白酒消费多元化

（1）从买白酒的用途来看，约52.84%的消费者用来自己消费，约27.84%的消费者用来送礼，其余的是随机性很大的消费者。

买酒用于自己消费的消费者，其价格大部分在20元以下，其中10元以下的约占26.7%，10~20元的占22.73%，从品牌上来说，稻花香、洋河、汤沟酒相对看好，尤其是汤沟酒，约占18.75%，这也许跟消费者的地方情结有关。从红酒的消费情况来看，大部分价格也都集中在10~20元之间，其中，10元以下的占10.23%，价格档次越高，购买力相对越低。从品牌上来说，以花果山、张裕、山楂酒为主。

送礼者所购买的白酒其价格大部分选择在80~150元之间（约28.4%），约有15.34%的消费者选择150元以上。这样，生产厂商的定价和包装策略就有了依据，定价要合理，又要有好的包装，才能增大销售量。从品牌的选择来看，约有21.59%的消费者选择五粮液，10.795%的消费者选择茅台。另外对红酒的调查显示，约有10.2%的消费者选择40~80元的价位，选择80元以上的约5.11%。总之，从以上的消费情况来看，消费者的消费水平基本上决定了酒类市场的规模。

（2）购买因素比较鲜明，调查资料显示，消费者关注的因素依次为价格、品牌、质量、包装、广告、酒精度，这样就可以得出结论，生产厂商的合理定价是十分重要的，创名牌、求质量、巧包装、做好广告也很重要。

（3）顾客忠诚度调查表明，经常换品牌的消费者占样本总数的32.95%，偶尔换的占43.75%，对新品牌的酒持喜欢态度的占样本总数的32.39%，持无所谓态度的占52.27%，明确表示不喜欢的占3.4%。可以看出，一旦某个品牌的形象在消费者心目中形成，是很难改变的，因此，厂商应在树立企业形象、争创名牌上狠下工夫，这对企业的发展十分重要。

（4）动因分析。主要在于消费者自己的选择，其次是广告宣传，然后是亲友介绍，最后才是营业员推荐。不难发现，怎样吸引消费者的注意力，对于企业来说是关键，怎样做好广告宣传，消费者的口碑如何建立，将直接影响酒类市场的规模。而对于商家来说，营业员的素质也应重视，因为其对酒类产品的销售有着一定的影响作用。

（二）饮食类产品的消费情况

本次调查主要针对一些饮食消费场所和消费者比较喜欢的饮食进行，调查表明，消费有以下几个重要特点：

（1）消费者认为最好的酒店不是最佳选择，而最常去的酒店往往又不是最好的酒店，消费者最常去的酒店大部分是中档的，这与本市居民的消费水平是相适应的，现将几个主要酒店比较如下：

泰福大酒店是大家最看好的，约有31.82%的消费者选择它，其次是望海楼和明珠大酒店，都是10.23%，然后是锦花宾馆。调查中我们发现，云天宾馆虽然说是比较好的，但由于这个宾馆的特殊性，只有举办大型会议时使用，或者是贵宾、政要才可以进入，所以调查中作为普通消费者的调查对象很少会选择云天宾馆。

（2）消费者大多选择在自己工作或住所的周围，有一定的区域性。虽然在酒店的选择上有很大的随机性，但也并非绝对如此，例如，长城酒楼、淮扬酒楼，也有一定的远距离消费者惠顾。

（3）消费者追求时尚消费，如对手抓龙虾、糖醋排骨、糖醋里脊、宫爆鸡丁的消费比较多，特别是手抓龙虾，在调查样本总数中约占26.14%，以绝对优势占领餐饮类市场。

（4）近年来，海鲜与火锅成为市民饮食市场的两个亮点，市场潜力很大，目前的消费量也很大。调查显示，表示喜欢海鲜的占样本总数的60.8%，喜欢火锅的约占51.14%，在对季节的调查中，喜欢在冬季吃火锅的约有81.83%，在夏天的约为36.93%，火锅不但在冬季有很大的市场，在夏季也有较大的市场潜力。目前，本市的火锅店和海鲜馆遍布街头，形成居民消费的一大景观和特色。

三、结论和建议

（一）结论

（1）本市的居民消费水平还不算太高，属于中等消费水平，平均收入在1 000元左右，相当一部分居民还没有达到小康水平。

（2）居民在酒类产品消费上主要是用于自己消费，并且以白酒居多，红酒的消费比较少，用于个人消费的酒品，无论是白酒还是红酒，其品牌以家乡酒为主。

（3）消费者在买酒时多注重酒的价格、质量、包装和宣传，也有相当一部分消费者持无所谓的态度，对新牌子的酒认知度较高。

（4）对酒店的消费，主要集中在中档消费水平上，火锅和海鲜的消费潜力较大，并且已经有相当大的市场。

（二）建议

（1）商家在组织货品时要根据市场的变化制订相应的营销策略。

（2）对消费者较多选择本地酒的情况，政府和商家应采取积极措施引导消费者的消费，实现城市消费的良性循环。

（3）由于海鲜和火锅消费的增长，导致城市化管理的混乱，政府应加强管理力度，对市场进行科学引导，促进城市文明建设。

你知道吗

市场调查的几种方法

市场调查的基本方法有四种，即普查（全面调查）、抽样调查、典型调查及重点调查。常用的具体方法主要有：询问法、观察法、实验法、资料研究法。

二、经济预测报告

经济预测报告就是根据过去与现在的资料，运用科学的方法，对未来一定时期内经济发展过程及其变化趋势进行分析、预测而写成的书面报告。

经济预测报告对经济活动前景所作出的科学预测，是重要的经济信息，在社会主义现代化建设中起着非常重要的作用。具体说来，其作用有两方面：一方面，它是制订计划的基础；另一方面，它是择优决策的依据。

经济预测报告具有预见性、科学性和时效性的特点。

1. 经济预测报告的种类

经济预测报告依据不同的分类标准分类如下：

- 按预测的范围划分，可分为宏观经济预测报告与微观经济预测报告两大类。
- 按预测的期限划分，可分为短期、中期、长期经济预测报告三大类。
- 按预测方法划分，可分为定性预测报告与定量预测报告两大类。
- 按预测内容划分，有市场预测报告、销售预测报告、技术发展预测报告、资源预测报告、生产预测报告、成本预测报告等。

2. 结构与写作方法

经济预测报告由标题、前言、正文三部分组成。

（1）标题　经济预测报告的标题形式多样，常见的有以下三种形式：

- 全称标题　由预测时限、预测范围、预测对象和文种四个要素构成。
- 简称标题　这类标题往往将预测期限、范围舍掉了，由预测对象和文种两部分构成。
- 消息式标题　这种标题类似新闻报道中的消息标题。标题中没有"预测"字样，却能看出是预测。预测结论在标题中点明。

（2）前言　经济预测报告的前言写法多样，有的可以概括介绍预测对象的总体情况，有的可以交代预测的时间、地点、对象、范围、目的及调查方法，有的可以交代预测的结论，等等。

（3）正文

经济预测报告的正文，一般包括介绍历史与现状、预测、建议三部分。

- 介绍历史与现状　即运用市场调查中所获取的各种资料数据，说明预测对象过去和现在的有关情况，并对能够影响预测对象发展变化的有关因素进行必要的分析，以便为下一步预测未来的发展趋势和提出对策与建议提供事实根据。

● 预测　预测是经济预测报告最核心、最关键的部分。这一部分内容，就是要根据前一部分介绍的情况、资料和数据，运用科学方法对预测对象进行分析研究，对未来做出判断。

● 建议　预测的目的是为了准确地做出决策。因此，"建议"是经济预测报告必不可少的内容，它是形成正确决策的重要根据。"建议"的写作，必须以对现状的客观分析为基础，提出既具有发展前景又切实可行的意见和措施，不能笼统抽象，更不能脱离实际。

3. 写作内容要点

● 占有充分的数据资料。

● 选择科学的预测方法。

● 提出切实可行的措施。

例文

伟业我爱我家：2006 年北京房地产市场预测报告

伟业顾问控股公司市场研究中心、我爱我家控股公司战略与市场研究中心供稿

前　言

《2006 年北京房地产市场预测报告》与以往报告的编制过程有三个方面的不同。

首先，本报告是第一次全面系统整合了伟业顾问、我爱我家两家公司研究资源的最终产物。伟业顾问在 2005 年销售代理了 35 个楼盘，总成交额 70 亿元左右，共成交近 8 500 套；提供顾问策划服务项目 48 个；商业招商、销售项目有 9 个；提供房地产金融服务项目 6 个。我们为不同客户在不同区域、不同物业类型以及不同开发阶段进行的大规模业务实践，使得伟业顾问在房地产一、二级市场拥有了更多的话语权。而我爱我家在 2005 年北京三级市场上，二手房买卖成交约 4 200 套，房屋租赁成交约 24 000 套，提供金融按揭服务约 1 200 套，其整体业务量不仅在北京三级市场上拥有最高的市场份额，而且更有意义的是，遍布于北京全市的 210 家门店，使公司获得了更为全面、准确和及时的信息。随着房地产市场的逐步成熟，一、二、三级市场联动的作用日趋显著，与其相关的各种变量的作用与反作用也越来越复杂。因此，由伟业顾问与我爱我家共同研究、联合发布对下一年的市场预测，必将会更有助于提高本报告的完整性。

其次，本报告通过在 20 余个售楼处针对客户的普访、深访取得的 303 份有效问卷，使我们对客户的购房需求与心态有了更客观的了解。大多数人的市场预期将对市场最终的发展起到非常重要的作用，因此，客户主观因素的涉入可使得预测报告的准确性有进一步的提高。

第三，为使得报告更为客观公正，我们还专门征求了许多业内同行，其中包括房地产发展商、顾问中介服务机构、金融机构以及政府监管部门等的意见。这些意见为本研究的方法论的形成，以及某些观点的形成都产生了非常有价值的参考作用。

综上所述，本报告以伟业顾问和我爱我家两公司的研究人员为主，补充了购房客户与业内专业人士的意见，最终形成了对 2006 年北京房地产市场在政策影响、供需发展、价格走势、金融变化以及行业动向等诸方面的判断与预测。在本报告公布之后，我们将以严谨、认真的态度，欢迎大家全面的批评指正。

1. 政策趋于平稳，调控精细入微

2006 年房地产市场在政策层面的关键词主要是"平稳"和"细化"，尤其是针对北京地

区不会出现更为严厉的宏观层面政策。然而，2005 年的若干宏观调控政策可能会有一些后续的具体执行细则出台，进而对市场产生局部的影响，例如税收等政策的细化可能对二手房市场带来不确定因素。总体来看，宏观调控转向"微观"调控，平稳的政策环境将使得房地产发展商及购房客户均有较大信心，对年度市场的发展保持乐观积极的预期。

2．市场供不应求，价格借势上扬

2006 年北京新房市场将出现总体上供不应求的局面。由此带来的房价上涨，将不低于 2005 年的市场涨幅（20%左右）。二手房买卖价格也将随供不应求格局的加剧、新房市场价格上涨而有所攀升；租赁市场则细分为两大类，普通住宅租金水平普遍上升，而高端物业租金将呈现稳中有降的趋势。

3．土地短缺，上市新房锐减

2005 年新开工面积和开发投资的减少，以及土地市场供应的短缺，将会造成 2006 年新房有效供应持续减少，预计新增供应项目可能会在 260 个左右。同时，二手房的房源虽然供应量呈现增加的趋势，但是相对于购房需求而言，仍会出现房源供给相对不足的局面。

4．利好逐步兑现，需求开始爆发

中国承诺 2006 年银行业和流通领域的全面开放，以及人民币升值的预期，主要吸引以外籍客户为主的投资购房需求；奥运基础设施的逐步完成及奥运概念的强力推广，将进一步激发以外地客户为主的投资加自住型购房需求；而对今后房价仍会上涨的预期，将使得北京本地客户刚性的自住需求得到更大的释放。

5．客户认知归于理性，一、二手间藩篱渐破

宏观调控后的北京房地产市场，购房客户逐渐成熟，形成对房地产市场发展的理性认知，如房地产短期投资行为逐渐减少，购房者对欲购房屋的面积、总价都即将回归到合理的范围，购房甄选中的影响因素逐渐理性，开始拒绝概念的引导等。同时，购房者对于购买二手房的心理芥蒂正逐渐淡化，加上北京城市中心区可开发土地的减少，使得二手房正成为一手房强有力的补充。

6．热点区域更加分散

东区激变：东部区域仍然聚集着主要的新房供应，2006 年将会出现大大超出局部市场普遍认同价格的若干楼盘，我们称之为"星河湾现象"；

西南补涨：西南区域一直具有交通条件便利的优势，随着基础设施的进一步改善，特别是人们居住理念的极大改变，使得该区域出现量价双增的态势；

双"村"提价：奥运村周边区域的价格将会由于 2008 奥运的临近而继续提升，而中关村周边区域的价格也会由于供应的严重稀缺而继续提升；

老"城"活跃：20 世纪 90 年代开始开发建设的地段好、交通便利、配套成熟的小区，将是二手房成交非常活跃的区域，如方庄、望京、劲松、紫竹桥等。

7．资金渠道多元化，投资、融资两紧两松

宏观调控政策之下，房地产发展商的资金链一再地被收紧。面对此趋势，2006 年房地产市场投融资渠道将持续多元化发展格局，不动产投资信托（REIT）、基金、整售等仍是房地产金融的热点话题。同时，境内金融机构的投融资控制会相对较紧，境外投融资渠道会相对更多；国内银行针对发展商的贷款相对依然较紧，而针对购房终端客户的贷款有望相对放松。

8．收益型物业投资增速，自持优质物业前景看好

2006 年，收益型物业的投资占房地产开发总投资的比例将快速增长，其中包括写字楼、商业楼、酒店、服务式公寓等，且持有型物业租赁比例增加。而在商业物业保持高速增长的

同时，不同区域以及不同业态之间的租金水平差异拉大。

9. 住宅产品标准化，装修关乎成败

首先，产品标准化将得到进一步发展，依靠产品创新的竞争逐渐弱化。其次，随着近几年世界范围内爆发的非典型肺炎、禽流感等疾病，引发了人们对于现状居住生活环境的高度关注，"节能、环保、高舒适度"将会持续成为产品发展的主要方向。最后，住宅产品精装修将成为提升附加值的主要手段，但精装修管理水平将成为决定项目成败的关键因素。

10. 行业全面整合，合纵连横大势所趋

在房地产产业链上将出现纵向整合的趋势。发展商除了在传统的二级市场运作外，还将进一步加大在一级市场上的开发力度；经纪机构则将致力于房地产二、三级市场的业务整合、系统整合，直至全面整合。

在房地产产业链的同一环节上，还将出现横向联合的趋势。发展商之间联合拿地，代理商之间的联合销售，将成为越来越普遍的现象。

你知道吗

经济预测报告与调查报告的异同

经济预测报告以经济活动的历史与现状作为调查研究和反映的对象，很像反映经济现象、研究经济问题的调查报告，但实际上二者是有区别的：首先，虽然二者都反映和分析经济活动的历史与现状，但调查报告重在总结经验教训，给人以启迪与工作指导；而经济预测报告的目的在于推测未来经济活动现象，给生产与经营提供决策依据。其次，调查报告的反映面通常是某一地区、某一部门、甚至某一组织，而经济预测报告的调查范围和内容牵涉面总要涉及全社会，涉及社会生活的各个方面。再次，调查报告反映经济现象当然离不开数据，但也离不开大量具体而典型的事例，而经济预测报告主要是通过对统计数据的分析来反映经济活动规律。

三、市场决策报告

按照现代决策的程序，在一项决策之前，首先应由职能部门或咨询部门在科学研究的基础上，提出若干备选方案，然后由决策部门从中筛选出最佳方案。

市场决策报告就是指企业的有关职能部门、咨询部门在市场调研、分析的基础上，就市场决策提出最佳方案的分析过程和成果的书面报告。

市场决策报告不是决策方案本身，决策方案是决策者经过一系列的分析研究，最后确定下来的最佳方案，决策报告则是反映决策分析过程和成果的报告类文书，它是有关人员向决策者提供参考的一种工具。

1. 特点

（1）科学性　现代化管理中的市场决策方案集中了企业智囊团、咨询机构、秘书部门及有关职能部门的群体智慧，有着规范化、科学化的决策程序。市场决策方案只要是运用科学、系统的决策理论和现代化的决策技术撰写而成的，就能弥补以往的个人经验型决策的片面性和随意性，降低决策失误的可能性。

（2）可供选择性　一份市场决策方案围绕一个既定的目标，往往要提供两个以上的可行方案，并经过比较论证，以确凿的事实和准确的数据展示各个方案的客观效果及其利弊，这就为领导者的决策提供了充分的选择余地。

（3）可操作性　市场决策方案的实施措施要切实可行，具有可操作性。没有切实可行措施的方案，是脱离实际的，也是无所适从的。只有具有可行性和操作性，才能为决策者提供正确可行的市场决策。

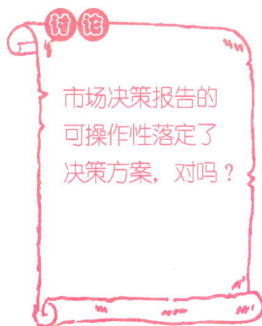

市场决策报告的可操作性落定了决策方案，对吗？

2. 结构和写作方法

一般包括标题、正文、结尾、签署四个部分。

（1）标题　主要有两种：单标题和双标题。

单标题一般由单位、决策内容和文种组成，或决策内容加文种组成。

双标题包括正副标题，正标题一般揭示决策的内容和中心，副标题指出决策的目标和单位。

（2）正文　包括决策目标、决策依据、设计方案、比较论证、预测结果五个方面内容。

●决策目标　指决策要解决的问题和要达到的技术经济目的，在决策报告的开头部分，应首先予以明确。

●决策依据　写明决策方案所依据的事实、法律、政策、经济等方面的资料，说明决策内容的科学性和合理性。

●设计方案　是决策报告正文的主要部分，它是通过精确的设计或计算，制订两套以上完整的实施方案。每个设计方案都应符合以下条件：能够实现预期目标，各种影响因素都能进行定性或定量分析，无法控制的因素也大体能预测出实现的概率。

●比较论证　主要是对各种设计方案进行进一步分析、比较，权衡各方案的利弊风险，通过合理的标准和科学的择优方法，选出其中最佳方案。

●预测结果　根据决策目标，简略说明供选方案实施之后可能出现的结果。

（3）结尾　常用惯用语结束，如："以上方案，请领导裁决""以上方案，请领导分析选择"等。然后是签署、日期等内容。

例文

中华洗衣机厂雪花牌洗衣机
委托承包维修业务的决策方案

问题：中华洗衣机厂今年雪花牌洗衣机 1 000 台售给中百公司时，曾约定该机售给用户后，可保修一年。该厂洗衣机保修工作需要委托合适的机修厂承包这一业务。拟：

1. 委托甲机修厂承包全部维修及更换零件业务（维修次数不限）为期一年，共需一次性支付修理费 14 000 元。

2. 委托乙机修厂承担维修业务，但乙厂言明一年内只能接受维修 1 000 次，共需一次性支付修理费 1 万元；若超过 1 000 次，每增加一次需另付维修费 5 元。

3. 约定丙机修厂承担维修业务，但丙厂言明一年内只能接受维修 1 500 次，共需一次支付修理费 12 000 元；若超过 1 500 次，则每增加一次，需另付维修费 6 元。

资料：该厂根据过去经验及当前产品质量的实际情况，估计一年内可能出现维修的次数及其发生的概率见表 3-1。

表 3-1　一年内维修次数概率表

事件（维修次数）	估计事件发生的机会/%	估计事件发生的概率
1 000 次以下	40	0.4
1 300 次	30	0.3
1 500 次	20	0.2
2 000 次	10	0.1
合计	100	1.0

方案：该厂打算售给中百公司 1 000 台雪花牌洗衣机，并委托有关机修厂承包这项保修业务，现提出三种方案，并根据估计的概率及条件价值，编制预期价值分析表一并呈报见表 3-2：

表 3-2　委托保修预期价值分析表

序号 方案	维修次数	概率	条件价值/元	预期价值/元
	1	2	3	6＝2×3
1. 全年支付维修费 14 000 元	维修次数不限	1.0	14 000	14 000
2. 全年支付维修费 10 000 元，最高维修次数限 1 000 次，超过一次另增付 5 元	1 000 次以下	0.4	10 000	4 000
	1 300 次	0.3	11 500	3 450
	1 500 次	0.2	12 500	2 500
	2 000 次	0.1	15 000	1 500
				11 450
3. 全年支付维修费 12 000，最高维修次数限 1 500 次，超过一次另增付 6 元	1 500 次以下	0.9	12 000	10 800
	2 000 次	0.1	15 000	1 500
				12 300

比较：从上述分析表中可以看出，采用第一方案，虽维修次数不限，厂家不需考虑追加保修费用，但一方面支付费用最高，一方面若厂家因此而不顾产品质量，反而会影响厂家声誉，造成产品滞销，带来的经济损失更大。采用第二方案，全年支付的维修费最低，且产品销出后一年的维修超出 1 000 次数限的机会少，即使有超过，每超过一次需支付的修理费也较少。就是维修达到 2 000 次，需支付的修理费为 11 450 元，也比第一方案和第三方案支付的修理费都要少。因此，采用第二方案为最优。

以上请领导决策参考。

中华洗衣机厂
××××年××月××日

你知道吗

市场决策报告的写作注意事项

1. 目标要明确

即决策的最佳效果要明确，这是决策活动和决策报告写作的前提。

2. 分析、论证要严密、深入

严密、深入的论证是确定优选方案的基础，只有对各种可能方案的优缺点进行透彻的分析，才能看出其优劣进而决定取舍。

3. 可操作性要强

在做决策过程中，有很多情形是理论上讲得通，一旦付诸实施则行不通。因此，决策报告一定要考虑可操作性，即充分考虑特定时间、地点、条件下的具体情况，具体问题具体分析。只有这样，才能保证决策方案的可操作性。

知识点4 招标书、投标书、产品说明书

一、招标书

招标公告，又称招标通告、招标广告、招标启事、招标书，它是业主按照规定条件发布招标书，邀请投标人投标，在投标人中选择理想的合作伙伴的一种方式。也是将招标信息和有关事项告知于众的一种商业广告性的文书。根据发布的范围，招标书可分为国际招标书、国内招标书、系统或单位内部招标书。根据招标目的物的种类，招标书可分为建筑招标书、生产招标书、设计招标书、劳务招标书等。

招标公告有如下两个作用：

- 作为载体，传递招标单位的招标信息。
- 作为信息来源，为投标单位进行投标工作提供依据。

1. 特点

（1）经济竞争性 招标是一项实质性的经济竞争活动，在撰写招标书之前，一定要充分做好市场调查研究工作，了解和掌握市场信息，对招标项目的市场状况做到心中有数，深入分析市场的基本形势和发展趋势，这样才能使各项数据的测算和评估科学、合理。

（2）实事求是，切实可行性 招标是经济改革的一项重大举措，整个招标过程都应在国家有关公证、监督机关和业务主管部门的指导下进行。要认真贯彻执行党和国家的有关方针、政策、法律，遵守招标工作的有关规定和具体办法，一切从实际出发，结合招标的实际情况，提出切实可行的招标方案。

（3）标准明确，表达准确性 招标书对招标项目的主要目的、达到的质量标准、人员的素质和时间要求等，要有明确详细的表述，以便投标人能有的放矢。对于技术规格和质量标准，一定要明确是国际标准、国家标准、部颁标准，还是企业标准。如果没有通用的标准，

则应注明是按图纸加工，还是按样品加工。如表达不准确，发生技术规格不符合要求或质量事故时，按规定，招标人要承担赔偿责任，这就会造成不必要的经济损失。

2. 分类

招标公告有不同的分类法：

- 按招标的内容分，有工程招标书、货物采购招标书、土地批租招标书、产品生产招标书、企业承包招标书、典籍编纂招标书等。
- 按招标的范围分，有国际招标书、国内招标书。
- 按招标的形式分，招标形式一般有公开招标和有限（邀请）招标两种。

3. 结构和写作方法

招标公告通常由标题、正文、结尾三部分组成。

（1）标题　从形式上看，可以分为完全性标题、不完全性标题和简明性标题。

- 完全性标题　有招标单位名称、招标事由（即承包工程或承包货物名称）、文种（即招标公告、或招标通告、招标启事）三部分组成。
- 不完全性标题　往往是不写招标性质和内容，只写招标单位和招标形式，如"集团招标公告"。
- 简明性标题　大多不写招标性质、内容和单位，只写招标文件的文种名称，如"招标公告""招标书"等。

（2）正文　正文一般应包括以下内容：

- 开头部分　要写明招标单位此项的目的、根据、项目或货物的名称和范围。
- 主体部分　是招标公告的核心，要详细写明招标的内容、要求及有关事项，并将有关事项逐项说明，有的还需要列表。

（3）结尾　结尾要写清楚招标单位的名称、地址、电话、电报挂号等，以便投标者报送投标书，参加投标。

4. 写作内容要点

- 写作要周密严谨。
- 表达要条理清楚。
- 注意用语要文明礼貌。

例文

大厦室内装修工程施工招标书

我单位拟新建大厦室内装修工程，为确保工程质量、安全，提高经济效益，本着公开、公正、公平竞争的原则，根据《中华人民共和国建筑法》《中华人民共和国招标投标法》《中华人民共和国建设部令（第89号）》《湖南省实施〈中华人民共和国招标投标法〉办法》等有关规定，并报经市计委批准，该工程项目拟采用公开招标形式招标，择优选定施工队伍。现将该项目的招标条件及投标要求说明如下：

一、工程概况

1. 工程名称：××大厦室内装修。

2. 建设地点：××路 1 号。

3. 计划投资：1 700.00 万元；投资性质：单位自筹，已到位资金 1 700.00 万元。

4. 功能布局：详见业主提供的装修设计施工图。

5. 工程类别：整栋装饰工程。

二、工程招标范围

详见业主提供的装修设计施工图（含灯饰、卫生洁具及相应管线）。

三、承包方式

1. 本工程根据《招标投标法》等有关规定，按中标价、投标工期、投标质量等级和本招标书的其他条款以及《合同法》的有关规定由建设方与施工单位签订合同，采取包工、包料、包工期、包质量的承包方式。

2. 取费标准：

2-1   土建工程：按现行定额及其配套的取费标准，材料预算价格执行×建价〔2002〕08 号文；取费标准执行湘建〔1999〕价字第 296 号文；人工调整暂调系数按×建定〔2001〕第 09 号文进行调整，列入税前报价；施工现场安全、文明施工及职业卫生增加费执行郴建定〔2001〕第 011 号文。

2-2   安装工程（含水电安装、采暖通风、管线敷设）：按现行定额取费，材料预算价格按现行市场价执行。

2-3   装饰装修工程：按现行定额取费，材料预算价格执行×建价〔2002〕第 08 号文，取费标准执行湘建〔1999〕价字第 296 号文以及有关配套文件规定执行。

本工程报价不含劳保统筹基金（开标前，建设方按有关规定预缴劳保基金，开标后按实际规模核算，多退少补并纳入总造价）。

四、主要材料供应及质量要求

材料的采购由业主和乙方共同考察后，经业主和监理同意后方可使用。

五、建设工期

本工程施工工期（日历天数）参照国家现行工期定额，结合业主实际情况确定为×天；投标人可根据自己的实际情况自行确定投标工期。

六、工程质量

按国家现行施工验收规范规程和质量标准施工，工程质量必须符合工程设计和现行规范要求。竣工时，经当地质量监督部门核定，质量等级必须达到优良标准。

七、合同签订要求

1. 中标人不得将工程转包；如发现有转包行为，由建管部门按规定予以查处，建设单位报经市招标办批准，有权从未中标单位选定一个排名靠前的施工单位承包。

2. 严格按国家的有关规定和《合同法》的有关要求签订建设工程施工承包合同。

3. 工程结算：本工程以中标价作为工程价款结算的依据；增减部分（即招标时未予以计算或因设计变更增减的工作量），以及合同工期内因国家政策的变更而引起取费标准和材料预算价的变动，应予以调整。

本工程结算委托××审定。

4. 工程价款的拨付：本工程在施工合同签订后、开工前 10 天，按中标价的 10%预付工程备料款；其后，每月按上月实际完成的建安工作量的 60%拨付。

工程款（含备料款、进度款）拨至中标价的 60%时，停止拨付；其余 40%待工程竣工验收合格并符合合同要求，工程结算后两年内付清。

5. 违约责任和奖罚办法：

5-1　本工程实行优质优价，工程竣工验收评定为优良工程的，按中标价的 2% 奖励；质量等级未达到中标承诺的，按中标价的 2% 处罚。

5-2　本工程要求按中标工期完工；每提前或推迟一天交付使用，按中标价的 0.2‰ 予以奖罚。

5-3　本工程如因建设方延误工期，每天按中标价的 0.2‰ 偿付违约金给施工方。

八、投标须知

1. 投标人在获取招标书的同时应按规定向招标人交纳投标保证金 ×× 万元。

2. 投标人在中标后、签订合同前须向招标人提供投标履约担保合同，以保证投标人一旦中标，即按招标文件的有关规定签约并完成其中标工程；对未能按要求提供投标履约担保的投标人将视为不响应招标条件而予以拒绝，其投标保证金不予退还。

2-1　履约担保形式：现金担保。

2-2　担保额度：采用现金方式，其履约担保额度为 × 万元，投标履约保证金将存入招标人指定的银行账户。

2-3　履约担保有效期：投标担保的有效期为其中标工程经认可的竣工工期。

3. 工程现场勘察和招标答疑：

3-1　本工程于 2002 年 × 月 × 日 16：00 时，在市交易中心召开发标会，并组织工程现场勘察。

3-2　本工程于 2002 年 × 月 × 日 09：00 时，在市交易中心进行招标答疑。由各投标人对招标书和施工设计等尚不明确的问题提出意见，而后由招标人会同设计单位书面答复。

4. 投标报价的取值：

投标报价的上限值为 × 万元；

投标报价的下限值为 × 万元。

5. 投标书的编制、密封和投送

5-1　投标书包括商务标书和技术标书。

5-2　商务标书的内容包括：

5-2-1　商务标 A：对招标文件的响应程度；胜任程度及信誉；综合说明（即工程名称、范围、报价、质量等级、工期、保修承诺等）；投标人及法人代表的签章；项目经理部组成人员明细表；以及其他需要说明的文件和证明材料。

5-2-2　商务标 B：投标报价、承诺表。

将以上资料装订成册，一式 2 份（其中正本 1 份，副本 1 份）。其中投标报价、承诺表中投标人及法人代表必须签章。

5-3　技术标书主要是施工组织设计；本项目需要投标人提供施工组织设计一式 7 份；其要求如下：

5-3-1　技术标书中的章节编排按如下顺序和要求制作：

施工方案；

施工进度计划及保证措施；

保证质量措施；

保证安全措施；

文明施工现场措施；

合理化建议。

5-3-2　封面：在×招标代理有限公司领取统一规定的封面样式；

5-3-3　目录（目录内只列大标题）及标题（目录内所列的大标题）：字体统一为三号仿宋字体；

大标题层次一、二、三…；

5-3-4　小标题及正文字体统一为四号仿宋字体；小标题及正文内容排列层次为：

第二层次　　1、2、3、…；

第三层次　　1-1、2-2、3-3…；

……；

5-3-5　表格及示意图标题为四号仿宋字体，内容字体统一为五号仿宋字体；

5-3-6　所有字体均为标准字体，不准有加粗或倾斜处理；CAD绘图按制图规范；

5-3-7　技术标书不得编排页码，前后不得留空白插页；

5-3-8　技术标中不得出现下列有助评审专家看出或体会到标书编制人的内容：单位名称、人员姓名、单位所在地、电话号码以及特殊记号等。

5-3-9　排版要求：

5-3-9-1　行距为1.5倍行距；

5-3-9-2　章节之间不留空行，不设置左右缩进（首行缩进4个字符）；

5-3-9-3　不准设置页眉以及底纹等装饰性内容。

5-4　商务标书和技术标书均统一用A4纸打印，白纸黑字，不允许有彩页；表格及示意图有用到A3纸的必须折叠成A4大小装订，不允许存在倒装和反装现象。技术标书必须全部用电脑打印，不得有手写字迹。

5-5　商务标书的密封：将商务标A、商务标B分别装入规定的资料袋内用透明胶水密封，资料袋封面不得出现任何标记。

5-6　技术标书的密封：将上述已密封的商务标书，连同一式7份技术标书整齐叠好，再用规定的包装纸和透明胶水密封成一个大包装，封面不得出现任何标记。

5-7　投标人将上述密封的投标书，于2002年×月×日09：00时以前送达×市建设工程交易中心（迟到作废标处理）。

九、开标、评标、定标

1. 本工程定于2002年×月×日09：00时在×市建设工程交易中心公开开标。

2. 投标人必须参会的人员是：法人代表或法人代表委托代理人（须持法人授权委托书），投标本工程的项目经理，每个投标人总人数不得超过5人；

3. 凡参会人员必须按时到会，并遵守开标现场的规定和纪律。

4. 开标现场需提交以下资料：

4-1　企业资质证书、营业执照副本原件；

4-2　法人证件（或委托书）以及相应的身份证原件；

4-3　项目经理证书、项目技术负责人证书以及相应的身份证原件；

4-4　建设行政主管部门的有效证明和文件。

5. 本工程的评标办法采用郴建招字〔2002〕6号文中综合评估法（不设标底但在招标文件中规定上、下限值）。评分表及权数取值见附表1、附表2、附表3、附表4、附表5。

6. 本工程中标单位的确定为按评标结果获得最高分者为中标人方式。

十、有下列情况之一者，投标书或投标资格无效

1. 投标书未按要求密封，商务标书内未加盖单位公章、无法人代表签字的；

2. 技术标书未按要求编制打印的，技术标书无效；

3. 投标书未按规定时间送达市交易中心的；

4. 一个投标书出现两个报价的；

5. 投标单位在开标后迟到的；

6. 投标单位的法定代表人或其委托代理人未参加开标会议的；

7. 委托代理人没有授权委托书而参加开标会议的；

十一、其他事项

1. 投标人中标后，在十天内到×招标代理公司领取由招标人签发、市招标办备案的中标通知书；未中标单位如对评标、定标结果要求复议的，须在十个工作日内提出书面请求报招标人和市招标办，逾期不予受理。

2. 中标人持中标通知书在七天内，与建设方签订好施工合同，领取施工许可证后方可进场施工。

3. 本招标书未尽事宜，按照《中华人民共和国建筑法》、《中华人民共和国招标投标法》、《中华人民共和国建设部令（第 89 号）》、《湖南省实施〈中华人民共和国招标投标法〉办法》、湘建建（2002）394 号文件和市政府以及×市建设主管部门的有关规定执行。

法人代表（签字）　　　　　　　　×市建设工程招标投标管理办公室

招标人（盖章）

年　　月　　日

（备案章）

年　月　日

二、投标书

投标书，又称"投标申请"或"投标申请书"，是投标者按照招标单位招标文件中提出的标准和条件，结合自己的主观条件估价后，向招标单位提出承包工程项目或承买大宗商品，填报价格等所写的文件报表。在写投标书之前，必须对投标项目做周密的调查研究和精确的计算，了解市场信息，报价不高又不低，既要有竞争优势，又要有一定的利润。

投标书有两个作用：

- 一是作为载体，把投标意向、条件传递到了招标单位。
- 二是作为依据，为招标单位选择承包人（或供货单位或买主）提供了对象。

1. 特点

（1）实事求是　投标方在写投标书之前要积极组建必要的信息网络，着力进行主动的信息捕捉和跟踪。拿到招标书及招标说明文件后要对招标项目进行周密的调查研究和计算，既要调查市场有关信息，又要调查其他投标人的情况。调查研究是写好投标书的一个重要条件。必须在认真研究招标书的基础上，客观估计自己的技术、经济实力和相应的赔偿能力，经过专家的充分论证后，再决定是否投标。同时还要利用各种途径了解业主的有关情况。如项目的资金来源，是自筹还是贷款；业主在国内、国际的信誉；业主拥有的其他项目；业主已有项目所采用的设备情况等等。所有这些信息对投标书内价格的定位、方案的确定及设备的选用都非常有用。

（2）内容明确具体　投标书要按规定格式准确细致地填写，以便招标者选定投标人。对于投标书的具体内容，如目标、造价、技术、设备、质量等级、安全措施、进度等，都要详细写明，力求具体、明确，一目了然。如果交代不清，笼统含糊，无法使招标单位认可，是难以中标的。一旦中标，就要在规定期限内与招标方签订合同，按合同办事。投标书如不实事求是，将给国家、招标单位和本单位造成严重的经济损失和因为违约或毁约而承担法律责任。

（3）时效性　招标单位之所以招标，旨在利用投标人之间的竞争来达到优选买主或承包、租赁、合作的目的。招标都规定了明确的时限，过期不候。所以，投标一定要讲究时效性，要在规定的时限内写好并送达投标书，才有中标的可能。

2. 结构和写作方法

投标书的写法，往往采用报表的形式，内容与招标书相对应，一般包括承包项目的名称、完成日期、数量、价格、投标者的名称、联系人、地址、电话、电报等。

讨论
对同一事件的招标和投标，其内容要求应是一致的，对吗？

（1）标题和日期　写在第一页的第一行，居中写明"投标书"，表明文种的性质。第二行偏右写清投标的日期。

（2）正文　采用横式并列的结构，将投标的项目名称、数量、技术要求、商品价格、商品规格、交货日期等逐项说明。商品价格和规格如果内容较多，往往列表填写。

（3）结尾　写清投标人的名称、地址、电话、电报等，以便招标人进行联系。

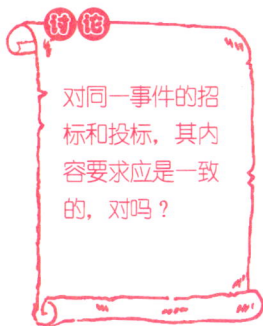

例文

投 标 书

一、投标书封面格式投标书

建设项目名称：

投标单位：

投标单位全权代表

投标单位：（公章）

　年　月　日

二、投标书格式

致：_____

根据贵方为_____项目招标采购货物及服务的投标邀请（招_____号），签字代表_____（全名，职务）经正式授权并代表投标人_____（投标方名称，地址）提交下述文件正本一份和副本一式_____份。

开标一览表

（1）投标价格表；

（2）货物简要说明一览表；

（3）按投标须知第 14 和第 15 条要求提供的全部文件；

（4）资格证明文件；

（5）投标保证金，金额为人民币_____元。

据此函，签字代表宣布同意如下：

1. 所附投标报价表中规定的应提供和交付的货物投标总价为人民币_____元。

2. 投标人将按招标文件的规定履行合同责任和义务。

3. 投标人已详细审查全部招标文件，包括修改文件（如需要修改）以及全部参考资料和有关附件，我们完全理解并同意放弃对这方面有不明及误解的权利。

4. 其投标自开标日期有效期为_____个日历日。

5. 如果在规定的开标日期后，投标人在投标有效期内撤回投标，其投标保证金将被贵方没收。

6. 投标人同意提供按照贵方可能要求的与其投标有关的一切数据或资料，完全理解不一定要接受最低价格的投标或收到的任何投标。

7. 与本投标有关的一切正式往来通讯请寄至：

地址：_____邮编：_____

电话：_____传真：_____

投标人代表性名，职务：_____

投标人名称（公章）：_____

日期：_____年_____月_____日

全权代表签字：_____

三、开标大会唱标报告格式

开标大会唱标报告

投标单位全称				
序号	投标设备名称	数量	投标价（万元）	交货期
交货地点		备注		

投标单位： 　　　　　法人授权代表：

（公章） 　　　　　　　（签章）

年　月　日

说明：唱标报告在开标大会上当众宣读，务必填写清楚，准确无误。

四、投标设备数量价格表格式

投标设备数量价格表

招标文件编号：

单位：万元

序号	设备名称	设 备 价			其 他 费 用				投 标 价（设备总价与其他费用总金额之和）
		数量（台）	单价	总价	运输费	调试费	品备件费	总金额	

投标单位：（盖章）　　　　　　　法人授权代表：（签字）

五、企业法人营业执照影印件

企业法人营业执照影印件，实行许可证制度的，还须提供生产许可证影印件。

六、投标企业资格报告

须知：

1. 投标人投标时，应填写和提交规定的格式1，格式2，以及提供其他有关资料。

2. 对所附表格中要求的资料和询问应做出肯定的回答。

3. 资格文件的签字人应保证他所作的声明以及回答一切问题的真实性和准确性。

4. 投标人提供的资格文件将由投标人和买方使用，并据此进行评价和判断，确定投标人的资格和能力。

5. 招标人对投标人提交的文件将予以保密，但不退还。

6. 全部文件应以中文书写，正本1份，副本_____份，按投标人须知第18体条封装。

格式1　资格声明

（招标机构）_____：

为响应贵方_____年_____月_____日第_____号招标邀请，下述签字人愿意参加投标，提供货物需求一览表中规定的（货物品目号和名称），提交下述文件并证明全部说明是真实的和正确的。

1. 由（制造厂商）提供的（货物品目号和名称）参加投标。授权书1份正本，1份副本。签字人代表该制造厂家并受其约束。

2. 制造厂家的资格声明，有1份正本，_____份副本。

3. 下述签字人在证书中证明本资格文件中的内容是真实的和正确的，同时附上我方银行（银行名称）出具的资信证明。

制造厂家：授权签署本资格文件人：

名称：_____　签字：_____

地址：_____ 打印的姓名：_____

电话：_____ 职务：_____

传真：_____ 电话：_____

邮编：_____

格式 2 制造厂家资格声明

1. 名称及概况

（1）制造厂家名称：_____

（2）总部地址：_____

传真/电话：_____

（3）成立日期或注册日期：_____

（4）实收资产：_____

（5）近期资产负债表（到_____年____月_____日止）

a. 固定资产：_____

b. 流动资金：_____

c. 长期负债：_____

d. 短期负债：_____

e. 净值：_____

（6）主要负责人姓名：_____

2. （1）关于制造投标货物的设施及其他情况：

工厂名称地址：_____

年生产力：_____

职工人数/其中工厂技术人员数：_____

（2）制造厂家不生产而需从其他制造厂家购买的主要零部件：

制造厂家名称和地址：_____

3. 制造厂家生产投标货物的经历（包括项目业主，额定能力，初始商业运行日期等）：

4. 近三年该货物在国内外主要用户的名称和地址：

名称地址：_____

销售项目：_____

（1）出口销售

（2）国内销售

5. 近三年的年营业额：

年份_____ 出口_____ 国内_____ 总额_____

6. 易损件供应商的名称和地址：

部件名称_____ 供应商_____

7. 有关开户银行的名称和地址：_____

8. 制造厂家所属的集团公司（如果有的话）：_____

9. 其他情况：

兹证明上述声明真实，正确的，并提供了全部能提供的材料和数据，我们同意遵照贵方要求出示有关证明文件。

制造厂家名称：_____

授权代表签字：_____

授权代表职务：_____

电话/传真：_____

日期：_____年_____月_____日

七、投标设备报告

1. 投标设备型号，规格，技术参数和说明。

2. 投标设备的质量标准，检测标准，测试手段。

3. 对投标设备的设计，制造，安装，测试等方面采取技术和组织措施。

4. 交货地点，交货时间，交货方式，交货进度及运输条件。

5. 技术服务。

6. 备品备件提供情况。

7. 投标单位认为有必要说明的问题。

八、投标设备偏差表

投标设备偏差表

招标文件编号：

序号	设备名称	型号及规格	数量	招标设备要求数据	投标设备实际数据

说明：如投标设备的规格、性能、技术参数与招标设备的要求不完全一致时，请填此表。如全部满足要求时，可不交此表。

九、法人代表授权书

法人代表授权书

(招标机构)_____：

现委派_____参加贵方组织的_____招标活动，全权代表我单位处理招标的有关事宜。

附授权代表情况：

姓名：_____年龄：_____性别：_____

身份证号：_____

职务：_____邮编：_____

通讯地址：_____

电话：_____电挂：_____

单位名称：(公章) 法人代表：(签章)

本授权书有效期：_____年_____月_____日至_____年_____月_____日

十、履约保证金保函

履约保证金保函

(中标后开具)

开证日期：_____

致：_____

_____号合同履约保证金

本报函作为贵方与_____（以下简称买方）于_____年_____月_____日就_____项目（以下简称项目）项下提供_____货物（以下简称货物）签订的_____号合同的履约保证金。

_____银行（以下简称银行）无条件的，不可撤销地具结保证本行，其继承人和受让人无追索地向贵方以_____（货币名称）支付总额不超过_____（货币数量），即相当于合同价格的_____%。

并依次约定如下：

1. 卖方未能忠实地履行所有合同文件的规定和双方此后一致同意修改，补充和变动，包括更换或修补贵方认为有缺陷的货物（以下简称违约），只要贵方确定，无论卖方有任何反对，本行将凭贵方的书面违约通知，立即按贵方提出的不超过上述累计总额和该通知中规定的方式付给贵方。

2. 本保证金项下的任何支付应为免税和净值，无论任何人以何种理由提出扣减现有和未来的税费、关税、费用或扣款，均不能从本保证金中扣除。

3. 本保证函的规定构成本行无条件地，不可撤销的直接义务。

4. 本保证函在本合同规定的质量保证期期满前完全有效。

谨启

出证行名称：_____

签字：_____（姓名，职务）

你知道吗

投标书的写作要求

1. 周密严谨。

2. 投标书中的总投标价、投标书的有效期以及其他必要的内容，都是不可遗漏的。

3. 注意强调投标书的内容特性：针对性和竞争性。

三、产品说明书

产品说明书是一种以说明为主要表达方式，对产品的性能、构造、功能、使用、保养方法等进行说明和介绍的应用文体。目的是让人们了解其特点，获得有关产品的知识，从而能够正确使用和保养。它是一种常用的商业性应用文，伴随着商品广泛进入生产、科研、贸易、生活各个领域。它包括产品的外观、性能、参数、使用方法、操作指南、注意事项等。

产品说明书的作用有：

● **传播知识**。当说明书伴随着产品走向消费者群的时候，它所包含的新知识、新技术，也为群众所了解。

● **指导消费**。说明书对商品或服务内容进行客观的介绍、科学的解释，使消费者可以了解产品的特性、掌握产品的操作程序，从而达到科学消费的目的。

● 宣传企业。说明书在介绍产品的同时，也宣传了企业，因而兼有广告宣传的性质。

1. 特点

（1）实用性　说明书的实用性很强。人们之所以要看说明书，主要是为了要知道如何正确掌握和使用被说明对象。因此，说明书的内容重点应从实用性的角度表述。例如家用电磁炉说明书，既要介绍该产品的性能规格、主要结构，又要说明它的使用方法。用户读了以后自然可以不困难地实际操作电磁炉，正确地使用电磁炉。

（2）科学性　体现在内容上的确凿和表述上的准确上。说明书无论是对产品的性能、构造、使用方法、注意事项的说明，还是对有关图书资料、影视剧剧情的介绍，都要实事求是。除了内容确切真实，语言表述也要准确无误，不能有歧义，不能模棱两可。

（3）条理性　体现在对被说明事物的内部构造和相互联系的有序表述上。产品说明书条理分明的说明介绍，使用户能够依顺序逐一了解和掌握各项有关知识，以便准确地使用该产品。图书出版说明书对整部书要言不烦、眉目清楚地介绍，使读者迅速把握图书的性质、意义。影视剧说明书要突出剧情的主要脉络，保留"悬念"，使观众对剧情有简要而完整的印象，又激发起观众急于观赏全剧的愿望。

2. 分类

按照说明对象、内容来分，可分为以下几种：

● 物质产品说明书。说明某种商品的形状、性能、构造、用法、保养等。如洗衣机、空调、药品说明书。

● 精神产品说明书。说明该产品的含义、特征、表现形式、意义等。如文学作品，科研著作出版说明，影视情节介绍，雕塑、音乐、美术作品的创作说明等等。

● 自然景观说明书。说明某地自然风物、人文景观的特色。如奇峰异石、古树幽洞、文物古迹等，有时其中融入了精神产品，如园林设计。

● 地域、单位说明书。介绍某地区、某单位的概况、发展前景等，以扩大影响，吸引人才，促进发展。

按照表达方法分，可分为解释性说明书、陈述性说明书、描写性说明书。

按照格式分，可分为条款式说明书和叙述式说明书。

按照有声像和无声像分，可分为物像（音像）说明书和文字图像说明书。

3. 结构和写作方法

商品说明书的结构及其内容因商品复杂程度不同而有所区别。简单的可分为标题和正文两大部分，复杂的采用折子、书本等样式，具体结构是：

（1）封面　封面上一般有"说明书"字样和厂名，有的印有商标、规格型号、批号、商品标准名称和彩图。封面标题要鲜明醒目，如"日立牌冷冻冷藏电冰箱使用说明书"。

（2）目录　内容较复杂的说明书，一般都配有目录，以便于使用者迅速检索、查阅所需内容。

（3）正文　正文包括前言、主要内容说明。

● 前言　也叫绪言、序言，其作用是简要介绍说明书的内容及商品的特点。文字要精炼，内容要简明扼要。如可以说明商品的研制简况及主要特点，也可简介商品性能、原理和用途，或商品的设计目的、作用和适用范围等。前言的形式有的采用书信式，如"亲爱的用户：感谢您选用日立牌冷冻冷藏电冰箱！……"，更多的则采用概述式的短文。

● 主要内容说明　根据不同对象，有不同内容。如可以对商品的主要技术指标、工作原理、使用方法、保养维修、质料构件、原料成分、包装规格等进行具体说明。有时为了加深印象，说明直观，还配有商品结构图、数据、表格、图示等。

（4）封底　为了使整个说明书整洁、美观，可以加上封底。为方便用户联系，在此应注明商品制造厂家、地址、含国家地区代号的电话号码、电报挂号、开户银行、账号、监督单位、法人代表等。

例文

人民币股票招股说明书

承销机构：上海万国证券公司、上海申银证券公司。

经中国人民银行上海市分行（92）沪人金股字第17号文批准，上海市第一百货商店（股份有限公司）发行股票12 108.46万元。每股面值10元，计1 210.846万股，其中：原上海市第一百货商店以国有资产折股680.846万股，向社会法人定向招募300万股，向社会个人公开发行230万股（包括公司内部职工认购46万股），溢价发行，每股89元。

本招股说明书是根据《上海市证券交易管理办法》及国家和上海市政府制订的有关股份制企业试点和股票发行的最新管理规定，在上海市第一百货商店（股份有限公司）首次向社会公开发行股票时，为股票投资者提供的公司各项法定及一般资料，包括本次股票发行细则。

公司已按国家有关法律、法规的要求，完成了必须的法律及其他手续。

公司董事会愿就本招股说明书所载资料的准确性承担全部责任。

本招股说明书已分别送达下列单位：

1. 中国人民银行上海市分行
2. 上海市人民政府经济体制改革办公室
3. 上海市人民政府财贸办公室
4. 上海市工商行政管理局
5. 上海市证券交易所

一、释义

在本招股说明书中，下列简称具有如下含义：

公司：指上海市第一百货商店（股份有限公司）。

公司内部职工：指上海市第一百货商店（股份有限公司）的在册职工。

承销机构：指上海万国证券公司、上海申银证券公司。

证券交易所：指上海证券交易所。

元：指人民币元。

股票：指公司本次发行的每股面值10元的记名普通股股票。

二、公司基本情况

1. 公司名称

上海市第一百货商店（股份有限公司）

英文名称：SHANGHAI NO.1 DEPARTMENT STORE COMPERATION LIMTED

地址：上海市南京东路830号

法定代表人：吴正林

2. 公司性质

公司是经上海市有关主管部门批准，由原全民所有制性质的上海市第一百货商店改制成立的股份制企业。公司经上海市工商行政管理局注册登记后，具有独立法人资格。

3. 原上海市第一百货商店情况介绍

上海市第一百货商店是新中国成立以来首屈一指的国有大型零售百货商店，坐落在上海市最繁华的南京路商业中心，至今已有42年的历史。近年来在社会各界的关心和支持下，经济活动日趋活跃，购物环境不断改善，以其丰富的商品、公道的价格和优良的服务深得广大中外消费者的青睐。商店主大楼现有六层楼面21 400平方米的营业面积，经销36 000余种商品，与国内外3 600多家单位建立长年业务往来，3 600余名职工每日接待25.20万名顾客，1991年销售额达9.6亿元，实现税利8 710万元，主要经济指标长期名列全国第一。商店坚持"让顾客满意，向社会尽责"的服务宗旨和"自信自强，敢争第一"的企业精神，造就了一批专业人才，积累了丰富管理经验；以其店誉、管理、资金的优势成为全国商业的龙头形象，并率先在同行业中挂牌成立集团和（集团）公司，将拥有一批知名度高、规模大、投资收益快、对整个上海商业发展具有一定导向性的大中型企业，并向其他行业渗透，是多层次、多功能、全方位、现代化的超大型商业流通集团，正逐步向国际市场迈进。

三、公司资本构成和经营范围

1. 资本构成

公司注册资本12 108.46万元。其中：

国家持股6 808.46万元，占资本总额的56.23%；

法人持股3 000万元，占资本总额的24.77%；

个人持股2 300万元，占资本总额的19%。

2. 经营范围

主营：日用百货、针织纺织品、服装鞋帽、五金交电、搪瓷器皿、烟酒、粮油食品、钟表眼镜、文化办公用品、家具装潢、家用电器、仪器仪表、机械、计量衡器具、黄金首饰、工艺美术品。

兼营：油漆、颜料、劳动保护用品、汽车零部件、摩托车及零部件、通信设备、无线电话筒、橱窗出租广告、运输、房地产业、餐饮业、游泳业、宾馆饭店业、旅游、服务业。

四、公司资产经营状况

1. 经管状况（单位：万元）

项目 \ 时间	1990年	1991年	1992年
商品销售总额	78 115	96 795	42 389
商品销售成本	72 887	90 718	36 359
利润总额	5 228	6 077	3 010
税后利润	2 825	3 591	2 021

2. 资产负债状况（单位：万元）

项目 \ 时间	1990年	1991年	1992年
资产总额	11 322	14 982	20 191
负债总额	5 741	8 174	13 506
资产净值	5 581	6 809	6 685

以上财务状况，均由上海大华会计师事务所注册会计师朱澍莘进行查账验证，并出具鉴证报告。

3. 资产重估情况

1991 年 12 月 21 日本公司净资产总额为 6 808.46 万元（账面价值），经上海大华会计师事务所重估，并获国有资产管理部门确认，净资产总额升值为 16 535 万元，增值 9 726 万元，增值率为 142.86%。

五、发行股票的目的，用途和效益预测

1. 发行目的及资金投向

（1）广泛吸收社会闲散资金，主要用于上海市第一百货商店集团的发展项目，兴建上海市第一百货商店八佰伴有限公司、市百一店姐妹楼、淮海路分店、沪西商业大厦等大型商业企业。

（2）加速企业大型化，引进企业监督机制，促进上海市第一百货商店发展成为全国影响最广、规模最大、效益最好的集团公司。

2. 效益预测

据测算项目建成后，本公司规模、经济效益都有较大幅度的增长，预计到 1997 年本企业和投资企业的总面积将达到 30 万平方米，总销售额可达 28 亿元。

公司 1992—1994 年经济效益预测如下表（单位：万元）：

项目＼时间	1992 年	1993 年	1994 年
商品销售总额	104 500	127 000	139 700
商品销售成本	99 275	120 650	132 715
利润总额	5 225	6 350	6 985
税后利润	3 501	4 255	4 680

以上效益预测，已由上海大华会计师事务所注册会计师朱澍莘进行查账验证，并出具鉴证报告。据测算公司 1992 年 4 月税后利润增长幅度较大，经营形势喜人，但下半年起，商场要进入装修改造及设备更新阶段，对利润总额有所影响。

六、股票发行

1. 股票种类

公司发行股票的名称为"上海市第一百货商店（股份有限公司）股票"，为记名式普通股股票，以人民币计值。

2. 股票总额发行方式

公司股票总金额 12 108.46 万元，每股面值 10 元，计 1 210.846 万股，其中原上海市第一百货商店以其全部资产的账面价值折股 680.846 万股，向社会法人定向招募 300 万股，向社会个人公开发行 230 万股（包括公司内部职工优先认购的 46 万股）。

3. 股票面值

每股 10 元。股票票面金额为 10 元（含 1 股）和股票票面金额为 1 000 元（含 100 股）两种。

4. 发行价格

采用溢价发行的办法，每股发行价 89 元人民币。

5. 股票收益分配

公司股票实行只计红利不计股息的收益分配方式，持股法人和个人以及国家持有的股份均按股份享有相同的红利，红利率由公司董事会根据国家有关规定和公司的经营状况决定，上不封顶，下不保底。

七、承销机构及承销方式

1. 承销机构

上海万国证券公司（起主承销公司的作用并承担相应的义务）

注册地址：上海市南京西路 1728 号

法人代表：管金生

上海申银证券公司

注册地址：上海市威海路 681 号

法人代表：阚治东

2. 承销方式

公司委托承销机构采用代销的方式，向社会个人公开发行股票，对承销中尚未被认购的社会个人股和公司内部职工剩余股票，通过上海证券交易所出售。

八、社会个人投资者范围及股东权利和义务

1. 社会个人投资范围

持有"1992 年上海股票认购证"的社会公众。

2. 股东权利和义务

凡公司股票持有者，均为本公司股东，股东按其持有股份享有相应的权利和义务。

股东权利

（1）参加或委托代理人出席公司股东大会并行使表决权；

（2）依本规定及公司章程的规定转让股份；

（3）查阅公司章程，股东大会会议记录和财务、会计账目，监督公司的生产经营管理和财务管理，并提出建议或质询；

（4）按其股份领取红利；

（5）公司终止后取得公司的剩余财产。

股东义务

（1）遵守公司章程；

（2）依其所认股份缴纳股金；

（3）依其所持股份承担公司的亏损及债务；

（4）维护公司的合法利益。

九、股票认购办法

1. 社会个人股认购办法

凡需认购本公司股票的社会投资者必须持有"1992 年上海股票认购证"（以下简称"认购证"）。本次发行由承销机构按"认购证"数量及可抽签人数的比例，根据"认购证"号码公证抽签（抽签方法、认购股数及中签号码另行公告），中签后按有关规定办理认购手续。

2. 公司内部职工实行优先认购的办法

十、股票的上市交易

本次向社会公开发行的股票，经上海证券交易所同意，证券主管机关核准后，在上海证券交易所上市交易。公司内部职工股自股票上市之日起一年半内不得转让，股票将全部委托上海证券交易所代为保管。

本招股说明书的解释权属公司董事会。

上海市第一百货商店（股份有限公司）

1992 年 5 月 25 日

知识点 5　广　告

一、广告的概念

广告，顾名思义，就是"广而告之"，即为了某种需要，通过一定的媒介，广泛地向公众传递信息的一种宣传方式，也是面向大众的传播手段。广告有广义和狭义之分。广义的广告即广而告之，是公开、广泛地面向大众的宣传活动，如社会公益广告。狭义的广告指"商业广告"或"经济广告"，它是通过传播媒介（报纸、杂志、广播、电视、互联网等）把商品、服务等信息传递给人们，以引起人们购买兴趣和欲望的一种宣传手段。在这里着重讲解商业广告的结构与写法。

二、广告的作用

1. 传递信息，沟通产销

广告的最基本功能就是认识功能。通过广告，能帮助消费者认识和了解各种商品的商标、性能、用途、使用和保养方法、购买地点和购买方法、价格等项内容，从而起到传递信息，沟通产销的作用。俗话说，货好还得宣传巧。但在现实生活中，还有一些企业对广告的作用不十分明了，认为做广告花费大，得不偿失。因此，他们宁可天南海北、火车轮船、辛辛苦苦到处推销，也不愿做广告。实践证明，广告在传递经济信息方面，是最迅速、最节省、最有效的手段之一。好的产品借助于现代化科学手段的广告，其所发挥的作用不知比人力要高多少倍。

2. 激发需求，增加销售

一则好的广告，能起到诱导消费者的兴趣和感情，引起消费者购买该商品的欲望，直至促进消费者的购买行动的作用。曾有这样一个事例：某国烟草公司派了一名推销员去海湾旅游区推销该公司的"皇冠牌"香烟，但该地区香烟市场已被其他公司的牌子所占领，该推销员苦思无计，在偶然间受到了"禁止吸烟"牌子的启发，他就别出心裁地制作了多幅大型广告牌，广告牌上写上"禁止吸烟"的大字，并在其下方加上一行字："'皇冠牌'也不例外"，结果大大引起了游客的兴趣，游客竞相购买"皇冠牌"香烟，为公司打开了销路。

3. 指导消费，方便群众

广告在货物的流通中起着举足轻重的作用，它在厂家、商店和消费者之间架起了桥梁。广告可以创造大众需求，大众市场，从而支持了大批量生产，进而降低产品价格。

4. 促进竞争，开拓市场

大规模的广告是企业的一项重要竞争策略。当一种新商品上市后，如果消费者不了解它的名称、用途、购买地点、购买方法，就很难打开销路，特别是在市场竞争激烈，产品更新换代大大加快的情况下，企业通过大规模的广告宣传，能使消费者对本企业的产品产生吸引力，这对于企业开拓市场是十分有利的。提高商品的知名度是企业竞争的重要内容之一，而广告则是提高商品知名度不可缺少的武器。精明的企业家，总是善于利用广告，提高企业和产品的"名声"，从而抬高"身价"，推动竞争，开拓市场。

5. 丰富生活，陶冶情操

好的广告，实际上就是一件精美的艺术品，不仅真实、具体地向人们介绍了商品，而且让人们通过对作品形象的观摩、欣赏，引起丰富的生活联想，树立新的消费观念，增加精神上美的享受，并在艺术的潜移默化之中，产生购买欲望。

三、广告的特点

1. 宣传介绍性与真实性

商业广告要讲诚信，在传递经济信息、推介产品时，要以事实为依据，真实、健康、清晰、明白地向公众诉说商品的性能、用途、使用方法等，努力做到信誉第一，用户至上。这样做，一方面保证了产品、厂家的信誉，另一方面又维护、保障了消费者的利益。商业广告要体现社会公德和商业道德。

2. 启发说明性与功利性

由于市场经济的发展，市场竞争异常激烈，企业、商家要增强竞争能力，立于不败之地，既要靠过硬的技术和质量，又要制作精良的广告，通过大众媒体传播，树立企业形象，以提高商品的竞争能力，达到说服、感染消费者，指导消费，促进消费者达到对特定商品或劳务产生好感和购买行为的目的，为企业、商家带来良好的经济效益。

3. 审美性与简便灵活性

随着社会的发展、科学的进步，在制作商业广告时，将文字、图画、音响等多媒体结合，以突出逼真性和审美性。语言应当简明优美，可读性强。制作精良、审美性强的广告，有时还会成为时尚楷模。一则好的商业广告，必须在具备实用功能的同时注重审美功能。只注重实用功能的广告，在广告的汪洋大海中很快就会被淹没，翻不起一点点的浪花。反之，一则精心设计的广告，具有美好的形象，则会对消费者的视觉或听觉产生巨大的冲击力，激发其审美情趣，从而对广告所宣传的商品产生好感，以致诱发购买的欲望。因而，广告的审美表现力是传递商品和服务信息的真正桥梁，是决定广告成败的重要因素。

四、广告的种类

现在人们越来越重视利用各种媒介做广告，根据传播媒介的不同，广告可分为以下几类：

1. 报纸广告

报纸广告宣传面宽，发行量大，读者面广，传播迅速。有的报纸发行海内外，广告的影响面就更大。另一方面，它表现形式灵活多样，留存时间长，便于重复阅读和保存。

2. 杂志广告

杂志虽不如报纸反应及时，传播迅速，但有一定的针对性和稳定性，其广告插页和加印装潢的机动性大，多数广告印制精美，具有易于保存、便于深化宣传效果的特点。

3. 广播广告

广播广告包括无线广播电台和有线广播台站播出的广告。这类广告传播迅速及时、范围广，不受时空限制，制作方便，成本不高。它是一种高级的有声广告，属于纯粹的听觉广告，由于声音稍纵即逝，不及电视、报刊给人们留下的印象深刻。

4. 电视广告

电视广告比起其他广告，它更能引起人们的注意。它从声、光、色、形等全方位生动形象地介绍商品，集音乐、美术、摄影、表演、文字为一体，具有很强的视觉冲击力和表现力，一旦制成，可重复播放，不受时间、空间限制。但电视广告成本很高，以秒计价，收费昂贵。

5. 网络广告

网络广告通过网络宣传新产品，快捷、灵活、形式多样。网络已经连接起社会的各个角落，联结起社会大家庭中的每个人，所以网络广告的发展必将呈现强劲的冲击力。

6. 邮寄广告

邮寄广告包括通过邮局寄出的货样单、产品说明书等。

7. 户外广告

户外广告是指设置在露天里、没有遮盖的各种广告，如广场、码头、街道等公共场合的广告牌、灯箱、霓虹灯等。这类广告设计较新颖、别致，吸引力大。

8. 其他媒体广告

如汽车、电车、火车、地铁、轮船等公共交通工具上的广告，电话、橱窗广告，立体充气广告，机器人广告等。

> 讨论
> 请上网查查关于广告还有哪些形式。比如宣传单属于广告吗？

五、广告的结构和写作方法

文字广告的结构一般包括标题、正文、结尾和广告标语四部分。

1. 标题

广告标题有三类：直接标题、间接标题、复合标题。

2. 正文

正文是广告的主体部分，一般都要包括以下内容：商品的名称、商标、品种、产地、规格、型号、性能、结构、用途、价格、使用和保养方法；厂家或经销商对用户所负的责任；销售的方式、时间、地点等。

这部分的写作，既要生动活泼，又要实事求是，具有说服力，要把标题引起的人们的兴趣巩固下来。

3. 结尾

广告结尾一般是写明生产或出售单位的地址、电话号码、网站网址等。

4. 广告标语

广告标语，又称广告词，是某一商品从长远销售利益出发，在一定时期内反复使用的特定宣传语句。

例文 1

广告词及广告创意

1. 三九胃泰：李默然：干我们这一行，经常……（不按时吃饭的意思）有了胃病……三九胃泰。

2. 猪饲料广告一：什么刘显合，饲宝920，催猪不吹牛！

3. 猪饲料广告二：四月肥！四月肥！四月不出肥！厂家保证赔！！！

4. 飞亚达表：一旦拥有，别无所求。

5. 长城电扇：长城电扇，电扇长城……

6. 燕舞收录机：

广告内容：一个戴眼镜的小男生从屏幕中间冒出，喊出一句："哇……燕舞收录机！"然后便载歌载舞起来"燕舞，燕舞，一曲歌来一片情……"。

7. 杀虫剂：我们是害虫，我们是害虫，正义的来夫灵，正义的来夫灵，杀死，杀死！

8. 电冰箱：一个干渴的人走在沙漠里，忽然远方出现了幻觉，是海市蜃楼？不，是一部冰箱，男人跑到冰箱那里，拿出一瓶冰水浇在头上……，镜头一转，男人走出了沙漠。广告词：每当我看到天边的绿洲，就会想起东方——齐洛瓦……

例文2

楼盘广告

楼盘的主题广告语是楼盘整体感念的精炼体现，代表着楼盘的主题定位，其表象特征是要求便于记忆便于传播，借以达到实现最终销售的目的。

1. 翠海明珠：回家，就是度假的开始

这是一个从心理层面去体现楼盘物理层面的广告语，想诉说"家"有度假村的物理条件，"回家"有度假时的感受——放松、心情愉悦等，所以，劳累了一天，需要放松，就有了回家的期盼。这是一个不错的诉求，它所能打动的人是哪一类呢？有度假感受经历的、久居喧嚣、崇尚自然的一群人士。从现在的销售情况来看，楼盘的主要销售对象是外地人，他们最崇尚的是什么呢？不是游艇俱乐部、不是影视城，而是海和沙滩，但是在营销上我们看到主题却不是这样。也就是说，这两者是脱节的。

2. 碧桂园假日半岛：平时自己起屋

这简单得不能再简单，甚至听来有点俗气的六个字，在2005年的国庆黄金周掀起了一股平价旋风，广州市民争先恐后涌向碧桂园假日半岛，看看"平时自己起屋"的楼。其实细分析一下，碧桂园这句"平时自己起屋"不但信息量来得简单直接、充满诱惑力，而且还紧贴时事。

去年正是自建房在广州高度引起关注的一年。自建房的参与者为何如此积极筹办？无非是大家明白一个道理：若是能够自己建房，会比购买发展商开发的商品房便宜许多。这里，碧桂园假日半岛运用广东话"起屋"就更显本地化了，它大大方方地说：何用自建房这样大费周章，买碧桂园不就省事多了吗？

3. 利海·托斯卡纳：如果迷路了，我希望是在托斯卡纳

"托斯卡纳"是意大利南部的一个风情独特的小镇，因为电影《情迷托斯卡纳》而扬名，成为无数恋人们向往的一大旅游胜地。为突出楼盘的意大利风情定位，利海集团将今年的白云新盘定名为"利海·托斯卡纳"，在各大媒体和广州要道边的广告墙上铺天盖地地打出"如果迷路了，我希望是在托斯卡纳"这句煽情十足的广告语，一方面很好地表述了楼盘定位，一方面也勾起了广告受众的好奇心，楼盘名也得到了广泛认知。

知识点 6　经济合同

一、定义

《合同法》第二条第一款规定："合同是平等主体的自然人、法人、其他组织之间设立、变更、终止民事权利义务关系的协议。"经济合同是双方或多方当事人为了实现一定的经济目的，通过平等协商，明确相互权利与义务而共同订立的一种具有经济关系的协议，是当事人表示见解一致的法律行为。

二、特点

1. 法律关系

经济合同具有一定的法律关系，能够成为法人必须具备的一定条件和资格：法人必须具备一定的财产和经费，有自己与别的企业、厂家、实体不同的名称，有自己的组织机构和活动场所，有独立承担民事责任的能力。因此，一旦成为合同的法人，他所签订的合同就具有法律的权威性。

2. 合同法人的平等性

经济合同签订时，双方应各有一位当事人。当事人是作为法人来签订合同的，各方的当事人从法律上说是平等的，因而，一方不得将自己的意志强加给另一方。既然双方当事人是平等关系，凡涉及合同中的双方利益和意见发生分歧，只能协商解决，不得强迫对方接受某些条件或条款。

> **讨论**
>
> 有人说合同是约束小人而不约束君子，你是怎样理解的？

3. 合同本身的制约性

这个特征具有两层意思：一是签订合同的双方受合同的制约，其中的任何条款对双方都具有制约能力，违背条款，就是对合同制约能力的破坏；二是合同本身的订立及对合同的履行，还要受到国家总体计划、规划的制约与影响，这种外界的因素制约着合同的全面履行和经济目标的实现。如果合同涉及国家的指令性生产计划或限制性项目的开发，那么得事先报告主管部门，征得同意或批准，否则会干扰或破坏国家计划的完成。

4. 经济合同的有偿性

订立合同的双方都有自己的经济目标，都想获取一定的经济效益。如果作为无偿的、无目的的给予和馈赠，那么，这样的行为本身不可能构成经济合同。虽然经济合同建立在平等、互惠、互利的原则基础上，但因是等价交换，不允许一方进行无偿调拨或一方无偿占有另一方财物，双方都希望有偿才萌发了签订合同的愿望。

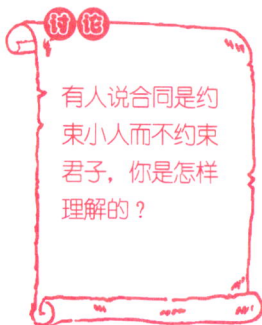

三、订立合同的形式和合同的内容与主要条款

1. 形式

（1）书面形式

（2）口头形式

（3）其他形式

2. 主要条款

（1）当事人的名称或者姓名和住所

（2）标的

（3）数量

（4）质量

（5）价款或者报酬

（6）履行期限、地点和方式

（7）违约责任

（8）解决争议的办法

四、经济合同的结构和写作方法

合同的书写形式有两种：一是条文式，二是表格式。除特殊者外，一般用工商行政管理机关监制的合同纸。不论采用何种形式，合同的结构都应该包括以下四个部分：

1. 标题

合同的标题，应明确标出合同的性质，其后写上"合同"字样。也可以将产（商）品类别和合同的履行期写入标题。

2. 订立合同的双方

在合同标题的右下方，写明合同双方当事人的名称（要使用全称），然后用括号分称甲方、乙方、丙方等。

3. 正文

正文是合同的主体部分，一般由以下几方面内容构成：

- 签订合同的依据或目的
- 协议的内容
- 合同的有效期
- 合同的份数和保存
- 附件

合同如有表格、图纸、实样照片等附件，在正文下另起一行写"附件"字样，把附件的名称、件数详细列出。

4. 结尾

（1）署名　在正文的下方依次写明签订合同的双方或几方单位名称（全称）、代表人姓名，并加盖公章，代表人应签字、盖章。如需公证、鉴证或双方主管部门签证的，应写明公证、鉴证和签证机关名称，并加盖公章。

（2）签订日期　在署名下方写明签订合同的日期。

（3）附页　有附件的合同，应注明附件的页数，并将其附在合同的后面，有的合同专列为"附则"一项。

五、订立、履行合同的基本原则

1. 平等的原则

2. 自愿的原则

3. 公平的原则

4. 合法的原则

例文

经济合同

销货方：_____（以下简称甲方）

购货方：_____（以下简称乙方）

签约时间：_____

签约地点：_____

第一条　经购销双方协商交易活动，必须履行本合同条款。具体品类（种），需签订要货成交单，并作为本购销合同的附件；本合同中的未尽事宜经双方协商需补充的条款可另附协议书，亦视为合同附件。合同附件与本合同具有同等效力。经双方确认的往来信函、传真、电子邮件等，将作为本合同的组成部分，具有合同的效力。

签订成交单，除上级规定按计划分配成交外，其余商品一律采取自由选购，看样成交的方式。

第二条　合同签订后，不得擅自变更和解除。如甲方遇不可抗拒的原因，确实无法履行合同；乙方因市场发生骤变或不能防止的原因，经双方协商同意后，可予变更或解除合同。但提出方应提前通知对方，并将"合同变更通知单"寄给对方，办理变更或解除合同的手续。

按乙方指定花色、品种、规格生产的商品，在安排生产后，双方都需严格执行合同。如需变更，由此而产生的损失，乙方负担；如甲方不能按期、按质、按量、按指定要求履行合同，其损失，甲方负担。

第三条　成交单中的商品价格，由双方当事人商议决定，或以国家定价决定。

在签订合同时，确定价格有困难，可以暂定价格成交，上下幅度双方商定。

国家定价的商品，在合同规定的交（提）货期限内，如遇国家或地方行政部门调整价格，按交货（指运出）时的价格执行。

逾期交货的，如遇价格上调时，按原价执行；遇价格下调时，按新价执行。逾期提货的，遇价格上调时，按新价执行，遇价格下调时，按原价执行。由于调整价格而发生的差价，购销双方另行结算。

第四条　运输方式及运输费用等费用，由双方当事人协商决定。

第五条　各类商品质量标准，甲方严格执行合同规定的质量标准，保证商品质量。

第六条　商品包装，必须牢固，甲方应保障商品在运输途中的安全。乙方对商品包装有特殊要求，双方应在具体合同中注明，增加的包装费用，由乙方负担。

第七条　商品调拨，应做到均衡、及时。对合同期内的商品可考虑按 3：3：4 的比例分批发货；季节性商品按承运部门所规定的最迟、最早日期一次发货；当令商品、零配件和数量较少的品种，可一次发货。

第八条　有有效期限的商品，其有效期在 2/3 以上的，甲方可以发货；有效期在 2/3 以下的，甲方应征得乙方同意后才能发货。

第九条　甲方应按乙方确定的合理运输路线、工具、到达站（港）委托承运单位发运，力求装足容量或吨位，以节约费用。

如一方需要变更运输路线、工具、到达站时，应及时通知对方，并进行协商，取得一致意见后，再办理发运，由此而影响合同期限，不以违约处理。

第十条　商品从到达承运部门时起，所有权即属乙方。在运输途中发生的丢失、缺少、残损等责任事故，由乙方负责向承运部门交涉赔偿，需要甲方协助时，甲方应积极提供有关资料。乙方在接收商品时发现问题，应及时向承运部门索取规定的记录和证明并立即详细检查，及时向有关责任方提出索赔；若因有关单据未能随货同行，货到后，乙方可先向承运部门具结接收，同时立即通知甲方，甲方在接到通知后 5 日内答复；属于多发、错运商品，乙方应做好详细记录，妥为保管，收货后 10 日内通知甲方，不能自行动用，因此而发生的一切费用由甲方负担。

第十一条　商品的外包装完整，发现溢缺、残损串错和商品质量等问题，在货到半年内（贵重商品在 7 天内），责任确属甲方的，乙方可向甲方提出查询。

发现商品霉烂变质，应在 30 天内通知甲方，经双方共同研究，明确责任，损失由责任方负担。

接收进口商品和外贸库存转内销的商品，因关系到外贸查询，查询期为乙方收货后的 60 天，逾期甲方不再受理。

乙方向甲方提出查询时，应填写"查询单"，一货一单，不要混列。查询单的内容应包括唛头、品名、规格、单价、装箱单、开单日期、到货日期、溢缺数量、残损程度、合同号码、生产厂名、调拨单号等资料，并保留实物；甲方接到"查询单"后，10 日内作出答复，要在 30 天内处理完毕。

为减少部分查询业务，凡一张调拨单所列一个品种损益在 2 元以下，残损在 5 元以下均不做查询处理（零件除外）。对笨重商品的查询（如缝纫机头、部件等的残品）乙方将残品直接寄运工厂，查询单寄交甲方并在单上注明寄运日期。

第十二条　商品货款、运杂费等款项的结算，购销双方应按中国人民银行结算办法的规定，商定适宜的结算方式，及时妥善办理。

货款结算中，要遵守结算纪律，坚持"钱货两清"原则，分期付款应在成交单上注明。有固定购销关系的国有、供销合作社商业企业，异地货款结算可采用"托收承付"结算方式；对情况不明的交易单位，可采用信用证结算方式，或先收款后付货。

第十三条　甲、乙双方的任何一方有违约行为的，应负违约责任并向对方支付违约金。因违约使对方遭受损失的，如违约金不足以抵补损失时，还应支付赔偿金以补偿其差额。如违约金过分高于或者低于造成的损失的，当事人可以请求人民法院或者仲裁机构予以适当减少或者增加。

1. 甲、乙两方所签订的具体合同要求，一方未能履行或未能完全履行合同时，应向对方支付违约合同货款总值_____%的违约金。但遇双方协商办理变更或解除合同手续的，不按违约处理。

2. 自提商品，甲方未能按期发货，应负逾期交货责任，并承担乙方因此而支付的实际费用；乙方未按期提货，应按中国人民银行有关延期付款的规定，按逾期提货部分货款总值计算，向甲方偿付逾期提货的违约金，并承担甲方实际支付的保管费用。

3. 甲方提前交货和多交、错发货而造成的乙方在代保管期内实际支付的费用，应由甲方负担，乙方逾期付款的，应按照人民银行有关逾期付款的规定，向甲方偿付逾期付款违约金。

4. 对应偿付的违约金、赔偿金、保管、保养费用和各种经济损失，应在明确责任后，

10 天内主动汇给对方，否则，按逾期付款处理，但任何一方不得自行用扣发货物或扣付货款充抵。

第十四条　甲、乙两方履行合同，发生纠纷时，应及时协商解决，协商不成时，任何一方均可向仲裁机构申请仲裁或向人民法院起诉。(两者选一)

第十五条　本合同一式 4 份，甲、乙两方各执 2 份，并送交当地人民银行及有关部门，监督执行。

第十六条　本合同（协议）双方签章，依法生效，有效期为 1 年，期满双方如无异议，合同自动延长。凡涉及日期的，按收件人签收日期和邮局戳记日期为准。

开户银行：＿＿＿＿＿＿＿＿＿＿＿　　　　开户银行：＿＿＿＿＿＿＿＿＿＿＿

账号：＿＿＿＿＿＿＿＿＿＿＿＿　　　　账号：＿＿＿＿＿＿＿＿＿＿＿＿

地址：＿＿＿＿＿＿＿＿＿＿＿＿　　　　地址：＿＿＿＿＿＿＿＿＿＿＿＿

传真：＿＿＿＿＿＿＿＿＿＿＿＿　　　　传真：＿＿＿＿＿＿＿＿＿＿＿＿

电话：＿＿＿＿＿＿＿＿＿＿＿＿　　　　电话：＿＿＿＿＿＿＿＿＿＿＿＿

销货方（甲方）签章：＿＿＿＿＿＿　　购货方（乙方）签章：＿＿＿＿＿＿

　　　　　　　　　　　　　　　　　　　　＿＿＿＿年＿＿＿月＿＿＿日

你知道吗

经济合同的法律特征和法律效力

1. 法律特征

（1）合同是一种法律行为，是当事人之间建立的一种民事法律关系。

（2）合同是两个或者两个以上当事人的法律行为，是当事人意思一致的表示。

（3）合同是当事人之间的协议，当事人在合同关系中的法律地位是平等的。

（4）合同是当事人的行为，是一种具有法律约束力的行为，当事人必须依法行使权利和履行义务。

2. 法律效力

《合同法》第八条规定："依法成立的合同，对当事人具有法律约束力。当事人应当按照约定履行自己的义务，不得擅自变更或者解除合同。""依法成立的合同，受法律保护。"

每章一练

1. 国内经贸文书按来源划分为几种类型？请逐一分述。

2. 市场调查报告的基本要素包括哪些内容？

3. 经济预测报告的正文由哪几部分组成？

4. 请简述投标书的特点。

5. 广告的结构包括几部分？分别叙述各部分的写作方法。

6. 经济合同的主要条款由哪些内容构成？

第四章　宣传类文书

教学目标

　　宣传机构常用的文种有消息、通讯、专题、新闻特写、评论等，本章主要介绍了几种基本的新闻文体，学生应了解这些宣传类文书的理论知识和写作结构，掌握常用新闻文书的写作方法和技巧，提高中职生传播文书的写作能力。

教学要求

　　认知：社会靠传播机构提供信息来进行上下沟通，认识传播文书在其中的作用。

　　情感态度观念：宣传类文书是日常生活接触最多的一种文体，掌握新闻文体基本理论有助于理解新闻事件。

　　运用：注意平时读报、听广播，看电视时所接触的新闻文体和稿件，理论联系实际，动手写作，提高能力。

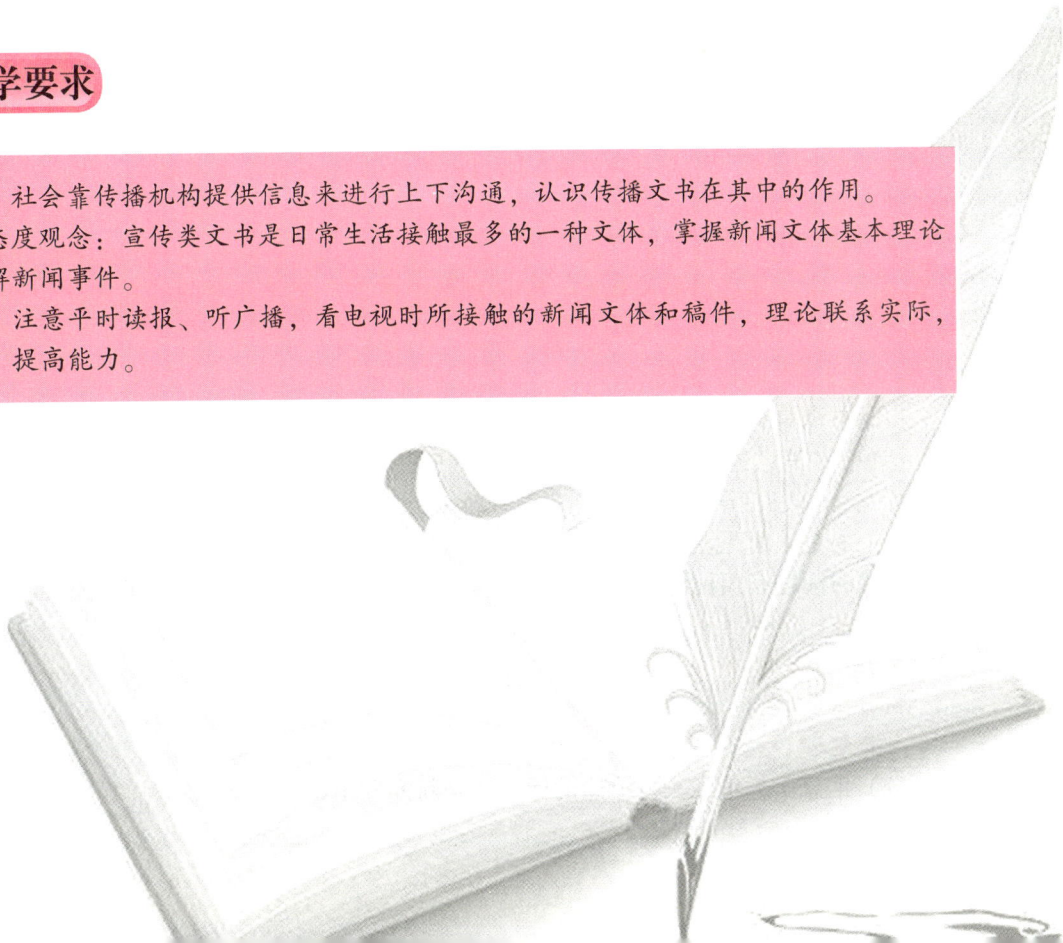

知识点 1　消息和通讯

一、消息

消息是以最直接、最简练的方式报道新近发生或发现的具有一定的社会意义的事实的一种新闻文体，是最经常、最大量运用的报道体裁。

消息一般有六个要素，即何时、何地、何人、何事、何因及如何发生，简称"六要素"，用英语表示就是 When、Where、Who、What、Why、How，简称五个"W"和一个"H"。当然，并不是每一则消息必须包括这六个要素，有时根据情况也可省去一两个。

1. 特点

- "新"：即从时间上说，它报道的是新近发生的事情；从内容上说，它反映的是新鲜、新奇的事情。
- "真"：即它报道的内容必须是真实的。真实是新闻的生命。
- "快"：即迅速快捷地反映现实。
- "短"：即消息一般笔墨集中，篇幅短小，所以有"电报文体"之称。

2. 分类

消息的类别很多，主要的有动态消息、综合消息、人物消息、评述性消息、简讯。

- 动态消息　就是对已经发生、正在发生或将要发生的事件的迅速、简明的报道。这种消息要善于抓住事件的新动态，发现事件的新闻价值。
- 综合消息　就是围绕一个主题，对某一领域、系统、地区带有全局性的情况、动向、成就或问题所作的报道。
- 人物消息　就是以消息的形式及时报道新闻人物的活动及事迹的新闻文体。
- 评述性消息　就是一种以夹叙夹议的手法报道新闻事实的新闻文体。这类消息有述有评，其中述是基础，评是深化。
- 简讯　又称简明新闻，是"短讯""快讯""标题新闻""一句话新闻"等的总称，是内容单一、文字简短的新闻体裁，概括地报道事实，往往只有一个自然段，甚至是一行字、一句话。

3. 结构及写作方法

以动态消息为例，来看一看消息的结构。

（动态）消息的结构公式是：

标题+消息头+导语+主体（+背景材料）+结语

（1）标题　标题是揭示消息主要内容并以醒目的形式刊出的简短文字。

消息的标题有四种形式，可以根据消息的种类和内容灵活选择。其具体形式为：

- 正题，即只有一行标题，又称单行式。
- 引题+正题+副题，又称三行式标题。
- 引题+正题，又称双行式。
- 正题+副题，也是双行式。

（2）消息头　消息头是消息的标志，是新闻发出媒体、地点和时间的交代与说明。

消息头的构成：媒体+地点+时间。

消息头的常见方式有以下几种：

● ××报（台）消息或××报（台）记者报道。指某某报社或广播电台记者、编辑采访、编写的新闻。

● ××台×时从×地报道。表示记者在特殊的时间从事件发生的地点发回的。

● 据××社或《××报》报道。表示删节了原文（无"据"表示未删节）。

● 《××报》综合消息。表示综合编发本报及其他新闻媒体同一事件的新闻。

消息头空两格书写，字体一般较粗。

（3）导语　导语多是紧接消息头之后的第一个自然段或第一句话，有时也可由两个甚至两个以上的自然段组成，称为复合导语。它报道消息的主要内容，一般由新闻要素中最主要的要素提炼构成。

导语的种类主要有：

● 概述式，即提纲挈领地叙述消息的主要内容和主题思想。

● 评论式，即用夹叙夹议的方法对新闻作简要评论。

● 描写式，即采用描写的方式，再现现场场景或气氛。

● 引语式，即在导语中引述有关的言论，借以点出消息的中心内容。

● 疑问式，即采用设问的方式，先鲜明地、尖锐地提出问题，再简要问答，或者在下文再作回答。这样写，能引起读者的关注和思索。

（4）主体　消息主体又称"消息躯干""消息主干"，是消息中最基本、最重要的部分。它紧承导语，对导语中简要表述的内容进一步用事实作具体的阐述、解释或回答，对导语中未提到的次要材料进行补充说明。

主体部分的结构有：

● 纵式结构，即按照事件发生的时间顺序来安排层次，适用于单一事件性新闻或动态性消息的写作。

● 横式结构，即按事物的逻辑顺序来安排层次，适用于评述消息的写作。

● 纵横结合式结构，这是前两种结构的交叉使用，尤其适用于综合消息的写作。

（5）背景材料　背景材料就是消息中有关新闻事实的历史、环境和原因等进行解释说明的材料。它并不是消息结构上的一个独立部分，也不是每篇消息都有的。

常用的背景材料有：

● 对比性材料，即对事物进行前后、左右、上下、正反等对比衬托的材料。

● 说明性材料，即介绍有关的政治背景、历史演变、思想状况、地理环境、物质条件等的材料。

● 注释性材料，即对消息中有关内容进行简要解释的材料。

（6）结语　结语即结尾，是消息的结束语。并不是所有的消息都有结尾，一篇消息是否写结语，要根据实际需要而定。

结语的类型主要有：

● 小结式，即对陈述的事实加以小结，突出主题，强化受众印象。

● 交代式，即就报道的事实进行必要的交代，使受众对整个事件有更清楚的了解。

● 评论式，即对报道的事实进行评论，起到画龙点睛的作用。

● 号召式，即就所报道的事实水到渠成地发出号召，表明意图。

结语应是对全文的圆满的收束，要写得简短精练、新颖生动。

4. 写作内容要点

（1）内容要新鲜　要在选择题材上下工夫，从比较中发现什么才是新的事实、新的成就、新的经验、新的见解、新的问题。

（2）事实要准确　采写消息，一定要把事实弄清楚，并且核对无误。真实性，是新闻的生命之所在。

（3）要讲究时效性　无数事实表明，在当今世界，同一重要事件，不要说迟发一天半天，就是迟发几小时、几分钟，我们的消息便会在竞争中失利，在舆论上遭受不应有的损失。

（4）要提高消息的"含金量"　消息写作提倡"短些，短些，再短些"，但也不能短到空洞无物的地步，而应力求短而有丰满内容，短而实。

（5）要写得通俗、生动、形象，具有可读性。

📖 例文

[本报上海消息] 从有关方面获悉，今年 5 月份，上海民航管理制区域航班月飞行量历史性地突破 1 万架次。

近年来，上海航空市场发展迅速，每年以 30% 的速度大幅度增加。目前，每天进出上海虹桥国际机场飞机已达 150 余架次，在上海管制区域内飞行达 550 架次。据有关人士分析，在未来的日子里，航班飞行量将继续保持居高不下的状况。

你知道吗

消息的两种写作结构

1. 倒金字塔式：即按重要性依次递减的原则排列材料的消息结构形式。

倒金字塔起源于美国的"南北战争"（1861—1865 年）时期。其时，电报刚刚发明，发报机在使用时常常出现故障，故战地记者在发稿时，总是先说最重要的内容，以免发报机出现故障时最重要的东西反倒传不回去，从而形成"倒金字塔"的雏形。

百多年来，倒金字塔式结构统领着消息写法的天下，"独领风骚百余年"，是因为它在多个方面有着明显的优势：便于记者迅速发稿；便于编辑删改编排；便于读者阅读接受；能够促进消息的快速传播和交流。

2. 金字塔结构：就是按内容的重要性递增次序和事件发展的先后顺序来安排结构，即次要的内容或先发生的情况在前，重要内容或后发生的情况在后，呈金字塔状。

二、通讯

通讯是以叙述、描写为主要表达方式，具体、生动、形象地反映新闻事件、典型人物或典型经验的新闻体裁。通讯有时也称为通讯报道，是报纸、广播等新闻媒体的一种主要文体，它是一种运用多种表达方式，具体生动、及时地报道具有新闻意义的人物、事件和情况的新闻文体。通讯是由消息发展而来的，可以说是消息内容的扩充。

1. 特点

(1) 新闻性 通讯同消息一样，要求内容完全真实，讲求时效。同时，它要求所选人物或事例是典型的、新颖的，具有时代精神或气息的。

(2) 文学性 通讯可借用某些文学手法来刻画人物、渲染环境、描写细节、巧妙布局，增强形象性、逼真感和生动性。

(3) 评论性（倾向性） 通讯可紧扣对象，进行讨论、抒情，直接或间接表明作者的倾向，以此感染受众。

(4) 完整性 通讯须相对完整，具体地报道人物或事物的过程。消息侧重写事，叙述简明扼要，一般不展开情节。通讯可写人物也可写事件，其材料比消息丰富、全面，其容量比消息厚实、充足。它要求详尽、具体地报告事件的经过、演绎人物的命运，充分展开情节，甚至描写细节和场面。这些既是生动性的表现，同时也是内容完整性、具体化的要求。

(5) 生动性 运用文学创作的手法，展开情节，描写人物，勾画场景，为读者提供一个个真实而鲜明的形象。

2. 分类

(1) 人物通讯 是用来报道新闻人物典型事实的一种通讯体裁。这种通讯的篇幅一般较长，着重描述人物的言行和事迹，反映人物的个性特点和精神面貌。它以一种真实、及时地报道特定人物的事迹来深刻地揭示其精神境界，真实地再现生动具体的、能激发读者思想感情的人物形象。

人物通讯报道的对象有两类。一类是写先进个人和集体的，这类通讯是以报道代表时代发展方向的英雄模范人物、社会主义新人的先进事迹与成长过程为主的通讯，在新闻作品中占有相当重要的位置。另一类是报道转变中的人物和有争议的人物，这类报道开阔了人物通讯报道的路子。

(2) 事件通讯 是报道具有典型新闻意义的新闻事件的通讯体裁。这种通讯注重报道有强烈新闻性的典型事件，较为详细完整地介绍事件的来龙去脉与发展过程及作用、影响，报道具有典型意义的事件。事件通讯以记事为主，一般有一个中心事件，其他的人和事都是围绕着这件事展开的，要具体地写出事件的发生、发展和结果，交代事情的来龙去脉，介绍具体情况，指出它的典型意义，体现时代精神。

在选材时就要注意选择事件的典型性，注意它是否能够体现出时代的风貌。在具体写法上，可以按照事件的发展顺序来写，也可以按照不同方面来写。还有的事件通讯是揭露现实中存在的问题和矛盾的，也就是人们所说的"报忧"。这类通讯更要注意事件的准确性，要注意掌握分寸，积极促使矛盾转化和问题解决。

(3) 工作通讯 是通过报道分析当前实际工作中的经验、问题、教训以指导、推动工作进展的通讯形式。这类通讯面对广大受众，有现实针对性，容量较大，多以第三人称作客观报道。着重反映实际工作中的经验或教训。它有较强的针对性和指导性，往往和各级领导部门的工作有直接关系和影响。它从现实工作中考察路线、方针和政策的执行情况与问题，指导与推动实际工作。因此选材要注意能抓住当前工作中普遍存在的、重要的、关键性的问题，这样才能起到指导作用。写作中要注意用事实说话，写得生动、具体，读后才会使人产生深刻印象。工作通讯还要注意时效性，要在大家正在关心、需要的时候写出，这样才能起到应有的作用。

(4) 风貌通讯 又称概貌通讯，主要是从整体上扼要地报道一方一地的社会面貌、今昔变化、自然风光、风俗习惯等为主的通讯体裁。这种通讯的题材广泛多样，时空跨度较大，并有多种表现形式。风貌通讯是着重描绘社会变化、时代风尚及风土人情的通讯体裁。它一般是反映新貌，抓住特色，点面结合，开阔读者视野，增长读者知识，给人以美感和现场感。大多数的风貌通讯对风情状况作轮廓式的反映，因此人们又将风貌通讯称为概貌通讯。报刊上常见的"见闻""巡礼""侧记""纪行""掠影""拾零"等，都属于风貌通讯。

3. 结构和写作方法

通讯的基本结构为：标题+作者+开头+主体+结尾

（1）标题　通讯的标题从结构上分，有两种：

● 单一型，即只有正题。

● 复合型，即正题+副题。

与消息不同的是，通讯一般没有引题。

（2）作者　位于标题正下方，居中书写。作者前面一般要标明其所属单位。

（3）开头　是正文的开始部分，一般要点出报道的主要对象。

（4）主体　是通讯的主要部分，所占篇幅最长。由于通讯的内容较多、篇幅较长，主体部分常常划分为若干层次，并冠以小标题的形式。

通讯的主体有三种结构。

● 纵式，即按时间顺序、事物发展的顺序或作者对报道对象的认识顺序安排材料。

● 横式，即以空间转换或按事物性质层次安排材料。

● 纵横结合式，即上述两种结构同时使用，既注意时间顺序，又注意空间顺序或事物的性质层次。

（5）结尾　即通讯的结束部分。

4. 写作内容要点

（1）善于确立典型

（2）围绕主题选取材料

（3）认真构思，巧妙布局

通讯各个部分的内容和要求有所不同，现分述如下：

● 标题要求醒目。

● 开头通常要概述事件的基本情况，简要介绍人物，交代中心思想或提出问题等。

● 主体，是通讯的主要部分，所占篇幅最长。在这一部分中，要具体记人、叙事、描景、状物、抒情、议理。

● 通讯的结尾也比较灵活，可将事件或人物作以小结，或作以简单评论，或展望前程、描绘远景、发出号召等。

（4）写活人物，展现精神　在通讯中，大都是把新闻人物作为报道中心；即使是事件通讯，也离不开人。因此，写通讯报道，要用心刻画人物形象，努力把人物写好。

（5）叙议结合，手法多样　通讯的主要表达方式是叙述和描写，但一篇好的通讯，不仅要叙述得法，描写具体，还应有恰到好处的评议和恰如其分的抒情，这也是通讯与消息的区别之所在。

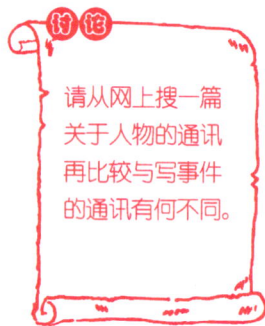

> 讨论
>
> 请从网上搜一篇关于人物的通讯再比较与写事件的通讯有何不同。

例文 事件通讯

八十三天的"打工梦"

——向明春外出沈阳遇难获救备忘录

蒋天兵

天有不测风云，人有旦夕祸福。谁也不会相信，一个身强力壮的男子汉，外出打工归来时，却成了一个失去四肢、生活不能自理的残疾人。眼前的他，年过40岁，是四川省广安县石笋镇文昌街居民向明春。提起他的不幸遭遇时，人们议论纷纷："是沈阳人民救了他的命，外出打工真难啊！"

今年3月1日，向明春带着挣钱的梦想，告别爱妻和两个未成年的女儿，去大连市打工。当他来到广安火车站时，突然改变主意，决定去沈阳。3月6日，当他抵达沈阳下车时，才发现自己那个装有衣服、身份证和100多元现金的行李包被扒手洗劫一空。

3月7日，向明春拖着疲惫的身体，穿梭于沈阳北站附近，盲目找工无着落。当晚，他蹲在候车室里过夜，晚上没有衣服增添，没有被子盖，又无钱购买所需物品，冷得发抖，只好蜷缩在长条椅上。由于他没有身份证，无处住宿，一连几个晚上都被拒之于候车室和旅馆的大门外。不明真相的值班人员错把他当成流浪汉，他有口难言，欲哭无泪。就这样，他白天走街串巷，寻找四川老乡，晚上露宿沈阳街头。当时，春寒料峭，沈阳的气温零下10多度。日复一日，他忍饥受冻，双手双脚便不知不觉地冻伤了。3月13日，当他路过沈阳钢厂基建处时，这个身高1.65米的汉子终于倒下了，他的四肢已经冻僵了。此刻，幸好被队长王宏宽发现，询问情况后，王队长立即给他找住宿，并安排在这里打工的四川射洪县刘博给他端水、喂饭，扶他大小便。他在钢厂住了7天，伤情稍好，又回到车站等候家里人来接他。这期间，他靠乞讨度日，每晚躺在售票厅外面的石阶上，导致冻坏的手脚流出血水，周身麻木。一些好心人目睹此情此景，一方面洒下同情之泪，一方面请求新闻界为他呼吁。

4月7日，在沈阳电视台记者赵阳、张吉顺等人的帮助下，叫来救护车，把向明春送到沈阳市第四人民医院观察治疗，医院还专门雇请一位民工照顾他。赓即，沈阳电视台播放了向明春冻伤住院的新闻，引起当地群众的关注，沈阳市政府很快与广安县政府联系，通知其亲属火速赴沈。向明春之妻柏长余接到电报后，心急如焚，她东拼西凑，好不容易凑齐500元钱，去邮局电汇到向明春所住的医院。接着，柏长余又想方设法筹措路费，她怀揣着镇粮站、供销社、医院、学校等单位职工和乡亲们捐助的1 100多元现金，在广安县石笋司法所律师李正法的陪同下，搭乘了驶向北国的列车，于4月18日抵达沈阳。当柏长余见到自己丈夫面黄肌瘦、双手双脚用布包裹着的模样，禁不住泪如泉涌。向明春见到亲人突然出现在病床前，顿时悲喜交加。不一会儿，李正法和柏长余查看了患者的病情，因冻伤严重，导致四肢腐烂，如不及时做四肢截除手术，将直接危及病人的生命安全。医生说："现在，患者的臭味熏人，污染了整个病房，住院的病人对此提出抗议。要救向明春的命，必须做截肢手术！"

为了救人，李正法和柏长余请求医院立即给病人作截肢手术。然而，当柏长余得知手术、输血等费用大约要用1万多元时，急得六神无主。天哪，她哪里交得出这么多钱呢？为难之际，李正法陪她去找市长张荣茂求援，张市长当即表示："先做手术。救人要紧！"沈阳电视台率先捐赠1 000元，交给医院为向明春做手术，并拍摄电视新闻播出，再次呼吁各界人士为四川患者奉献爱心。4月21日，沈阳市政府、卫生局、医政处、民政局、红十字会的领导和同志们聚集医院现场办公，分别听取了患者病情、家庭经济状况的汇报，拍板解决了医疗费用。李正法和柏长余才如释重负。4月23日，医生们给向明春冻坏的四肢做了截除手术，当地广播、电视及报社作了报道。手术后，许多人从四面八方涌向医院，有的送来现金，有的送来糖果、馒头和面包……，用爱点燃了他的希望之火！

冻伤无情党有情，惨遭不幸遇恩人。经过43天的精心治疗和特殊护理，向明春终于痊愈了，1.5万多元医疗费，只交了1 500元，其余费用全部由医院承担。5月20日，向明春在亲人的护理下出院启程回四川。临走时，辽宁森工地板实业公司余经理给他捐款1 500元，沈阳市民政收容遣送站赠给他500元……

沈阳电视台记者摄下了人们为他送行时那一幕幕感人肺腑的场面。从沈阳到北京直到广安，他沿途受到特殊照顾，一律免费乘车、吃饭。北京到重庆的9次特快列车全体乘务员给向明春捐款445元，并给他写了一封热情洋溢的慰问信。一路上，不少乘客都给他送钱送物送水果……。这一切的一切，向明春看在眼里，记在心上，他不知有多少感激的话儿要说啊！

5月23日，向明春终于从遥远的北国回到了生养他的家乡。从出走到归来，整整83天，他历尽艰辛，饱受了人间的冷暖。连日来，乡亲们纷纷前去看望他，为他奉献一片爱心；县、镇、村的干部们也去安慰他，为他排忧解难。

夜幕降临，向明春躺在他那睡了多年的床上，万感交集。

正欲外出打工的人们，你能从向明春的遭遇中吸取什么教训呢？

你知道吗

消息与通讯的区别

消息比通讯的时效性更强；通讯比消息的篇幅一般要长；通讯的文学色彩和主观色彩比消息一般要浓烈。

通讯与消息的区别具体表现为：

外表形式：消息的开头常注明"本报讯"或电头之类，通讯则无；

表现对象：消息侧重记事，通讯侧重写人；

表现方法：消息要求概括性强，要求一事一报、简洁明快、以事动人，因此主要以叙述为主，通讯则要求具体性、形象性强，它取材范围广，体裁容量大，要求完整地报道人和事，要展开情节，描绘典型的场面，因此，表现方法灵活多样、变化多端，叙述、描写、抒情、议论、说明要综合运用；

结构形式：消息的结构相对固定，基本形式为倒金字塔结构，通讯则灵活多变、自由奔放，根据对象和表达的需要而采取多种结构；

在人称上：消息多用第三人称，通讯可用第三人称，也可用第一人称；

在篇幅上：消息通常一事一稿，篇幅较短。通讯在一个主题下，要从多方面去表现，篇幅一般较长；

在时效上：消息要争分夺秒，时效性强。相对来说，通讯则不像消息那样严格，同一题材的消息、通讯，往往先发消息，后发通讯。

知识点 **2**　演讲稿和广播稿

一、演讲稿

演讲稿是一种实用性比较强的文体。是为演讲准备的书面材料。

演讲是在公众面前就某一问题发表自己的见解的口头语言活动。它的特点是：第一，它是在人与人之间进行的；第二，它有一定的时间性；第三，它是为了阐述某一问题或整理而开展的；第四，它带有一定的鼓动性和说服性。像演讲比赛、典礼致辞、会议发言、学术讲座、科研报告、竞选演说、就职演说、法庭陈述等，都带有演讲的性质。演讲稿是演讲用的文稿，也是演讲的依据。它是为演讲服务的，是体现在书面上的讲话材料。演讲有内容、目的的不同，演讲稿也具有不同的形态，有报导、有说明、有论辩、有答谢等。

演讲稿的作用有：

- 整理演讲者的思路、提示演讲的内容、限定演讲的速度；
- 引导听众，使听众能更好地理解演讲的内容；
- 通过对语言的推究提高语言的表现力，增强语言的感染力。

1. 特点

（1）内容上的现实性　演讲稿是为了说明一定的观点和态度的。这个观点和态度一定要与现实生活紧密相关。它讨论的应该是现实生活中存在的并为人们所关心的问题。它的观点要来自身边的生活或学习，材料也是如此。它得是真实可信的，是为了解决身边的问题而提出和讨论的。

（2）情感上的说服性　演讲的目的和作用就在于打动听众，使听者对讲话者的观点或态度产生认可或同情。演讲稿作为这种具有特定目的的讲话稿，一定要具有说服力和感染力。很多著名的政治家都是很好的演讲者，他们往往借助于自己出色的演讲，为自己的政治斗争铺路。

（3）特定情景性　演讲稿是为演讲服务的，不同的演讲有不同的目的、情绪，有不同的场合和不同的听众，这些构成演讲的情景，演讲稿的写作要与这些特定情景相适应。

（4）口语化　演讲稿的最终目的是用于讲话，所以，它是有声语言，是书面化的口语。因此，演讲稿要"上口""入耳"，它一方面是把口头语言变为书面语言，即化声音为文字，起到规范文字、有助演讲的作用；另一方面，演讲稿要把较为正规严肃的书面语言转化为易听易明的口语，以便演讲。同时，演讲稿的语言应适应演讲人的讲话习惯，同演讲者的自然讲话节奏一致。

2. 结构和写作方法

（1）开头　演讲稿的开头也叫开场白。俗话说"好的开头是成功的一半"，开场白是演讲稿中很重要的部分。好的开场白能够紧紧地抓住听众的注意力，为整场演讲的成功打下基础。常用的开场白有点明主题、交代背景、提出问题等。不论哪种开场白，目的都是使听众立即了解演讲主题、引入正文、引起思考等。好的开头可以吸引听众，打开场面，与听众建立起情感交流的双边活动关系，获得好感与信赖，创造出适合演讲的气氛和环境等。

开头的方法很多，有的开场就揭示讲演的中心或重点，使听众的注意力马上集中到讲演的主题上来；有的一开始先交代讲演的背景、缘由，使听众很快了解讲演的目的，从而排除疑惑，专心听讲；有的则从日常生活或切身体会入手，借助某件事、某一比喻或一段笑话引入正题，从而唤起听众的兴趣；有的用设问开头，突然提出问题，引人关注；有的先引用格言、警句，领起下文。

（2）主体　演讲稿的质量如何，取决于主体内容。主体必须有重点、有层次、有中心语句。演讲主体的层次安排可按时间或空间顺序排列，也可以平行并列、正反对比、逐层深入。由于演讲材料是通过口头表达的，为了便于听众理解，各段落应上下连贯，段与段之间有适当的过渡和照应。主体部分要针对演讲主题的具体情况加以展开。演讲稿的主体结构，常见的有：

- 并列式。就是一个问题一个问题分开论述，最后归纳。
- 层进式。即一层深入一层地论述。
- 抑扬式。即采用抑扬手法，使演讲曲折变化。一般采用"先抑后扬"式或"抑扬交替"式，使演讲跌宕起伏，变化多姿。
- 对比式。把两种不同的意见、两种不同的情况，进行对比。

（3）结尾　结尾是演讲内容的收束。它起着深化主题的作用。结尾的方法有归纳法、引文法、反问法等。归纳法是概括一篇演讲的中心思想，总结强调主要观点；引文法则是引用名言警句，升华主题、留下思考；反问法是以问句引发听众思考和对演讲者观点的认同。此外，演讲稿的结尾也可以用感谢、展望、鼓舞等语句作结，使演讲能自然收束，给人留下深刻印象。

常见的结尾方式有：衷心肯定，热诚赞扬；发出号召，鼓舞人心；前后呼应，首尾圆合；提出问题，引人思考；幽默生动，趣味横生；巧妙援引，诗文做结等。

3. 写作内容要点

- 大多数演讲稿如同一篇议论文，有主要观点，有对主要观点的论证。一篇演讲稿最好只有一个主题，这是由演讲稿的特定情景性和时间性所决定的。在一个有限的时间段内，完全借助于语言、手势等向听众讲明一个问题或道理，同时又要说服听众，就要求在写作演讲稿时一定要突出主题、观点鲜明。

- 主题选定了，还要收集相应的材料对之进行论证。材料的选择要通俗，要选择大多数人都知道的、听得懂的，而不能选择太生僻的、很少有人知道的。因为演讲一即时表演，听众没有时间去验证或查找这些材料的内容或是出处。因此，在准备演讲稿之前首先要了解听众的情况：他们是些什么人，他们的思想状况、文化程度、职业状况如何，他们所关心的问题是什么等。掌握了听众的特征和心理，在此基础上恰当地选择材料、组织材料，是演讲成功的必要条件。

- 写作演讲稿还有一个特别要注意的，就是对演讲节奏和时间的把握。每一场演讲都是有时间限制的，少则一分钟，多则一两小时甚至一天，演讲者必须把握自己演讲的速度和内容，既不能时间到了，还没有讲完，也不能距离演讲结束还有一段时间，而演讲者已经无话可说了。演讲稿对于演讲速度和节奏的把握有着极其重要的作用。写作时，要不时地停下来，用自己的正常语速大声朗读，根据朗读的结果调整演讲的内容。另一方面，还要根据演讲时间的长短调整要讲的内容，做到整场演讲的音调有高低起伏、节奏有轻重缓急、情绪有高涨有低潮，波澜起伏、收舒有度。

- 最后，演讲稿还要在情绪上具有较强的感染力，语言上做到生动感人。在没有时间限制的情况下，尽量做到短而精，在听众的精力分散前戛然而止，余味悠长。

例文

学习经验交流

期中考试结束了，同学们是收获了一份辛勤耕耘的果实，还是频频感叹"早知今日，何必当初"呢？然而，许多事情都是一样的，要想达到事半功倍的效果，那就要讲究方法。我总结了一下我所了解的一些有关学习的方法，虽谈不上什么经验，但也是本人的一些见解。

我在语文方面学得比较得心应手，所以我今天就拿它来做个例子。对于语文，我主要注意两个方面，一是古诗文，二是作文。

古诗文重点在于阅读，所谓"书读百遍，其义自现"。我认为读诗文不在其本身，而要体会它的意境，这样才能很好地表达出作者的写作目的和他的情感。

在作文方面，有时候，有的同学一提笔就想：我一定要写得很好，可是，结果往往事与愿违。其实，在我看来，写作文要一气呵成！把自己融入其中，你不要想自己要用多么多么好的修辞，用多么多么优美的语言，其实这样更难表得出你的真情实感。我总觉得，不要把作文看做是在完成任务，而是把它看做是在抒发一种感情，是在对纸叙述自己心中想说的话，顺其自然地写下去，这样你就不会有太多的顾忌，而且你写完后会发现原来自己也是可以当作家的。

我想，别的科目应该也跟学语文一样，不要单单把它当成一种任务去完成，而是要把自己融入其中，投入地去做才好。学好一个科目不仅要讲究方法，兴趣也是十分重要的。每个科目都有每个科目的适用性，有的是教你一种思考方式，有的则是教你一些常识或者一种技能，比如数学，有些人肯定会想，以后工作用得到吗？肯定用不到，难道会有老板拿一道数学题让你去解？它只是教你如何去思考一个问题，如何去解决问题而已。

在考前，复习是我们必须要做的一件事。许多同学平时没有认真学，总是靠考前的一段时间来临时抱佛脚，混个脸熟，考试的时候就有个印象。其实这是一个很不好的习惯，一旦养成了，后果就不堪设想。看过地基没打好的高楼吗？学习也是一样的，如果那样下去，早晚有一天会像伪劣工程一样倒塌掉，到时候挽救就来不及了。但是考前的复习也是不可少的，它可以巩固你的知识，也可以弥补你的过失，从而使你更有信心地去面对考试。

考场上的表现可以决定你的一切。我就亲眼看过一个重点高中的重点班的班长，就因为高考发挥失常，最后也只落得一个大专。考试时最重要的是保持一个良好的心态，能够全神贯注地投入到解题中去，而不要想考试的最后成绩会是怎么样。考前注意休息好，宁可复习少一点时间，也保证考试时有充沛的精力。考试时先易后难，要能够狠心跳过难题，不要有心理负担，要立刻投入到后面的解题中去，不要想太多，不会就放过，别担心，因为既然是难题，那就肯定大家都难，怕什么！只要能够这样想，我想一切都可以把握在你的手中。

其实，说了这么多，归根究底还是在于我们自己，就是一定要自信，不要自卑，这次考不好了，并不一定是件坏事，也许你可以从中更深地了解自己的缺点，并且能够得到更好的解决办法，也许可以作为你下一次考好的一个动力。最后，我用李白的一句诗来结束今天的讲话："长风破浪会有时，直挂云帆济沧海！"

二、广播稿

广播稿是为广播电台、电视台、广播站等传播媒介而写的一种特殊的新闻文体。一般包括消息、通讯、专访、特写、新闻评述、听众来信等各种具有新闻特征的文章。

广播稿不是指一种体裁的名称，而是指广播媒体中经常使用的各种新闻类文体的统称。

1. 特点

广播稿属于新闻的一种，它包括新闻的一些特性。一篇完整的广播稿就必须包括新闻的六要素：即何时 When、何地 Where、何人 Who、何事 What、何因 Why、何果 How；其次，还要具有新闻的四个特点：即快、真、短、新。

（1）报道快　即报道要及时，要第一时间拿去报道，不要等过了几天才拿去，那就没有新闻价值了；

（2）事实真　真实是新闻的生命。新闻中的人物、时间、地点、数字等都要求准确无误，绝不能道听途说或是凭空捏造；

（3）篇幅短　短，就是语言简明扼要，但简短要以内容充实、叙述清楚、重点突出为原则；

（4）内容新　"新"，指发生在一两天之内的事件，同时，角度也要新，要选择新的报道角度，发掘新的东西，给人以新的感受和印象。

2. 结构和写作方法

●广播稿要写标题。好的标题是成功的一半，如果一篇广播稿能有一个好的标题，那么就会给人以好的印象。广播稿的标题不一定要求必须要有文采、诗韵，但应尽量反映整个报道的主题，让人听了题目就能明白整个报道的大概内容了。希望同学们养成写标题、写好标题的习惯。

●广播稿要有一个明确的主题思想。

●广播稿应该报道的是已经发生或是正在进行的事实，如果不是重大活动或会议等，就没有必要报道其计划、筹备工作。

●注意人称的使用。广播稿应该以第三人称来写，最好不要以第一人称来写。

●避免犯一些简单的语法错误。

●一事一报。一篇广播报道一件完整的事情就可以了，不要把几个报道放在同一篇广播稿报道，从而使其混杂化了。一篇一报可以使内容更集中化、单一化。

●广播稿应该统一使用稿纸或是使用打印稿，这是最基本的要求。

广播稿一般不采用网状形、纵横交叉式等复杂的结构方式，大多采用时间顺序结构或逻辑结构。具体要求有三个方面：一是主要线索单一，也就是说一篇稿件只围绕一个中心问题来展开；二是构思独特新颖，这主要是为了能吸引听众的注意力；三是层次结构要分明，上下连贯，过渡自然，前后照应，使听众听完全文后对主要内容能够一清二楚。

例文　运动会广播稿

阳光不锈

秋阳普照大地，那攒动的人群

在呐喊声与歌声中意气风发
那奔跑的身影
融入秋日的阳光
阳光不锈
青春的阳光在悄悄地流淌
流淌在那鼓声里
流淌在那奔跑的脚步里
流淌在那发令枪的声响里
生命浸润在阳光中
阳光不锈
运动的生命在阳光里展现风采
生命的凯歌在阳光中走向辉煌
运动的序幕已经拉开
让我们用运动的火光来点燃生命的激情
生命阳光永不锈

致大会

晨风轻轻地唤醒骄阳
校园的操场传来发令枪的声响
彩旗与呐喊声一起在飘荡着
心和起点紧紧的相连
用青春和热血来铺洒白色的跑道
用激情点燃胜利的曙光

运动员之歌

我知道，该来一定会来的。
你只要，全身心准备好。
梦想在前方我们向前奔跑，
生命中谁都要有个目标。
谁在风中，风中燃烧。
谁在雨中，雨中舞蹈。
梦想前方，就在今朝。
让世界把我们知道！

赛场上的旋律

你听那激烈奔跑的脚步声，
震撼大地。
你听那欢呼加油的呐喊声，
催人奋进。
赛场上的旋律，
如旋风般急速，
如号角般激扬，
如激流般奔腾不息。
创新！突破！超越！

永远是赛场上最激动人心的旋律。

致运动会

秋季气爽彩旗飘，

运动健儿逞英豪。

千呼万喊齐加油，

场上场下都骄傲。

今日练出好身体，

誓为祖国立功劳。

德智体美齐发展，

祖国明日更美好。

掌声响起来

这里需要激情，

这里需要呐喊，

这里同样需要掌声。

当你乘胜而归，

我们为你鼓掌，为你祝贺，

当你失败而来，

我们同样为你鼓掌，为你骄傲。

当掌声再一次响起的时候，

你已经站在了起跑线上，

朋友，向前冲！

我们在为你鼓掌。

你知道吗

写好广播稿的几点建议

1. 通俗口语化

广播稿是用耳朵听，要求语言明白易懂、口语化，口语化要求写"话"而不是写"文"。

(1) 多用短句，少用或不用长句。

(2) 少用方言、土语，尽量不用群众不熟悉的简化词或简称。

(3) 少用书面词汇、文言词汇和单音词。把单音词改成双音词；书面语改成口头语；文言词改用白话；音同字不同的词要改换。

(4) 不宜用小括号、破折号、省略号，因为其中的内容不便读出来；那些表示否定含义的引号也尽量不用，改用"所谓的"。

2. 结构简洁明了

广播稿由于受到时间的限制，更要注意干脆利落。

(1) 突出句子的主干，不滥用不必要的附加成分。

(2) 用准确的词贴切地表达要说的意思，不说空话、套话。

（3）不用倒装句，不用倒叙和插叙。广播稿的叙事，一般按事物过程的发展顺序，因为这样顺乎人们听的思路和习惯。

3. 生动活泼

（1）采用多种写作方法，避免单调乏味。

（2）句式富于变化，运用设问、排比、对偶等句式，使文章有文采；适当选择主动句、被动句、肯定句、否定句等句式使文章有感染力。

（3）具体的事例比抽象的议论更能吸引听众的注意力。

4. 主题单一集中

开头要吸引观众，主体要设计悬念，结尾要不落俗套。

5. 音调和谐

广播稿要避免连续出现仄声字，平仄声要互相交错、配合得当，读起来就会抑扬顿挫，悦耳动听。

知识点 **3** 解说词

一、含义

解说词，顾名思义即口头说明解说的词。也可以说，解说词是"口头文学"。它依靠文字对事物、事件或人物描述、叙说，用词语的渲染来感染受众，使人们在对其所表述的内容有所认识和了解的同时，起到更进一步加深认知和感受的作用。就电视专题片的解说词而言，它是对电视画面内容的文字解释和说明。它是对人物生平事迹、旅游景点、展览陈列品（包括实物、图片）、影视新闻纪录片的画面等进行解释、说明的一种应用性文体。

二、作用和分类

1. 作用

解说词有补充视觉和听觉的作用。电影解说词、文物古迹解说词、专题展览解说词等，可帮助观众在观看实物和形象的过程中，让其在发挥视觉作用的同时，也发挥听觉的作用。

解说词是供群众听的，是通过语言的表达来宣传和教育群众的，为此要求读起来上口、听起来顺耳。另外，解说词是对实物和形象的解说，以实物和形象为写作依据，它起着起承和转合的作用。全篇结构不苛求严谨，段落之间不苛求紧扣。这种文体不是干巴巴的说明和说教，而是通过形象的语言对实物和形象进行描绘，文艺性很强。从某种意义上说，它是说明和诗词的结合。一篇好的解说词，就是一首感人的诗词。

2. 分类

（1）人物事迹展览解说词　这类解说词介绍的人物对象主要是伟人、名人、先进人物，主要内容包括人物的生平经历、事迹、思想观念、成就贡献等。其结构方式通常采用总分式：先是前言，简要地总说人物的概况（包括姓名、籍贯、身份、地位、主要贡献等）；然后是主体，可按时间顺序分成若干个板块，依次介绍人物在各个时期的具体事迹，也可按内容的内在逻辑关系分板块介绍人物各个方面的具体事迹。这种解说词以说明为主，只是在对人物作评价时才用议论和抒情。

（2）导游解说词　这类解说词在表达方式上以说明和描写为主。结构上一般由引言、总说、分说、结束语四个部分构成：引言主要写对游览者表示欢迎、导游的自我介绍等内容；总说部分主要是对游览地的景观作总体介绍，使游客有一个大概的印象；分说部分是对游览地的景点进行具体生动的解说，其结构方式一般采用空间转换式；结束语是导游在游览结束时对游客说的礼节性交际用语。

（3）影视新闻纪录片解说词　影视新闻纪录片的解说词要扣住画面的内容，按画面转换的顺序编写，并且要将真情实感融入解说词中，做到以情动人。影视新闻纪录片中的解说词文体形式多样，可写成一篇结构完整的新闻，可写成一篇富有文采的抒情性散文，也可扣住画面的主要内容写成若干个相互独立的片断性解说词。

三、特点

1. 图画和实物的结合

解说词是配合实物或图画的文字说明，它既要便于讲解，又要便于观众一目了然。这就必须三言两语，用不多的文字把实物介绍给观众，使观众在观看实物或图画时，借助于简明的文字介绍，对实物或图画获得深刻的认识。

2. 实物陈列顺序的结合

解说词是按照实物陈列的顺序或画面推移的顺序编写的。陈列的各实物或各画面有相对的独立性，反映在解说词里，应该节段分明，每一件实物或每一个画面有一节或一段文字说明。在书面形式上，或用标题标明，或用空行表示。

3. 结构形式的分合性

由于解说词是针对画面、实物、场景的具体内容而编写的，因此在结构形式上可分可合。所谓"分"，即各个画面或场景的解说词可写成具有相对独立性的片断，如展览会的解说词通常采用这种结构形式。所谓"合"，即围绕中心，按时间或空间转换的顺序将各个画面、各个景点的内容组织成一篇完整的解说词。

4. 表达方式的多样性

解说词虽然是一种说明性较强的文体，但表达方式的运用是多样化的，有说明、概括性的叙述、描写，也有抒情和议论。当然，不同类型的解说词其侧重点是不同的：对展览会上的实物、图片的解说一般以说明为主，对风景旅游点的解说一般以说明和描写为主，有些电视新闻片的解说以概括性叙述为主。

> 讨论
>
> 你认为解说词应求实吗？

5. 语言表述的可听性

解说词的语言必须注重可听性。一方面要尽量通俗明白，让人一听就懂；另一方面要努力做到生动形象，让人喜欢听。只有做到两者的有机统一，才能吸引和感染听众。

四、写作方法

解说词是解说客观事物的，而客观事物是复杂的，只有仔细地观察，深刻地研究，才能把它如实地反映出来，介绍给读者。因此，要写好解说词，就要认真观察、研究被解说的事物，准确地把握它们之间的关系。在物与物之间，有并列关系，有先后关系，有总分关系，有主次关系等等。这些关系，有分有合，分则相对独立，合则相互联系，在一定的范围组成一个有机的统一体。

解说词写作的形式多样，方法灵活，可用平实的语言，也可用文学的语言；可用散文形式，也可用韵文形式。

例文 电视宣传片解说词

常德市明星 国家级重点
——澧县兰江职业中专学校掠影

兰江澧水，积淀了深厚的古代文化；澧水兰江，流淌着灿烂的现代文明。

坐落在兰江之滨、澧水之畔的澧县兰江职业中专学校，在古代文化与现代文明的联姻中诞生，在现代文明和古代文化的沐浴下长大。她年轻茁壮，英姿飒爽。

澧县兰江职业中专建校二十多年来，用奖牌书写着自己的办学历史和办学成果，先后荣获"常德市明星学校""湖南省示范性职业学校""国家级重点中等职业学校"等一系列殊荣，摘取了市级、省级、国家级给予学校的最高荣誉！

（一）

"一流的教学设施，一流的育人环境。"兰江职业中专把办学标准定格在一流水平上。

兰江校园，高楼生辉，兰蕊飘香。幽静中蕴藏活力，热闹中充满生机。

"做大做强兰江职专，促进澧县经济腾飞"。县委、县政府把兰江职业中专定为全县经济建设和社会发展的重点工程，先后召开县委常委扩大会议和县长办公会议，制订了学校新的建设规划，成立了由县委书记燕中炎任指挥长的兰江职业中专扩建指挥部。总投资为7 000万元的扩建工程从2005年正式启动，建筑面积为12 220平方米的兰江教学大楼已竣工投入使用，该教学楼总共有102个教室，采用目前最先进的空心楼盖，隔音和采光效果极佳，堪称全市教学第一楼。新建的图书馆总面积为8 000平方米，造型美观，施工精细，是学校最为耀眼的标志性建筑。学生大食堂、实训中心、学生公寓等一系列建筑项目竣工后，兰江校园将更加雄伟壮观、靓丽多姿。

兰江职业中专拥有30多个专业实验室，多媒体电教室、网络电脑室、多媒体语音室、电子电工实验室、服装设计制作室等教学实验室都达到了一流标准。一流的教学设施为一流的教学质量创造了条件。

"学识渊博、教艺精湛、爱校如家、爱生如子"是兰江教师的生动写照。全校300多名教师中，有省级以上优秀教师、班主任、德育工作标兵20多人，有省市职教科研主持人、学科带头人、职教学会会员30多人；有骨干教师、高级教师130多人。今年下半年，湖南省外国专家局还将给该校配备2至3名外籍教师。兰江职业中专汇集了澧县职业教育的精英！

（二）

"建设重点专业，打造品牌专业。"兰江职业中专把专业建设定名在品牌上。他们瞄准我国入世后人才需求的重要领域，着力打造重点专业和热门专业，形成了较强的专业优势。学校开办的12个专业，都在全市乃至全省享有盛誉。

机电设备安装与维修专业是省级重点专业，2000年全省职高高考状元杨为民就是从该专业走进教育部直属重点大学——西安交通大学的。

电子电器应用与维修专业是国家级课题实验专业。该专业学生胡亮在全省首届技能大赛中走上了标兵的领奖台。

电算会计专业、服装设计与工艺专业、计算机科学及应用专业是学校的名牌专业。近三年，上述专业每年在高考中录取重点本科人数占全省指标的1/5以上。

商务外语专业、中英文秘书专业、酒店管理专业、旅游服务与管理专业是学校的热门专业。在我国入世后的经济沃土中，上述新型专业将进一步走俏就业市场。

美术专业、音乐专业、英语专业是学校的特色专业，也是县教育局扶持的重点专业。这些专业在教学上实行普职兼容，从而为学生开辟了更广阔的升学空间。近几年来，上述专业有近百名优秀毕业生考入名牌大学和重点大学。

（三）

"尚真守信、博学精艺。"兰江职业中专把人才培养定位在高素质上。

"勤学苦练、砺志精业、报效祖国、造福人民、勇于竞争、敢为人先、精诚团结、辉煌永远"是兰江人的世纪宣言。每学年初，新生都要举行"我是兰江人"的宣誓和签名活动。"思想健康、意志坚强、团结友爱、文明守纪"成为兰江人的主旋律。

"制度健全，管理规范""让社会满意，让家长放心"。兰江职业中专建立健全了科学的管理制度和先进的管理模式，形成了良好的校风。兰江人在良好校风的熏陶中走向优秀，走向高尚。

"手段先进、教学创新、教得生动、学得主动"是兰江师生追求的教学境界。学校实施"活动法教学、竞赛式学习"和"目标教学、过关测试"等一系列重大教学改革。丰富多彩的教学活动，紧张激烈的学科竞赛，系统科学的目标教学，规范严格的过关测试，开辟了素质教育的新天地。

"培养能力，发展特长"是学校最显著的教学特色。兰江艺术节、兰江体育节、兰江电视台、兰江广播站、兰江文学社、《兰江人》校刊、《兰江快乐园》、兰江特长技能队成为校园一道道亮丽的风景，兰江人在这里挥洒青春的活力，练就出众的才干！

（四）

"创办职教名校，造福澧县人民。"兰江职业中专把办学的目标定向在名校上。

近几年来，在兰江师生艰苦的奋斗中，兰江职业中专迅速发展壮大。在校学生已达7 400多人，是全省规模最大、效益最好的中等职业学校。

"高质量、高效益"是兰江职业中专饮誉全省的办学特色。在职业学校文化课统考、专业课抽考、对口高考、技能比武、文艺会演、体育竞赛中，兰江职业中专在全省首届一指、独占鳌头。各类考试综合成绩连续多年列全省第一，近两年每年高考上线600多人，其中本科上线200多人。2004年，全省职高对口高考第一、二、三名均被该校考生夺得，一大批优秀学生考入重点大学和名牌大学，继齐加良同学考入清华大学、赵群同学考入中国人民大学、彭灿考入中央美院后，去年，关琼、李赢、周君三人同时考入中央美术学院，创造了澧县高考史上的奇迹！在国家级、省级和市级各类比武和竞赛中，兰江人荣获各类奖项130多项。

"选择兰江职专，包你就业有门"是兰江职业中专的郑重承诺。为了兑现这一诺言，兰江职业中专与全国30多家大中型企业建立了稳定的招工用员协作关系，并在省外事部门的支持下，努力开拓国外就业市场。目前，已有15 000多名兰江学子在全国各地就业，有30多人闯入了国外就业市场。他们每年为澧县创收上亿元。事实证明，兰江人是就业竞争的强者。

"办学靠市场，管理靠改革，生存靠质量。"兰江职业中专在新的办学理念中腾飞，成为全省乃至全国知名的品牌学校。《人民日报》《中国教育报》《湖南日报》《现代教育报》《湖南职教杂志》《新闻天地》等报刊先后报道了兰江职业中专的办学成果。

　　兰江职业中专在成功和荣誉中走过了 20 年的历程。今天,她又以更加矫健的步伐,向更大的成功和更高的荣誉迈进!

每章一练

1. 简述消息的特点。
2. 以动态消息为例,试述其结构组成。
3. 请问通讯写作的内容要点有哪些?
4. 常见的演讲稿主体结构有哪几种?

第五章　事务文书

🔍 教学目标

　　事务类应用文是日常生活、工作中常见的一种应用文体，本章主要阐述了感谢信、表扬信、倡议书、调查报告、启事、海报等具体文种的含义、特点和写作方法与要点，中职生可以通过深入的学习，掌握一定写作技巧，提高事务文书的写作能力，在实际工作中熟练应用。

📚 教学要求

　　认知：事务文书与学生生活联系紧密，也是今后工作中的必须掌握的应用文体。
　　情感态度观念：事务文书实用性强，学好理论知识为以后的应用打下基础。
　　运用：在学习基础理论的同时注重实际训练，并与生活中能接触到的事务文书相结合，掌握写作技巧。

知识点 1　事务文书概述

事务文书是党政机关、社会团体、企事业单位处理日常事务，用来沟通信息、总结经验、研究问题、指导工作，规范行为的实用性文书。尽管它们不是《国家行政机关公交处理办法》中的法定文种，却是在日常工作中使用最为广泛的文书。

一、特点

事务文书具有以下特点：

（1）指导性　事务文书是用来处理实务的应用文体。它针对现实情况或工作中的问题，进行报道、总结或研究，目的是为了推动实际工作，解决实际问题，使党的方针政策得以贯彻落实。因此，它对实际工作具有现实的指导意义。

（2）真实性　事务文书的指导性以真实性为前提。要做到信息准确、情况真实、材料无误，典型经验合乎规律，观点揭示普遍原则，表达实事求是。

（3）灵活性　较之公务文书，事务文书的体式更加自由灵活。在结构形式上，一般并没有规范化的体例格式；在表达方法上，它也更加多样化，常常结合使用叙述、说明、议论；在语言运用上，它更富主动性，可以在真实反映的前提下，讲究语言表达的艺术效果等。

二、分类

事务文书按照不同的标准，可以分为不同的种类。常用的事务文书有以下几类：

（1）书信类文书　书信类文书是在日常生活、学习、工作中传递信息、处理事务、交往应酬中使用频繁的应用文体。这类文书包括一般书信、感谢信、表扬信、慰问信、推荐信、求职信、咨询信、举报信、倡议书、建议书、申请书、检讨书等。

（2）日常事务类文书　日常事务类文书是单位或个人对一定时限内的工作、生产或学习有目的、有步骤地安排或部署所撰写的文书。这类文书包括规划、计划、总结、读书笔记、条据、电报、大事记等。

（3）发言报告类文书　发言报告类文书是反映工作状况和经验，对工作中存在的问题或具有普遍意义的重要情况进行交流报告的文书。这类文书包括述职报告、调查报告、评估报告、讲话稿等。

（4）规章类文书　规章类文书是政府机构或社会各级组织针对某方面的行政管理或纪律约束，在职权内发布的需要人们遵守的规范性文书。这类文书包括章程、条例、办法、规划、规程、制度、守则、公约等。

三、写作要求

（1）以方针政策为指导，以法律规定为依据　事务文书的政策性很强，它是党和国家的方针政策在有关实际工作中的具体体现。拟稿者须认真领会有关的政策，并运用政策原则去指导工作。同时，事务文书还必须以法律规定为依据，不能与现实政策和法规相抵触。

（2）深入调查研究，获取真实材料　撰写事务文书要了解实际情况，进行深入细致的调查研究，尽可能多地搜集、积累资料，只有这样才能明情况、知变化、定决策，才能发挥事务文书的指导性功能与务实的作用。

（3）实事求是，切实可行　事务文书或拟定计划，或制订规范文书，或调研总结，或拟会议材料，都是为了解决工作中的实际问题，因此必须要实事求是。

（4）格式约定俗成，语言准确简练　事务文书的格式虽然不像行政公文那样程式化，但许多文种的格式也有约定俗成的共同特点。在结构方面，事务文书要求开门见山、突出重点、层次分明；在语言方面，要求用语准确，尤其是规章类文书，更讲究炼字炼句，不能出现歧义，表述不能模糊。

知识点 2　感谢信、表扬信、慰问信

一、感谢信

感谢信是专门用来对自己有所帮助、支持的单位、集体或个人表示感激或谢意的书信。感谢信有的直接写给被感谢者，有的写给被感谢者所在单位，并要求给予表扬。感谢信的使用范围很广，感谢相助、感谢捐赠、感谢祝贺、感谢鼓励、感谢探访，都可以使用。感谢信可以张贴，也可以寄给报社、杂志社刊登或电台、电视台等媒体播出。

1. 特点

写作时篇幅应短，中文 300 字左右即可；对收信人为自己做的好事了然于胸，不要忘了什么；把对方给你带来的好处都写清楚，不要含糊其辞；表示感谢的话要合乎商家往来的习惯，语气不应过于卑屈。谢意之外，如果允诺别人什么应切实可行，说到做到。

2. 分类

按感谢的内容可分为：感谢援助、感谢探访、感谢吊唁等。

3. 结构和写作方法

● 称谓。顶格，有的还可以加上一定的限定、修饰词，如"亲爱的"等。

● 问候语。如写"你好""近来身体是否安康"等。独立成段，不可直接接下文，否则，就会违反构段意义单一的要求，变成多义段了。

● 正文。这是信的主体，可以分为若干段来书写。

● 祝颂语。以最一般的"此致""敬礼"为例。"此致"可以有两种正确的位置来进行书写，一是紧接着主体正文之后，不另起段，不加标点；二是在正文之下另起一行空两格书写。"敬礼"写在"此致"的下一行，顶格书写。后应该加上一个感叹号，以表示祝颂的诚意和强度。

● 具名和日期。写信人的姓名或名字，写在祝颂语下方空一至二行的右侧。最好还要在写信人姓名之前写上与收信人的关系，如儿××、父××、你的朋友××等。再下一行写日期。

⏱ **例文**

给父母的一封感谢信

2016年07月16日

来源：番禺日报

作者：张嘉莉

亲爱的爸爸妈妈：

谢谢你们！谢谢你们给了我生存的机会；谢谢你们给了我关怀和爱心；更谢谢你们给了我一个感受爱的机会！

在我的成长路上，是谁对我悉心照料？是谁对我关怀备至？又是谁每天早上忙个不停地为我做早餐？是您——我的妈妈。您还记得那个寒冷的晚上吗？

那天晚上天气异常的寒冷，我盖上棉被早早就睡了。到了半夜，一阵轰隆隆的雷声打破了应有的宁静，倾盆大雨也随之而来。我慢慢睁开蒙眬的睡眼，却隐约看到有一个身影正顶着风雨为我关窗。雨水透过您那单薄的睡衣猛打在您瘦弱的手臂上，不时还发出"嗒嗒"的声音。看着您蹒跚地走回房间，那一晚，真的好温暖。或许您已经忘记，但我还历历在目。一碗热汤、一个微笑是您每晚必做的功课，而我总会满意地评上100分！谢谢您，妈妈，谢谢您给了我这朵幼小的花一缕温暖的阳光！

在我的成长路上，是谁对我严格管教？是谁对我"大呼小叫"？又是谁彻夜不眠教我做人的道理？是您——我的爸爸。您还记得吗？还记得那说谎的代价吗？小时候，我去姑妈家玩，打碎了姑妈的花瓶，还赖在弟弟的头上。您知道后，立刻火冒三丈，"你为什么会变成这样，你知道不知道这是不对的，快给弟弟道歉"。哎，都是面子的问题。我竟鼓起勇气假装听不到。爸爸气得瞪起眼睛，"啪"的一声，一个火辣辣的五指印便赤红地印在了我的手臂上。"去不去，给我道歉去！"我带着奔涌而下的泪水，记住了说谎的代价。回家后，您却坐在沙发上给我上药，少了一份怒气，多了一分温柔。我迷惑了，也糊涂了。但现在我明白了，在疼痛的背后藏有一份更深沉的爱，更伟大的爱！

我这朵幼小的花已经长大了。

经过风雨的吹洗，阳光的照耀，我这朵幼小的花越发苗壮！谢谢你们，谢谢你们给了我一次次感受爱的机会！

你们的女儿：张嘉莉

2016年4月8日

📢 **你知道吗**

"顶格"的由来

称呼和祝颂语后半部分的顶格，是对收信人的一种尊重。是古代书信"抬头"传统的延续。古人书信为竖写，行文涉及对方收信人姓名或称呼，为了表示尊重，不论书写到何处，都要把对方的姓名或称呼提到下一行的顶头书写。它的基本做法，为现代书信所吸收。

二、表扬信

表扬信，是以集体或个人的名义对某单位或个人的先进思想、模范事迹表示赞扬的书信，可以寄到或亲自送到受表扬者的所在单位，也可以寄给报社，在报纸上发表。

1. 特点

表扬信与感谢信的性质相近，写法也大体相同。第一行正中书写标题"表扬信"或"感谢信"。正文内容要写清楚表扬、感谢的是何单位或个人，有何先进思想、先进事迹，以及先进事迹对社会、对自己所产生的重大意义和积极效果。最后写上表示敬意、感谢或赞扬的话，如"此致敬礼""谨表谢意""向您学习"等。落款写清发信单位或个人姓名以及发信日期。

2. 结构和写作方法

表扬信通常由标题、称谓、正文、结尾和落款五部分构成。

（1）标题　一般而言，表扬信标题单独由文种名称"表扬信"组成。位置在第一行正中。

（2）称谓　表扬信的称呼应在开头顶格写上被表扬的机关、单位、团体或个人的名称、姓名。写给个人的表扬信，应在姓名之后加上"同志""先生"等字样，后边加冒号。若是直接张贴到某机关、单位、团体的表扬信，开头可不必再写受文单位。

（3）正文　正文的内容要另起一行，空两格写。一般要求写出下列内容：

●交代表扬的理由。用概括叙述的语言，重点叙述人物事迹的发生、发展、结果及其意义。叙述要清楚，要突出最本质的方面，要让实事说话，少讲空道理。

●指出行为的意义。在叙事的基础上进行评价、议论，赞颂该人所作所为的道德意义。如指出这种行为属于哪种好思想，好风尚，好品德。

（4）结尾　该部分要提出对对方的表扬，或者向对方的单位提出建议，希望对某某某给予表扬。如"某某某同志的优秀品德值得大家学习，建议予以表扬"。写给本人的表扬信，则应适当谈些"深受感动""值得我们学习"等方面的内容。并要求在结尾处写上"此致敬礼"等结束用语。但"此致""祝""谨表""向你"等字写在末尾，其余的字，要另起一行，顶格写。

（5）落款　落款应写明发文单位名称或个人姓名，并在右下方注明成文日期。

例文

表 扬 信

××高级中学：

昨天我食品公司第二门市部从外地运回一批糕点、糖果等商品，因货车有紧急任务暂时将货投卸在马路边。下午3点左右，我们正往门市部仓库里搬运这批货物时，忽然雷声隆隆，豆大的雨点洒落下来。大家正急得不知所措时，贵校放学回家的一群学生路过此地，立即投入了抢运货物的战斗中。抬的抬，扛的扛，搬的搬，使我们几千元的商品免遭损失。我们万分感激，拿出糖果表示谢意，可他们坚决不肯接受，并且连姓名也不愿留下。

直到今天早晨，我们才了解到他们是贵校高一（3）班的王宁、陈飞等20名同学。他们爱国家、爱集体、做好事不留名的优秀品质使我们深受感动，我们深为祖国有这样的好接班人感到欣慰。

请贵校对他们的精神广为宣传，对他们的行为大力表扬！

××食品公司第二门市部

2016 年 4 月 12 日

你知道吗

表扬信、感谢信的写作要求

1. 写表扬信时要写明表扬的是谁、什么先进事迹。事实要具体，充分反映出对方的可贵品质和动人事迹，尽量用事实说话，不宜过多议论，评价要掌握分寸。

写感谢信时要写明感谢的是谁、什么先进事迹以及自己的态度。重点要把写信人在何时、何地、何情况下，得到了对方何种帮助和支援写清楚。

2. 写表扬信或感谢信时，要实事求是，恰如其分，不要以偏概全。

3. 写表扬信或感谢信时，态度要诚恳，语言要真挚，文字力求生动，使感激鸣谢之情洋溢于字里行间，要表示出向对方学习的态度和决心。

三、慰问信

慰问信是以组织、群众或个人的名义，向有关集体或个人表示慰劳、问候、致意的书信。

慰问信能够充分体现组织的温暖和关怀，体现人与人之间的深情厚谊。它可以给被慰问者以继续前进的信心，克服困难的勇气，勤奋学习和努力工作的力量。

1. 特点

慰问信具有针对性、鼓动性和祈使性的特点，即针对对方的业绩或困难而写，用饱含感情的语言激励对方，要求期望对方进一步做好工作等。慰问信在社会生活中有巨大的作用：喜庆之日对有关人员给予鼓励，对有贡献人员给予表彰，对遭遇困难的人给予安慰，体现了集体和组织的温暖，反映了同志间的情谊，给人以奋发前进的信心、克服困难的勇气和勤奋工作的力量。

2. 分类

慰问信根据其内容的不同特点可分为三种：向做出贡献的团体或个人表示慰问，肯定他们的成绩与贡献，鼓励他们戒骄戒躁、继续前进，争取更大的成就；由于某种原因单位或个人遇到了暂时性的损失或巨大困难时，向他们表示同情和安慰，表示亲切关怀，在精神上给对方以温暖鼓励；某些重大节日到来之际，特向有关单位、集体或个人致以节日慰问。

讨论

请比较一下感谢信、表扬信和慰问信的异同。

3. 结构和写作方法

● 标题。标题常见的有三种形式：一种是直接用"慰问信"三个字做标题；另一种是由发文单位名称、受文对象名称和文种做标题，如《福建省人民政府致福建前线三军慰问信》；还有一种写法是受文对象名称和文种做标题，如《致柯棣华大夫家属的慰问信》。

- 受文对象。开头顶格写明被慰问的单位或个人的称呼。
- 正文。慰问信的正文主要写明慰问的内容，通常采用分段式来表述。首先，正文的开头要交代写慰问信的背景和原因；其次，概括地叙述交代慰问对象的先进思想、模范事迹，或是遇到困难时所表现出来的不怕牺牲的可贵品德和高尚风格；然后，再写向他们表示慰问和学习的词语；最后，写明表示共同愿望和决心的话语以及祝愿的话语。
- 签署。在正文的右下角注明写信的单位或个人名称、写信的时间。

例文

春节慰问信

全队干部职工和家属同志们：

新年好！

伴随着新春的喜庆气息，我们正跨越在 2007 年的希望大道上。值此新春佳节来临之际，我们谨向您及您的家人致以节日的慰问。

岁月回眸，欢歌如潮。2006 年，我队在局党委的正确领导下紧紧围绕队第八次党代会提出的"构建和谐水文，共创美好家园"的发展目标，牢牢把握发展第一要务，聚职工之心、举全队之力、纳各方之策，团结拼搏，务实奋进，全面完成了省局下达的年度工作任务和目标。全队各项改革不断深化，三个文明建设取得新的成效。

展望未来，信心百倍。2007 年，是我队构建和谐家园，加快经济发展的重要一年。在新的一年里，我们怀为民之心、行富民之举，以邓小平理论和"三个代表"重要思想为指导，深入贯彻党的十六届六中全会以及局经济工作会议精神，认真落实科学发展观、正确政绩观和马克思主义群众观，紧扣经济建设这个中心，抓好发展这个主题，围绕强队富民这条主线，做好地热开发、做强工勘施工、做起房产三产、做实职工增收，增强我队核心竞争力，积极培育新的经济增长点，全面推进管理创新，加强党的建设和企业文化建设，实现全队经济和各项事业更好更快地发展。坚持以人为本，更加关心职工生活，在发展经济的同时，努力改善职工生活条件，不断提高职工的生活水平，不断增强广大职工群众的凝聚力和创造力，努力构建和谐平安家园。

春上枝头花竞艳，人逢盛世笑同欢。全队干部职工和家属同志们，关心水文队经济发展的朋友们，亲情，血浓于水；友情，香醇似酒。值此水文队大发展的重要时期，热情、真诚、善良、勤劳的水文人希望你们一如既往地关心、支持水文队的建设，更是热切期盼众多有识之士加盟水文队，共谋发展大计，共铸千秋伟业。

春回大地千峰秀，日暖神州万象新。让我们张开双臂，迎接新春的朝阳，同谱友谊乐章；让我们携起手来，负重奋进，铸就水文队发展新的辉煌；让我们同心同德、锐意进取，早日实现强队富民目标，共同创造水文队更加美好的明天，以优异的成绩迎接建队五十周年的到来！

祝身体健康，事业兴旺，阖家幸福，万事如意！

××水文队

2007 年 1 月 1 日

知识点 3　推荐信、求职信、证明信

一、推荐信

推荐信是用于向有关单位推荐人才的信函，是单位、团体或个人向其他单位、团体或个人推荐人或物，以便对方采纳的专用书信。

1. 特点

（1）以事实为依据　推荐信用以表达推荐方的意见和愿望，是提请对方作为参考和调查研究的一种依据。因此，写作时必须写清推荐的理由，实事求是地反映所荐人或物的具体情况和长处，决不能隐瞒实情和虚夸。

（2）突出特点　自荐的推荐信称自荐信，它是用书信的形式向招聘单位所作的自我介绍。随着经济的发展、社会的进步和独立人格的突显，很多人喜欢以自荐的方式向对方举荐自己，因此，自荐信越来越成为求职的一种主要的公关文书。一份写得好的自荐信会给对方留下清楚、良好、深刻的印象，有助于自荐人的成功。

（3）具有针对性　自荐人要根据用人单位的需求把自己的特长及主要成绩写清楚。

（4）言辞适度　要表达出自己的真诚态度，语言要谦恭有礼而不失自尊、自信，书写也要工整清楚，切忌潦草马虎，力求给对方留下良好的印象。

2. 结构和写作方法

一般包括标题、称谓、正文、祝颂语、署名和日期六部分。

- 标题。在第一行正中写"推荐信"三个字。
- 称谓。在第二行顶格写对方单位名称或负责人姓名，后面加冒号。
- 正文。这是推荐信的主体部分，在称谓下一行空两格，写被推荐的人才或事项的具体情况，要抓住主要特点，介绍真实情况。正文末尾要写出推荐者的希望和要求。
- 祝颂语。另起一行空两格写"此致"，下一行顶格写"敬礼"之类的敬语。
- 署名和日期。在祝颂语下面两三行右下角写发信单位或个人姓名及发信日期。

例文

推　荐　信

亲爱的布朗：

我很高兴推荐我的好朋友李明到您的公司工作。李明毕业于北京工业大学，他的专业是计算机软件。在四年的学习中，他的功课非常优秀，每年都获得一等奖学金，而且他已经荣获"优秀毕业生"的称号。

他是一个热情、积极上进、具有很大潜力的年轻人。他不仅接受能力强而且善于用逻辑解决难题。我相信如果他能进入贵公司，会给贵公司带来很多好处。我强力推荐他到贵公司工作。

祝愿贵公司事业蒸蒸日上！

您的朋友　王　林
××××年××月××日

二、求职信

求职信是个人向机关、团体、企业或有关领导谋求职业的一种专用书信。求职信是求职者写给招聘单位的信函。它与普通的信函没有多少区别，但它与朋友的信函又有所不同，当然也不同于"公事公办"的公文函。求职信所给的对象很难明确，也许是人事部一般职员，也许是经理，如果你对老板比较了解的话可以直接给老板。当然，如果你根本就不认识招聘公司的任何人，求职信最好写上"人事部负责人收"较妥。如果直接写人事部经理或"老总收"可能不妥，如果该信落到一般职员手中，可能使得这些人不高兴。

1. 作用和特点

求职信起到毛遂自荐的作用，好的求职信可以拉近求职者与人事主管（负责人）之间的距离，获得面试机会多一些。

求职信是自我陈述，其目的和作用要是让人事主管看，因人事主管有太多的求职信函要看，因此要简明扼要，突出重点。

求职信是无业、待业或停薪留职者写给用人单位的信，目的是让对方了解自己，相信自己，录用自己，它是一种私人对公并有求于公的信函。

2. 结构和写作方法

一般来说，求职信属于书信一类，故其基本格式也应当符合书信的一般要求。一个人的书信如果写得精彩，那么可以肯定他的求职信也不会差到哪里去。求职信的基本格式与书信无异，主要包括收信人称谓、正文、结尾、署名、日期和附录共六个方面的内容。

（1）称谓　求职信的称呼与一般书信不同，书写时须正规些，如果写给国家机关或事业单位的人事部门负责人，可用"尊敬的处（司）长"称呼；如果是"三资"企业首脑，则用"尊敬的董事长（总经理）先生"；如果是各企业厂长经理，则可称之为"尊敬的厂长（经理）"；如果写给院校人事处负责人或校长的求职信，可称"尊敬的教授（校长、老师）"。

求职信不管写给什么身份的人，都不要使用"老前辈""师兄（傅）"等不正规的称呼。如果打探到对方是高学历者，可以用"博士""硕士"来称呼，则其人会更容易接受，无形中对求职者产生一种亲切感。

（2）正文　求职信的中心部分是正文，形式多种多样，但内容都要求说明求职信息的来源、应聘职位、个人基本情况、工作成绩等事项。

● 写出信息来源渠道，如"得悉贵公司正在拓展省外业务，招聘新人，且昨日又在《商报》上读到贵公司招聘广告，故有意角逐营业代表一职"。记住不要在信中出现"冒昧""打搅"之类的客气话，他们的任务就是招聘人才，何来"打搅"之有？

如果你的目标公司并没有公开招聘人才，也即你并不知道他们是否需要招聘新人时，你可以写一封自荐信去投石问路，如"久闻贵公司实力不凡，声誉卓著，产品畅销全国。据悉贵公司欲开拓海外市场，故冒昧写信自荐，希望加盟贵公司。我的基本情况如下……"这种情况下用"冒昧"二字就显得很有礼貌。

● 在正文中要简单扼要地介绍自己与应聘职位有关的学历水平、经历、成绩等，令对方从阅读完毕之始就对你产生兴趣。但这些内容不能代替简历，较详细的个人简历应作为求职信的附录。

● 应说明能胜任职位的各种能力，这是求职信的核心部分。目的无非是表明自己具有专业知识和社会实践经验，具有与工作要求相关的特长、兴趣、性格和能力。总之，要让对方感到你能胜任这个工作。在介绍自己的特长和个性时，一定要突出与所申请职位有联系的内容，千万不能写上那些与职位毫不沾边的东西，比如你应聘业务代表一职，却在求职信中大谈"本人好静，爱读小说"等与业务要求相悖的性格特征，结果可想而知。

（3）结尾　一般应表达两个意思，一是希望对方给予答复，并盼望能够得到参加面试的机会；二是表示敬意、祝福之类的词句。如"顺祝愉快安康""深表谢意""祝贵公司财源广进"等，也可以用"此致"之类的通用词。

最重要的是别忘了在结尾认真写明自己的详细通讯地址、邮政编码、联系电话和电子信箱等。如果让亲朋好友转告，则要注明联系方式方法以及联系人的姓名及其与你的关系，以方便用人单位与之联系。

（4）署名　按照中国人的习惯，直接签上自己的名字即可。国外一般都在名字前加上"你诚挚的""你忠实的""你信赖的"等的形容词，这种方法不能轻易效仿。

（5）日期　写在署名右下方，应用阿拉伯数字书写，年、月、日都写全。

（6）附录　求职信一般要求和有效证件一同寄出，如学历证、职称证、获奖证书、身份证的复印件，并在正文左下方一一注明。

例文

求 职 信

尊敬的先生/小姐：

您好！我从报纸上看到贵公司的招聘信息，我对网页兼职编辑一职很感兴趣。

我现在是出版社的在职编辑，从 2015 年获得硕士学位后至今，一直在出版社担任编辑工作。两年以来，对出版社编辑的工作已经有了相当的了解。出版者工作协会的正规培训和两年的工作经验，使我相信我有能力担当贵公司所要求的网页编辑任务。

我对计算机有着非常浓厚的兴趣。我能熟练使用 FrontPage 和 DreamWeaver、PhotoShop 等网页制作工具。本人自己做了一个个人主页，日访问量已经达到了 100 人左右。通过互联网，我不仅学到了很多在日常生活中学不到的东西，而且坐在电脑前轻点鼠标就能尽晓天下事的快乐更是别的任何活动所不及的。

由于编辑业务的性质，决定了我拥有灵活的工作时间安排和方便的办公条件，这一切也在客观上为我的兼职编辑的工作提供了必要的帮助。基于对互联网和编辑事务的精通和喜好，以及我自身的客观条件和贵公司的要求，我相信贵公司能给我提供施展才能的另一片天空，而且我也相信我的努力能让贵公司的事业更上一层楼。

随信附上我的简历，如有机会与您面谈，我将十分感谢。即使贵公司认为我还不符合条件，我也将一如既往地关注贵公司的发展，并在此致以最诚挚的祝愿。

赵任

××××年××月××日

你知道吗

求职信写作的常见问题

1. 过于关注工作职责

履历中最普遍的错误就是将履历变成一份枯燥乏味的职责责任清单。许多人甚至会用他们公司的工作守则作为改善履历的指南。创建一份履历是对上述剩余部分的删节，你不该仅仅叙述必需的信息，还要说明你在每个公司的不同经历。要提供公司怎样因你的表现而大获其利的具体例子。当彰显自己的成就时，注意避免以下问题：

(1) 目标叙述过于华丽或平常

许多候选人在履历的开始部分的目标叙述时就让人兴趣寡然。最糟糕的目标叙述一般是这样开始的："一个具挑战性的职位不仅让我有机会为公司做贡献而且也给我成长和进步的机会。"这样的叙述早已用滥掉了，而且太过平常，浪费了宝贵的履历空间。如果你正在写履历，试试用小纸条来代替目标叙述，在小纸条上你可以说说你的工作或你专长的领域。

(2) 过短和过长

太多的人想把他们的经历压缩在一页纸上，因为他们曾经听说履历最好不要超过一页。当将履历格式化地缩到一页时，许多求职者就删除了他们给人深刻印象的成就。反之亦然。就拿那些在履历上用几页纸漫谈不相干的或者冗长的经历的候选人来说，看的人很容易就会觉得无聊。所以，当你写履历时，试着问自己："这些陈述会让我得到面试的机会吗？"然后，仅仅保留那些会回答"是"的信息。

2. 决定履历篇幅是否恰当的规则就是没有定则

决定其篇幅的因素包括有职业、企业、工作经历、受教育程序和造诣等。最重要的就是，履历中的每一个字都要能够推销该候选人。

3. 人称代词和冠词的用法

履历是商业沟通的形式，它应该是简洁和被正式书写的。它不应该出现"我"的字样，且尽量少用冠词。

4. 罗列私人信息或者不相干的信息

许多人会在履历中概括他们的兴趣，比如阅读、徒步旅行和滑雪等。其实，这些只有在它们与目标工作有关联的时候才最好加入。例如，候选人申请的是一份滑雪教练的工作，那么他或她就应该提到其喜欢乡间滑雪的兴趣。

履历中一般不应该提到一些私人信息，比如生日，婚姻状况，身高和体重等。当然，这也是有例外的，比如说一些娱乐方面的特长和国外的求职。

5. 没有摘要或没有概括部分使最初的自我推销发生困难

摘要部分是求职者最好的工具。做过该项内容的候选人就会知道这种类型的技能和资格占有很重要的地位。摘要中应该说明与所求职位相关的技能等级和经验。为了创造一个有影响力的概括陈述，老练的开头会决定什么才是对雇主们来说是重要的。接下来，罗列一下你的技能、经验和受教育情况。这些自我推销点就可以并入概括部分了。

三、证明信

证明信是证实某人有关情况或某件事情的专用书信，它可以作为处理有关公务的重要依据。证明信是以行政机关、社会团体、企事业单位或个人的名义凭借确凿的证据证明某人的身份、经历或某件事情的真实情况时所使用的一种专用书信。证明信一般也直接称为证明，具有凭证的作用。

1. 特点

证明信书写的内容不能涂改。如果出于正当原因（如原文有笔误）需要修改的，凡个人出具的证明信应在涂改处加盖私章，凡单位（团体）出具的证明信应在涂改处加盖公章。

证明信的内容，有的来自调查研究，有的来自档案材料。证明信必须实事求是地说明情况，所证明的事情必须证据确凿，言必有据，不能夸大或缩小，更不能弄虚作假。

2. 分类

（1）按出具方式　大体上可以分为两类：单位、团体出具的证明信，一般是证明本单位人员（含曾在本单位工作的人员）的有关情况；个人出具的证明信，大多是为某人的某件事情的真实情况作证明，这种证明信一般需要个人所属单位签署意见。

（2）按使用范围　可分为四类：某人要入党入团，组织在进行调查时，原单位或有关人员要为其写出证明信；有些真相模糊不清的历史事实或事件被人歪曲，由当时亲身经历的人写出证明信以澄清事实；在公安机关寻求某些案件的目击者时，当时在场的群众写出证明信，以说明案发时的真实情况；个人在为单位办理某些事项，或个人由于具体情况而必须向单位做出解释说明时，也可以请有关人员出具证明。

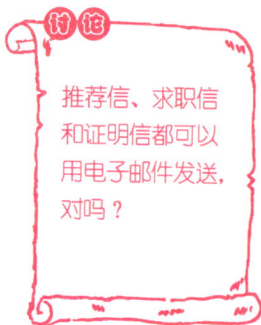

推荐信、求职信和证明信都可以用电子邮件发送，对吗？

3. 结构和写作方法

不论是哪种类型的证明信，其结构都大致相同，一般由标题、称呼、正文、署名和日期构成：

● 标题。在第一行中间常冠以"证明信""证明"或写明"关于××同志情况（或问题）的证明"。

● 称谓。顶格写上需要证明的单位的名称，之后加冒号。

● 正文。是证明信的主体部分。另起一行，空两格写明被证明事项的全部事实，语言要准确、简明扼要。写完所证明的问题以后，另起一行空两格，加"特此证明"四字作结束语、勉励之类的话。

● 署名、日期。在正文右下方署上证明单位（或个人）名称（姓名），并由证明单位或证明人盖公章或签名、盖私章，否则证明无效。

如果是以个人名义出具的证明，它的标题、正文、结尾和组织证明信写作格式是一样的，但个人证明信写好后应交证明人所在的单位签署意见，加盖公章，以示负责。

证明信有时要用作结论根据。因此，撰写时应严肃认真，实事求是。言之有据，语言要准确，文字书写要清晰、工整，字迹清楚，不要潦草。证明信的内容如有涂改，必须在涂改处加盖公章。

例文 经历证明书

证　明

××（性别，出生××××年××月××日）于××××年××月××日至××××年××月××日在××单位（应写明全称）任××（职称或职务），××××年××月在××单位任××（或从事何种工作）。

××人事科

××××年××月××日

知识点 4 倡议书、建议书

一、倡议书

倡议书是公开提倡某种做法，倡导某项活动，鼓动别人响应的一种信函文书。

倡议书具有广泛的群众性。它可以在较大范围内调动群众的积极性，使大家心往一处想，劲往一处使，齐心协力，共同做好一些有益于社会的事务和开展某些公益活动。

倡议书是开展精神文明建设的一个有效方法。倡议书的内容一般是同人们的日常生活相关的一些事项。如倡议爱护花草树木，保护生态环境；倡议众志成城，抗灾抢险等。所有这些都属于社会主义精神文明建设的重要内容。

倡议书是一种建议、倡导，它不给人一种强制的感觉，它在这种轻松倡导之中，宣传了真、善、美，使人们无形中受到深刻的教育。

1. 特点

（1）倡议书的群众性　倡议书不是对某个人、某一集体或某一单位而言的，它往往面向广大群众，或对一个部门的所有人发出，或对一个地区的所有人发出，甚至向全国发出。所以其广泛的群众性是倡议书的根本特征。

（2）倡议书对象的不确定性　倡议书是要求广大群众响应的，然而其对象范围往往是不定的。即便是在文中明确了具体的倡议对象，但实际上有关人员可以表示响应，也可以不表示响应，它本身不具有很强的约束力；而与此无关的别的群众团体却可能有所响应。

（3）倡议书的公开性　倡议书就是一种广而告之的书信。它就是要让广大的人民群众知道了解，从而激起更多的人响应，以期在最大的范围内引起共鸣。

2. 分类

根据倡议书的倡议者划分，可分为个人发起的和集体发起的两种。

3. 结构和写作方法

倡议书的结构较灵活，一般包括标题、称呼、正文、落款四个部分。

（1）标题　常由倡议内容加倡议书或倡议对象加倡议书构成，如《关于开展向英雄徐洪刚学习活动的倡议书》《致全市中学生的倡议书》。有时也可只写"倡议书"。

（2）称呼　即发出倡议的对象。有的倡议对象较为广泛，可省略不写，若是单一的倡议对象，必须写明。

（3）正文　倡议书的正文一般分两层写：指出完成倡议内容的意义等，后分条列项写明倡议的具体内容。两部分之间，常用"为此，我们倡议如下""我们提出以下倡议"等作为承启用语。

●先写明倡议的背景、理由或条件。倡议书的发出贵在引起广泛的响应，只有交代清楚倡议活动的原因以及当时的各种背景事实，并申明发布倡议的目的，人们才会理解和信服，才会自觉地行动。这些因素交代不清就会使人觉得莫名其妙，难以响应。

●再写明倡议的具体内容和要求。这是正文的重点部分。倡议的内容一定要具体化，开展怎样的活动，都做哪些事情，具体要求是什么，它的价值和意义都有哪些，均需一一写明。倡议的具体内容一般是分条开列的，这样写往往清晰明确，一目了然。

（4）落款 在正文右下方注明倡议者或倡议单位以及倡议日期。若倡议者较多，可依次排列。

例文

绿色环保倡议书

绿色户外运动可以简要理解为不影响、不破坏自然生态环境的户外运动。旅游开发以及旅游者的一些行为正对自然风景区的生态环境造成日益严重的影响及破坏。为了保护我们生存的环境，为了不让美丽的山山水水变成"城里人"的垃圾场，南昌山美俱乐部向社会各界的旅游爱好者发出倡议：遵守《绿色旅游行为规范》，做一名绿色运动的倡导者。南昌山美俱乐部所有会员及活动参与者首先将严格遵守此项规范。

绿色户外运动行为规范

一、垃圾处理

1. 垃圾中难以自然降解的部分（如电池、塑料、金属、玻璃、化学品、有镀膜或涂层的纸制品等）不要焚烧和掩埋，应携带回城，再弃入垃圾箱（尽量不要使用风景区设置的垃圾箱，因为风景区处理垃圾的方法是焚烧或掩埋）。

2. 能够自然降解的垃圾（如纸张、纯棉制品、食物屑）可以粉碎后就地处理，但不能丢弃在水中或水流附近。

二、生活卫生

1. 在野外尽量不用香皂、牙膏、洗洁精等化学品，而改用干、湿纸巾；尤其不可在水中使用日化产品，洗漱应用容器盛水在离水源两米外的地方进行。

2. 上厕所远离水源、道路、动物巢穴。

三、野外防火

1. 野外尽量减少用火，如需生火应注意防火安全，确保火堆完全熄灭后再离开。

2. 行进途中禁止吸烟。

3. 用火遵守国家相关法律法规的规定。

四、保护植物

1. 不随意采摘、挖掘野生植物。

2. 不故意砍毁野生植物，在野外需要开路时，注意保护树木、藤条的主干。

五、保护动物

1. 不故意惊扰、追捕野生动物，不购买、不食用国家禁捕的野生动物。

2. 不在动物的巢穴附近吸烟、野炊，以免气味惊扰动物。

南昌山美俱乐部

××××年××月××日

二、建议书

建议书是指个人、单位或集体向有关单位或上级机关和领导，就某项工作提出某种建议时使用的一种常用书信。有的建议书也称"意见书"。

我国古代有许多提建议之类的文章，如李斯的《谏逐客书》是建议秦王广开才路、集纳人才的；贾谊的《论积储疏》是建议汉文帝积储财货、物资的；又如赵充国的《屯田奏》是建议采用士兵屯田垦荒政策的；再如贾让的《治河议》是建议汉哀帝采用富国安民，治理水利措施等。

中华人民共和国成立以后，人民当家做主，建议书成为人民发表意见提供建议的工具。

1. 特点

（1）态度认真　写建议书是行使人民的一种权利，要以认真负责的态度，多方采集意见，认真调查核实，做出客观分析，慎重提出建议。

（2）内容具体　要写清建议项目、要求、方法，目标明确，表述清晰，不说空话，便于实施。

（3）措施可行　要做好可行性研究，分析主观和客观、投入和产出、利和弊等诸因素，预测整体效益和长远效果。

（4）语言简明　以言简意明的语言把建议完整准确地表达出来，重点要突出，不过多叙述和议论。

2. 结构和写作方法

建议书一般由标题、称呼、正文、敬语、落款五个部分组成。

（1）标题　建议书的标题有三种写法：在第一行居中写"建议书"；在建议书前加上建议事项，如《关于搞好市场管理的建议》；只写建议事项，如《切实解决中小学乱收费的问题》。

（2）称呼　在标题的下一行顶格写接收建议书的单位名称或个人姓名。

（3）正文　一般包括以下三方面内容。

●提建议的原因、依据。指出现实中存在的问题，分析问题产生的原因，指出其危害性。这部分内容可多可少，根据写作需要而定。

●建议的具体事项。写明建议的具体内容，包括解决问题的措施、办法。如建议的事项较多可分条列项来写。这部分是建议书的主体部分，要写得具体明确。

●提出希望。如"以上建议，请公司考虑""请研究解决""以上建议供参考，希望能尽快解决"。

（4）敬语　与一般书信相同，也可省略。

（5）落款　在正文右下方写明建议单位名称或个人姓名，日期写在署名下方。

例文

环保建议书

市长叔叔：

　　我是华强小学的一名小学生。

我从小就在南宁生活长大，南宁是怎么变化的，我都看到了。从一个不知名的城市变成了一个中国绿色城市，开展了民歌节，南博会……

现在在南宁，到处可以看到"环境保护，人人有责"等字样。在马路边上，各种各样的垃圾桶美丽极了。最近，大家都提倡把可回收和不可回收的垃圾桶分开。

可是，我觉得光有分类是不行的，要在垃圾桶上写一些可回收一类的垃圾和不可回收的一类垃圾的种类，不是每个人都像我们一样接受知识多，知道什么是可回收和不可回收的垃圾，他们不知道，就会乱丢一气，这样反而不好，不仅起不到环保和垃圾分类的作用，反而会给那些垃圾场的工作人员带来工作的困扰。

此外，我还发现一个很严重的问题。

有一天，我和妈妈还有姥姥一起去坐公共汽车，想要去烈士陵园扫墓。可是我们在车站等公共汽车的时候，发现旁边有一个垃圾桶，里面的垃圾已经发臭了，路过的行人纷纷捂着鼻子绕着走，我们走过的时候闻见一股很大的腐臭味。

后来，我无论到哪里，凡是有垃圾桶的，我就仔细观察有没有臭味。经过一段时间的观察，我发现，现在的垃圾桶都是固定的，环卫工人清垃圾桶的时候，只能简单地把表面的垃圾拣出来，难以清理底部。有一次，我问他们为什么不把垃圾清理干净，他们说不是不想，是因为垃圾桶是固定的，垃圾不能倒出来，手又够不到底，所以就只能把部分垃圾留在里面了。

由此可见，垃圾桶发臭，不是因为环卫工人不尽责，而是因为垃圾桶的设计有问题。在此我希望，为了南宁的美丽，为了空气的清新，请市长叔叔再叫人设计一些既好看，又实用的垃圾桶，不要再让那些臭味来污染我们的空气。

小天使

2016 年 4 月 17 日

你知道吗

建议书与倡议书的区别

1. 角度不同。倡议书是向群众建议，建议书一般是群众向领导提出建议。

2. 作用不同。建议书仅仅是建议，没有发动群众去做的意思；倡议书有鼓动作用、号召作用。

3. 应用范围不同。建议书多是在本单位、本部门、本系统使用，范围小；倡议书多是面向社会，范围广泛。例如《关于保护环境的倡议书》，就是面向社会各部门、各阶层的。

知识点 5　计划和总结

一、计划

计划是对未来一定时期内的全面工作或某项工作提出指标、要求、措施、步骤、期限的文种。计划主要用于对未来的工作任务预先拟定目标，设想步骤、方法等，做到事先心中有数，减少盲目性。它是科学管理中的主要环节，是搞好管理工作的基础，是宏观控制的依据，是获得最佳成效的途径。

1. 特点

（1）明确的目的性　制订任何一份计划，必须要有明确的目的性，即在一定时间内完成什么任务，获得什么效益。如果计划目的性不明确，没有针对性，计划也就失去了现实意义。

（2）很强的预见性　制订计划既要符合客观实际，更要对未来作科学的预见。这就要求计划制订者在行文前，必须对各种可能出现的情况有清醒的认识，正确的估量。对将要做哪些工作，达到什么目的，如何去实施等有一个正确的设想。由此可见，没有预见性，也就没有计划。

（3）互相协调性　计划是工作的先导，对一个单位来说，有了计划就可以把领导决策的总体任务分解到所属的各个部门和单位，分解到相应的时间阶段上，这样就可以把各方面的人力、物力、财力组织起来，互相协调行动，加以合理地安排和使用。

2. 分类

"计划"不是单一的文种，而是计划类文书的总称，叫做"计划性文体"。计划的种类繁多，从不同的角度，可以有不同的分类。

● 按内容分。有学习计划、生产计划、工作计划、研究计划、财务计划、教学计划、收购计划、销售计划等。

● 按范围分。有国家计划、系统计划、地区计划、部门计划、科室计划、个人计划等。

● 按时间分。有周计划、月份计划、季度计划、年度计划、五年计划、十年规划等。

● 按性质分。有军事计划、工作计划、建设计划、维修计划及各种会议计划等。

● 按效力划分。有指令性计划、指导性计划，综合性计划、专题计划等。

● 按书写形式划分。有条文式计划、表格式计划等。

3. 结构和写作方法

计划的写法没有固定的格式，既可以采用文字叙述的方式，也可以采用条文或表格的方式，还可以采用条文表格综合式、文件式。前面三种形式的计划可以自由、灵活地写；文件式计划一般是以一级组织作出的，是全面的、时限较长的正式成文计划。

计划的格式与写法虽没有统一的规定，但在具体的写作过程中，仍有一定规律可循。计划一般由标题、正文、落款三个部分组成。

（1）标题　完整的标题包括制订计划的单位名称、计划的期限、内容范围和计划的类别四个要素，如果是草稿或初稿，还应在标题下或标题后加括号注明，如《省人民政府二〇〇二年工作要点（草案）》。

当然，标题的四个要素并不是每一份计划都必须具备的，要视具体情况而定。

（2）正文　计划的正文要写明计划的内容。可以分项写，也可以不分项写。如果分项写，可用条文式，还可用表格式。正文一般分为前言和主体两部分。

前言部分一般说明制订计划的总的原则、上级指示和要求、制订计划的依据以及对本部门具体情况的分析。这部分应该高度概括，简约明了。短期的小型计划，这部分可以省略。

主体部分要具备三项基本内容：目标、措施、步骤。目标是计划产生的起点，也是计划实施的归宿，它是计划的灵魂。这部分应该根据需要和可能，提出完成任务的指标，即要完成何任务，达到什么目的或要求。措施是实现计划的保证。这部分应该根据主客观条件，规定达到目标的手段，需动员的力量以及负责的部门、配合的单位等。步骤是实现目标的程序安排和时间要求。这部分应该按照任务完成的阶段和环节，明确哪些先干，哪些后干，体现出轻重缓急和先后顺序。在时间安排上，既要有总的时限要求，也要有每项任务的时限要求。

（3）落款　在计划正文的右下方写明制订计划的单位名称（个人计划写明个人姓名），在落款下面写明制订计划的具体日期。如果标题中已出现制订计划的单位名称，署名可以省略。

例文

酒店工作计划书

近期工作

上任后我会加强对酒店管理的学习，加强自己的各种人际交往能力，在每天的工作中更加认真，对每天维修单任务进行全面的修理和审核，同时要提高自身的素质和技术能力，提高对各种突发事件的处理能力。

首先要清洗和保养锅炉，对我们的全自动油燃锅炉进行一次系列性全面的保养工作，同时为节省燃油和减少水中杂质对锅炉的危害，我们将对水质进行全面处理。

近期我将带领工程部所有员工对发电机和高低压配电系统进行系统的检查维护、修复工作，发电机和配电线路已经使用多年，系统都已有部分损坏，所以我们必须在近期展开对发电机和配电系统的检查、维护、清洗、修复和加强管理等工作。

酒店一、二楼已开始由外包工建筑公司进行紧张的改建，我和工程部所有成员将会对这些工程进行质量和技术监督检察，使其在新年之前顺利完工。

待解决的问题

为加强自身技术和管理能力，也为更好地和各部门员工沟通、联系、配合，今后我会更积极地去对待工作，同时展开对新进员工进行电脑的使用及简单故障排除和各种常用家电设备使用和维修技术的培训。

对酒店各部门电脑系统和周边设备进行检查、保养、维修。

洗衣房由于设备老化，又在高温和各种酸碱度的水中工作，经常出现故障，我也将对其加强管理和维修，使其能保持正常工作。

太阳能由于热水器老化和表面积聚污垢，导致水不够热，我将在近期对其进行表面清洗，并尽量改善水循环系统。

水泵房的电机控制系统已有一些失灵，或是损坏，也需要检查修理。

弱电消防系统也须进行全面、系统的检查及故障处理。目前酒店的消防报警监控系统都有很大程度上的损坏，为了明年的消防安全和酒店所有人员的人身安全，急需进行更换和修复，让其能保持正常的工作状态。

在工作中，我还会不断学习，努力提高自身素质、技术、管理水平，追求工作的完美。

展望未来，我充满信心，锦鹏酒店有我的理想和对美好未来的憧憬。

我会用我的知识和技术，把酒店的设备设施搞得更好，同时为了适应新潮流，走向现代化，酒店会如我所说的每间客房都有改进，实现网络化、数字化、自动化，让客房就是一间高档办公室，也是一个温馨的家。

我还在构想着我们自己研究设计一个自动电加热水箱系统。这样在阳光不足时我们就可以用电加热而不再用费用高昂的燃油锅炉了。另外，洗衣房每天都要用锅炉烧蒸气，我们用自来水不经水质处理直接注入锅炉，会对锅炉产生一定程度的损害，所以我设想用已经报废的过滤水箱来做一个大型的水质处理器，用于净化水质。这些构想如能实现，对降低酒店运营成本和改进服务都会有很大的助益。

为了完成以上目标，为了酒店设备能高效正常工作，我会在今后的工作中全身心投入到工作当中去，努力学习新的知识和技术，以最热情的工作情绪去工作，用最科学的管理技巧、最具权威的技术把工程部搞得更好，发挥和体现自身和团体的价值与意义。

我对这次主管评选充满希望，我相信，我所有的设想将在这次评选中得以实现，所有的技术才华会得以展示。我一定会胜利。

李华
2007 年 5 月 4 日

你知道吗

计划书的写作要求

1. 要吃透"两头"，注意"上策"与"下情"的结合。
2. 要注意集中群众的智慧。
3. 计划要具有预见性。
4. 既要明确具体，又要留有余地。
5. 突出重点，兼顾一般。

二、总结

总结是对以往工作进行回顾、检查、分析、研究，从中提炼出规律性的经验，用以指导今后工作的文书。平常所说的小结、体会、认识等也是总结，只不过因其内容较单纯、涉及面较小或经验欠成熟而在具体运用上有别于总结。

总结有以下三方面作用：

● 深化人们对客观事物规律性的认识。人们在总结中以辩证思维方法为指导，全面系统地分析、研究，就事探理，将那些零星的、表面的感性认识上升为全面的、本质的理性认识，使人们的认识从必然王国向自由王国迈进。在探索客观事物的规律性中，实现认识上的飞跃，从而增强工作的预见性、主动性。

● 加强工作指导的有效性。借助总结促使领导者冷静地思索，对前一阶段工作有个全面的回顾，系统的分析，深刻的认识，看究竟哪些是成绩和经验，值得肯定和发扬；哪些是问题和教训，应该如何纠正和防止。这一切都只有在认真的总结中，才能领悟和发现。这就为今后的工作指明了方向，产生了新的力量和办法。真正做到"打一仗进一步，吃一堑长一智"，更有针对性地、有效地指导今后的工作。

● 促进经验、信息的交流。通过总结及时地将新鲜经验系统化、条理化、公开化，互相交流经验、信息，起到"他山之石，可以攻玉"之功效。既可以将"点"上的经验推广到"面"上开花结果，又可互通信息，借鉴他人的正反经验，取人之长，补己之短，共同提高，从而达到推广典型，表彰先进，带动后进，促进生产、工作和学习进步之目的。

1. 特点

（1）真实性　总结在回顾过去时要用事实说话，从本单位（或本人）自身的实践活动中选取材料，并从这些材料中提炼观点，得出结论。不得移花接木，张冠李戴，也不允许任意虚构，主观臆造。

（2）理论性　总结工作不是记流水账，不能停留在事实的表层，而是以辩证唯物主义和历史唯物主义为指针，认真地评论得失，对大量的事实材料进行科学分析，就事论理，把感性认识上升到理性认识，揭示出客观事物带规律性的结论，这也正是总结的价值所在。

（3）目的性　如果说总结工作回顾过去，回答"做了什么"体现了真实性；评论得失，回答"为什么"体现了理论性；那么指导未来，回答"怎么做"则体现了目的性。总结的根本目的就在于指导今后的实践，肯定成绩是为了增强信心，鼓足勇气，做好以后的工作；总结经验是作为后事之师，发扬光大，不断前进；找出教训是为了明白失利原因，以便吸取教训，使今后走上坦途，避免重蹈覆辙。

（4）自我性　总结是自身实践活动的产物。它以客观评价自身工作活动的经验教训为目的，以回顾自身工作情况为基本内容，以自身工作实践的事实为材料，所总结出来的理性认识也应该反映自身工作实践的规律。所以内容的自我性是总结的本质特点。

2. 分类

总结有以下几种类型：

（1）从内容上分　有工作总结、生产总结、学习总结和思想总结等。

（2）从时间上分　有定期性（年度、季度、月份）总结和以工作周期为阶段的总结。

（3）从范围上分　有全面总结、专题总结、地区总结、单位总结、部门总结、个人总结。

（4）从功能上分　汇报性总结、经验性总结。

（5）从性质上分　有全面总结、专题总结。

● 全面总结，又叫综合总结。它是对一个单位、一个部门在一定阶段各项工作的整体综合和全面概括的书面材料。这种总结因涉及一个单位、一个部门在一定时间里各方面的工作，其特点是内容广泛，篇幅较长。它既要反映纵的系统，又要反映横的断面，以求综合反映工作的全貌，有时还要求反映全方位的情况。这种总结，通常有三种用途：一是用于向上级汇报工作；二是用于向本单位或本部门的群众做工作总结报告；三是用于与外单位或外部门交流经验时使用。全面总结是日常工作中经常使用的一种总结。

● 专题总结，有时也叫单项总结。它是对一个单位、一个部门在一定时间里某一项工作或某一项工作中的某一个问题所作的专门总结。这种总结因只涉及一个单位、一个部门在一定时间里的某项工作或某个问题，其特点是内容比较单一集中，针对性强，篇幅不长。因而这种总结要求对问题的探讨较为深入，分析比较透彻，尽可能把某一单位、某一部门的某项工作中的成绩突出出来，典型经验反映出来。撰写这种总结，一般是为了总结典型经验，以便推广。

3. 结构和写作方法

总结没有固定的形式，常见的格式由标题、正文和落款三部分组成。

（1）标题　总结的标题有下列几种构成方式：

● 陈述式标题　即一般公文式标题，由"单位＋时限＋种类＋文种"构成。如果单位名称署于文末或标题下，时间概念也较明确，标题中就不再重复。

● 论断式标题　由正、副两个标题组成，正标题概括总结的内容或基本观点，副标题标明单位名称、内容范围、时间和文种。如《还是生一个好——市1994年计划生育工作总结》。

● 概括式标题　根据内容概括出题目，类似一般文章标题的写法。如《用改革精神建设三峡》《抓好两个"发挥"深化农村教育综合改革》。

（2）正文　一般分为三个部分：

● 前言　概括基本情况，包括交待总结所涉及的时间、地点、对象和背景；概述基本经验、点明主旨；引用数据扼要说明主要成绩和问题。前言以精练的语言，揭示总结的精髓之处，引起读者的注意，并使读者对全文有个大体的印象。

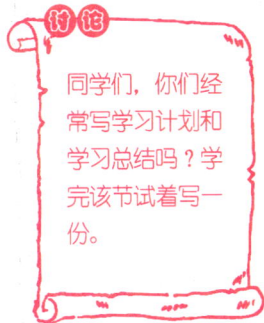

● 主体　这是总结的主要内容，包括三个部分：

首先是主要成绩和收获。成绩和收获是指在实践活动中所取得的成果和精神成果。这个内容在不同的总结中有不同的写法。

其次是主要经验体会。经验是指取得优良成绩的原因、条件以及具体做法。体会则是经验的升华、理论的认识。这部分是总结的重心，应下工夫分析、研究、概括，对经过事情的是非得失、利弊做出科学判断，并表述出来，指出此项工作的规律性。

最后指出存在问题和教训。查找工作实践中应当解决而未解决的问题，或未做完工作存在的问题。分析造成问题的教训，究竟是思想方法上的问题，还是工作方法不对头，或者是其他主客观原因，从而总结出造成失误、损失的反面经验，明白应记取的教训。

以上是总结主体部分应写的内容，作者应根据当时写总结的目的要求，选择适当的结构形式，将上述内容表述出来。

● 结束语　一般写两层意思：一是今后努力的方向。在经验教训的基础上，明确工作前进的方向，提出新的目标和任务。二是针对问题和教训，提出改进措施和新的设想。这部分行文要简短有力、有针对性和鼓动性。

（3）落款　包括署名和日期。单位总结的署名，一般写于标题中和标题下，总结上不署名。个人总结的署名，一般都写在正文的右下方。

4. 写作内容要点

（1）明确目的和指导思想　总结的目的是为了将感性认识上升为理性认识，并以理性认识指导今后的工作。这个目的在每一次的总结中有不同的体现，作者应当把握领导的意图，弄清起草总结的具体目的。在明确目的的同时还必须认清当前的形势和任务，熟悉党和国家关于此项工作的路线、方针、政策，并以此作为指导思想，才可能写出好的总结来。

（2）实事求是，一分为二　"实事"就是客观存在着的一切事物，"是"就是客观事物的内部联系，即规律性，"求"就是我们去研究。写总结应当从本单位丰富的事实材料出发，引出固有的而不是臆造的规律性，切忌任意拔高，应当坚持"一分为二"，全面地分析问题，既肯定主流，又要看到支流；既看到成绩，又要看到缺点、错误；即要明确成功的经验，又要找到失误的教训，切忌片面性和绝对化。

（3）统一观点和材料　对占有的大量材料进行认真分析研究，综合提炼，提炼出恰如其分的、新颖的观点，然后选用有个性特征、有代表性、最能反映问题本质的典型材料，去支撑观点，并再次推敲观点，使观点恰到好处地统帅材料，力求使观点和材料两者水乳交融，

讨论

同学们，你们经常写学习计划和学习总结吗？学完该节试着写一份。

有机统一。

（4）语言要准确、简明、生动　总结一要用语准确，讲究分寸，不夸大，不缩小，所引用的事实没有出入，数据没有差错。二要简明精粹，朴实易懂，不冗长拖沓，不写废话、空话。三要生动，要善于选用群众喜闻乐见、熟悉、形象的语言，表述要新鲜、活泼，不落俗套。

（5）熟悉情况，占有材料，认真撰写　写好总结，必须熟悉工作过程、完成工作的具体做法和具体措施以及工作者的思想及变化，全面地掌握各种材料，占有材料是写好总结的前提。在熟悉情况、占有材料的基础上，要认真分析研究材料，明确主题，突出中心，把成绩写够，把问题说透，真正总结出经验和教训来。

（6）谨防帽子大、事实小　总结中容易出现结论与事实不相符的问题，或结论大事实小，或事实大结论小。

（7）找出规律性的东西　一篇高质量高水平的总结，关键在于是否总结出有规律性的东西。只有总结出规律性的东西，方能具有生命力，具有指导意义。

例文

教师工作总结

一学期来，本人认真备课、上课、听课、评课，及时批改作业、讲评作业，做好课后辅导工作，广泛涉猎各种知识，形成比较完整的知识结构，严格要求学生，尊重学生，发扬教学民主，使学生学有所得，从而不断提高自己的教学水平和思想觉悟，并顺利完成教育教学任务。

下面是本人的教学经验及体会：

1. 要提高教学质量，关键是上好课。为了上好课，我做了下面的工作：

（1）课前准备：备好课

①认真钻研教材，对教材的基本思想、基本概念，每句话、每个字都弄清楚，了解教材的结构，重点与难点，掌握知识的逻辑，能运用自如，知道应补充哪些资料，怎样才能教好。

②了解学生原有的知识技能的质量，他们的兴趣、需要、方法、习惯，学习新知识可能会有哪些困难，采取相应的预防措施。

③考虑教法，解决如何把已掌握的教材传授给学生，包括如何组织教材、如何安排每节课的活动。

（2）课堂上的情况

组织好课堂教学，关注全体学生，注意信息反馈，引起学生的有意注意，使其保持相对稳定性，同时，激发学生的情感，使他们产生愉悦的心境，创造良好的课堂气氛，课堂语言简洁明了，克服了以前重复拖沓的毛病，课堂提问面向全体学生，注意引发学生的学习兴趣，课堂上讲练结合，布置好家庭作业，作业少而精，减轻学生的负担。

2. 要提高教学质量，还要做好课后辅导工作，小学生爱动、好玩，缺乏自控能力，常在学习上不能按时完成作业，有的学生抄袭作业。针对这种问题，抓好学生的思想教育，并使这一工作贯彻到对学生的学习指导中去，还要做好对学生学习的辅导和帮助工作，尤其在后进生的转化上，对后进生努力做到从友善开始，比如，握握他的手，摸摸他的头，或帮助其整理衣服。

从赞美着手，所有的人都渴望得到别人的理解和尊重，所以，和差生交谈时，对他的处境、想法表示深刻的理解和尊重，在批评学生之前，先谈谈自己工作的不足。

3. 积极参与听课、评课，虚心向同行学习教学方法，博采众长，提高教学水平。

4. 培养多种兴趣爱好，博览群书，不断拓宽知识面，为教学活动注入新鲜血液。

社会对教师的素质要求越来越高，在今后的教育教学工作中，我将更严格要求自己，努力工作，发扬优点，改正缺点，开拓前进，为美好的明天贡献自己的力量。

张×

××××年××月××日

知识点 6　简报和述职报告

一、简报

简报是党政机关、社会团体、企事业单位用来汇报工作、反映情况、交流经验、沟通信息、报道动态而编发的内部常用事务文书。简报是个总称，各单位内部编发的"动态""简讯""信息""内部参考""情况交流""情况反映""工作通讯"等，都属于简报的范畴。从文体上看，它是简要报道单位内部各方面信息的一种常用文体；从形式上看，它是一种具有固定格式的内部刊物。

简报的作用如下：

● 反映情况。通过简报，可以将工作进展情况以及工作中出现的新情况、新问题、新经验，及时反映给各级决策机关，使决策机关了解下情，为决策机关制定政策、指导工作提供参考。

● 交流经验。简报体现了领导机关的一定指导能力，通过组织交流，可以提供情况、借鉴经验、吸取教训，这样对工作有指导和推动作用。

● 传播信息。简报本身即是一种信息载体，可以使各级机关及从事行政工作的人互相了解情况，吸收经验、学习先进、改进工作。

1. 特点

简报具有一般报纸新闻性的特点，这是共性；它又有本身的特点，主要是：

（1）内容专业性强　公开的报纸，一般是综合性的，内容广泛，各方面的新闻都有，政治经济文化、工农商各行各业、城市乡村、国内国外的新闻等；除了新闻，还有文艺作品。这样能满足各阶层读者的需要，有宣传政策、沟通信息、传播知识和陶冶性情等多方面的作用。简报就有所不同，它一般由有关单位、部门主办，专业性十分明显。如《人口普查简报》《计划生育简报》《水利工程简报》《招生简报》等，分别由主办单位组织专人撰写，传递该项工作的各种信息，包括情况、经验、问题和对策等，一般性的东西少说，无关的东西不说，专业性的东西多说。

（2）篇幅特别简短　虽然所有报纸篇幅都有限，文章都较简短，但比较起来，公开的大报，一般都有 4 版，有 4 万多字；地方小报，每期也有 2 万多字。简报姓"简"。简，是它区别于其他报刊的最显著的特点。一期简报甚至只登一篇文章、几段信息，或一期几篇文章，总共一两千字，长的也不过三五千字，读者可以用很短的时间把它读完，适应现代快节奏工作的需要。简报的语言必须简明精炼。

（3）限于内部交流　一般报纸面向全社会，内容是公开的，没有保密价值，读者越多越好，正因为如此，它除了新闻性外，还要求有知识性和趣味性。简报则不同，它一般在编报机关管辖范围内各单位之间交流，不宜甚至不能公开传播，特别是涉外机关和专政机关主办的简报更是如此。有的简报，往往是专给某一级领导人看的，有一定的保密要求，不能任意扩大阅读范围。

2. 分类

（1）日常工作简报　又称业务简报，这是一种反映本地区、本系统、本部门日常工作或问题的经常性简报。它包含的内容较广，工作情况、成绩问题、经验教训、表扬批评，对上级某些政策或指示执行的步骤、措施都可以反映。它常以定期或不定期的形式出现，在一定范围内发行。

（2）中心工作简报　又称专题简报，它是一种阶段性的简报。它往往是针对机关工作中某一时期的中心工作、某项中心任务办的简报，中心工作完成，简报也就停办了。

（3）会议简报　是会议期间反映会议情况的简报，它是一种临时性的简报，内容包括会议中的情况、发言及会议决定等。规模较大、时间较长的会议常要编发多期简报，以起到及时交流情况，推动会议的作用。小型会议一般是一会一期简报，常常在会议结束后，写一期较全面的总结性的简报反映情况。

（4）动态简报　包括情况动态和思想动态。这类简报的时效性、机密性较强，要求迅速编发，发送范围有一定限制，在某一个时期、某一阶段要保密。

3. 结构和写作方法

简报的种类尽管很多，但其结构不无共同之处，一般都包括报头、标题、正文和报尾四个部分。有些还由编者配加按语，成为五个组成部分。

简报一般都有固定的报头，包括简报的名称、期号、编发单位和发行日期。

● 简报名称。印在简报第一页上方的正中处，为了醒目起见，字号宜大，尽可能用套红印刷。

● 期号。位置在简报名称的正下方，一般按年度依次排列期号，有的还可以标出累计的总期号。属于"增刊"的期号，要单独编排，不能与"正刊"期号混编。

● 编发单位。应标明全称，位置在期号的左下方。

● 发行日期。以领导签发日期为准，应标明年、月、日，位置在期号的右下方。

报头部分与标题和正文之间，一般都用一条粗线拦开。

有些简报根据需要，还应标明密级，如"内部参阅""秘密""机密""绝密"等，位置在简报名称的左上方。

报尾部分应包括简报的报、送、发单位。报，指简报呈报的上级单位；送，指简报送往的同级单位或不相隶属的单位；发，指简报发放的下级单位。如果简报的报、送、发单位是固定的，而又要临时增加发放单位，一般还应注明"本期增发×（单位）"。报尾还应包括本期简报的印刷份数，以便于管理、查对。报尾部分印在简报末页的下端。

例文

工作简报

第×期

编印：山西汇丰源农副产品有限公司办公室　日期：2006年1月9日　星期一

深入了解　缜密部署春节前后各项工作

毕研文总经理二○○六年元旦正式到任，并在坂下信用社二楼办公室与全体员工见面座谈，对前期工作予以了充分肯定，勉励大家继续做好今后工作；连日来，毕总视察基地，与下樊社区居委会领导接触，和项目部孙绍荣经理、高磊经理多次进行工作交流和沟通，对公司工作情况有了初步了解。在此基础上，于二○○六年一月九日正式召开了工作会议，毕研文总经理主持会议，项目指挥部孙绍荣经理、高磊经理、办公室乔保富、土建工程师姜振峰、内勤陈林艳等参加了会议。会议内容如下：

首先，毕总经理对清垣集团宫兆华先生为创建汇丰源公司的科学决策及创建过程中所做的大量辛苦且卓有成效的工作表示钦佩，对宫总雷厉风行的工作作风和沉稳细致的指挥协调，为顺利地处理并实施整个汇丰源公司的开局工作奠定了非常好的基础表示衷心感谢。接着毕总经理明确了今后的工作思路：以宫总统筹部署的目标和规划为指导，坚持务实灵活、因时因地适宜的原则，具体抓好项目实施工作；对公司管理和春节前后要做的工作从四个方面做了说明和强调。

一、公司组建情况

公司管理层由毕总、孙绍荣经理、高磊经理组成。毕总统缆全局，总体把握，孙经理和高经理协调配合，原来分工不变。

公司办公室由乔保富负责，陈林艳归办公室管理，主要负责内勤和打字；办公室工作要服务好、配合好公司领导工作，每次开会都要写纪要，以备查询和督促落实。

土建工程师姜振峰，服从孙经理和高磊经理的领导，尽心尽力地做好工程设计、监理和结算等方面的工作。

二、企业内部管理

1. 建立规章制度：用制度管人，形成共同约束机制，制度既要完善全面又要操作性强，能够贯彻下去。

2. 完善档案资料：坚持真实、准确的原则，履行签字手续，经得起时间、历史的考验和有关部门的审查和审计。

3. 加强劳动纪律：员工上班要考勤，要签到，养成良好的习惯和风纪。

4. 理清财务手续：公司成立以来此次会议之前所发生的费用在春节前要在财务上结清。

5. 文字材料撰写：文字资料要程序化、规范化，办公人员要熟悉专业术语，思路清晰，表达准确，高磊经理要把关。

6. 公司对外咨询联络：包括图纸设计、审批手续和工程建设和由孙经理和高经理负责。要坚持两个原则：①灵活高效、节俭办事；②协调沟通，互惠互利。

三、春节前工作安排

1. 猪舍轻钢结构招投标工作；

2. 办公室楼的设计工作；

3. 沼气建设的设计工作；

4. 已完成工程的结算工作，包括：工程量、价款、资金支付，要把握好度，有科学真实和合法依据，对董事会负责。

5. 公司前期所发生的办公费用要写出专门报告。

6. 员工工资福利：孙经理和高经理多考虑，基本上按过去清垣集团所统筹考虑的标准执行。

7. 安排好值班：包括工地和办公室值班，特别是临近年关，要保持联系畅通，不能影响工作，对特殊假日可考虑安排补助，责任和利益要相联系。

四、春节后工作安排

1. 修路：养殖基地300米简易沙石路要和下樊社区保持沟通，取得支持，加快实施。

2. 基地用水用电：涉及审批手续、竞投标及建设施工等问题，由孙经理负责。

3. 办公楼的设计工作：面积不少于1 500平方米，楼层不低于三层，既要美观又要实用。

4. 饲料厂的建设：是猪场一期工程的主要配套项目，要抓紧落实图纸设计、施工规划和加快建设进程。

5. 轻钢结构的安装：市场化运作，公开竞标，降低成本。

6. 沼气池的建设：经亚行办联系由上海设计单位进行设计并签订设计合同。

7. 人员配备：要提前考虑防疫、饲养人员的招聘，要培养自己的人才队伍。

随后孙绍荣经理表示：要团结在毕总周围，把各项工作搞好，毕总对公司董事会负责，我们对毕总负责。并提出以下要求：

1. 办公室档案资料要补齐，规范化，年前把这项工作做完。

2. 办公楼的设计，请设计人员到现场勘察，年前出草图，正月二十以前确定正式施工图纸。

3. 养殖基地水电问题，一是通过招投标解决打井问题，确保质量；二是由社区居委会领导协调变压器安装，借力办事，提高效率。

4. 养殖场附近的路面铺设：和下樊社区进行充分协调，力争在春季万头猪场工程全面开工前完成。

毕总补充了两点：一是涉及公司工程项目的相关亚行报告要整理出来，立卷存档；二是现在公司急需的办公设备购置先做出预算，由高经理负责。

高磊经理就临汾经济技术开发区亚行转贷协议的签署进行了说明。

二、述职报告

述职报告可以说是工作报告中的总结性报告。报告是向上级机关陈述事项的上行文，属于行政公文中议案、报告和请示三个上行文之一。《国家行政公文处理办法》规定，"报告适用于向上级机关汇报工作，反映情况，答复上级机关的询问"。报告中的总结性报告多用于提交大会进行讨论，如各级政府向同级人民代表大会所作的"政府工作报告"。这种报告虽然是代表法定社会组织及其部门的，却是在报告人自身负有全责的情况下运转工作的，实质上就是述职报告。可以看出，述职报告是社会组织机关和部门的负责人向上级管理机关陈述自己某一阶段工作情况，进行总的回顾，找出内在规律，以指导未来实践的履行职务情况的口头报告。作为综合性较强的公文，属于报告的一种，又与总结和讲话稿相似。

1. 特点

（1）个人性　述职报告对自身所负责的组织或者部门在某一阶段的工作进行全面的回

顾，按照法规在一定时间（立法会议或者上级开会期间和工作任期之后）进行，要从工作实践中去总结成绩和经验，找出不足与教训，从而对过去的工作做出正确的结论。与一般报告不一样的是，述职报告特别强调个人性。个人对工作负有职责，自己亲身经历或者督查的材料必须真实。这就要在写作上更多地采用叙述的表达方式。还要据实议事，运用画龙点睛式的议论，提出主题，写明层义。讲究摆事实，讲道理；事实是主要的，议论是必要的。在写法上，以叙述说明为主。叙述不是详叙，是概述；说明要平实准确，不能旁征博引。

（2）规律性 述职报告要写事实，但不是把已经发生过的事实简单地罗列在一起。它必须对搜集来的事实、数据、材料等进行认真的归类、整理、分析、研究。通过这一过程，从中找出某种带有普遍性的规律，得出公正的评价议论，即主题和层义以及众多小观点（包括了经验和规律的思想认识）。议论不是逻辑论证式，而是论断式，因为自身情况就是事实论据。如果不能把感性的事实上升到理性的规律性的高度，就不可能作为未来行动的向导。当然，述职报告中规律性的认识，是从实际出发的认识，实践理性很强，也就不需要很高的思辨性。不管怎样，述职报告是否具有理论性、规律性是衡量一篇述职报告好坏的重要标志。述职报告的目的在于总结经验教训，使未来的工作能在前期工作的基础上有所进步，有所提高，因此述职报告对以后的工作具有很强的借鉴作用。任何一项工作都不可能是凭空而来，总是具有一定的继承性与创新性。而继承性，就是要继承以前工作中的一些好的方面，去掉不好的方面，然后加以创新，工作才会有进步，完全抛离过去的工作创新是不可能的。策略性也是规律性的一个方面。策略即今后工作计划，是述职报告的重点内容。

（3）通俗性 面对会议听众，要尽可能让个性不同、情况各异的与会代表全部听懂，这就决定了讲话稿必须具有通俗性。对于与会者来说，内容应当是通俗易懂的。即使是专业性、学术性很强的内容，也要尽可能明晰准确，以与会者理解为标准。形式更是通俗的。结构是格式化的。语言则是口语化的。不同于一般的科学文章，更不同于一般的公文，最明显的一点是语言的口语化。一般的科学文章，主要诉诸人们的视觉，要让读者理解，语言就要概括精练，甚至讲究专业性。而一般公文尤其是行政公文，语言更是规范的，有的格式用语甚至是特定的，最重视的是准确、明晰和简练。相反，讲话稿的语言则由讲话的本身性质所决定的，必须口语化。由于讲话是声入心通的人和人之间的传播活动，需要更加适应人们的接受心理，拉近讲话者和听众的心理距离，这就特别讲究语言的大众化、口语化。

（4）艺术性 述职报告的艺术性是魅力所在，直接影响着整个报告这一艺术生命体。这样，写作述职报告必然联系整体的讲话活动特点来进行。"述职报告"一词，可以分为两部分来看待："述职"，是主体的实质性道理。"报告"，是呈现表象而又整体的艺术生命体。报告者要两者并重。写作述职报告，最好从上述总的认识出发。

通俗性和艺术性，一般表现在口语化、感情化、个性化的语言上。写述职报告时要变文字为有声语言：

- 语言生活化、口语化、大众化。
- 多用短句子，注意长短交叉合理，随物（公务和感情）赋形。
- 慎用文语（古语和欧化语），作点缀之用。
- 少用单音词。
- 避免同音不同义或易混淆的词语。
- 不随便用简略语。
- 还可以适当增加语气词如"吧""吗"之类。
- 为了方便聆听，有些标点符号还要用文字代替，如顿号改为"和"，破折号改为

"是"，引号表示否定时改为"所谓"，括号补充另用文字说明等。

2. 分类

●从时限上，可分为任期述职报告（现任职位以来的总体情况报告）、年度述职报告（报告本年度的履行职务的情况）、临时性述职报告（担任某项临时职务的报告）。

●从表述形式上，可分为口头述职报告、书面述职报告。一般任职时间较短且在较小的基层单位工作的可以用口头述职。

3. 结构和写作方法

述职报告的外在结构是格式化的，包括标题、称谓、正文和署名四部分。

（1）标题

●单行标题："述职报告"或者"在……（上）的述职报告"。

●双行标题：正题写主题，或者写述职报告类型，前者如《加快改革开放和现代化建设步伐，夺取有中国特色社会主义事业的更大胜利——在中国共产党第十四次全国代表大会上的报告》，后者如《政府工作报告——2001年×月×日在第七届市人民代表大会上的报告》；副题写述职场合，见上述例题。

（2）称谓　称谓是报告者对听众的称呼。称谓要根据会议性质及听众对象而定。称谓放在标题之下正文的开头，有时根据需要在正文中间适当穿插使用。称谓一般采用提行的写法。

（3）正文　述职报告的写法依据报告的场合和对象而定，一般来说采用总结式写法，共分四部分。

①基本情况　履行职责的基本情况，用平直、概括、简短、最精练的文字，概括地交待，如主要情况、时间、地点、背景、事件经过等。包括以下主要内容：

●第一，工作过程。

●第二，内容概括（成绩、经验为主）。可以将总结出来的规律性的认识、主要的经验或教训、主要的成绩或存在的问题用简短概括的文字写出来。

●第三，主题认识。这样，听众对报告的全貌有一个大致的了解，也能够统领全篇，激发听众的兴趣，启发和引导听众积极思考。

②成绩经验　自此以下包括问题教训和今后计划共三部分，要分出层次来分析证明主题，这才能条理分明。

层次安排方法，一般采取横向排列（各层次独立性强，共同论证主题的正确）。每一层次都要有一个小的主题，写成层义句。层义句，一般写在层次前面，或者每一层次前后都要写出，也有的层义句写成了小标题。可以是口号（主题句）的反复。层次中间要恰当运用材料。

③问题教训　要实实在在，要有条理，不要避重就轻。

④今后计划　包括目标、措施、要求三要素。要切实可行。这部分与总结不同，数量少一些，占全文 1/5 以下为好。

报告结束时要用称谓礼貌用语，如："以上述职报告妥否，请予审议。谢谢大家!"

（4）落款　述职报告的落款要写明自身姓名及单位名称，最后写年、月、日。

例文

述职报告

尊敬的各位领导、代表：

我于今年七月任市政协副主席，同时仍是市发展和改革委员会主任，除了参加市政协的重要活动外，我的主要工作精力仍然放在发改委，是发改委党风廉政建设责任制的第一责任人。按照省落实党风廉政建设责任制领导组办公室和市纪检委、市委组织部的要求，结合年度工作目标考核，现将2004年我本人贯彻落实党风廉政建设责任制、履行"一岗双责"以及个人廉洁从政情况报告如下，请领导和同志们考核评议：

一、履行"一岗双责"情况

在本年度内，我能够按照"一岗双责"的要求，在认真履行行政工作职责，做好经济运行监测、经济结构调整、重大项目建设、对外招商引资等各项业务工作的同时，依照"一把手负总责、分管领导各负其责"的原则，严格履行党风廉政建设工作职责，做到了"五个到位"：

一是思想认识到位。作为发改委党风廉政建设责任制的第一责任人，我十分重视此项工作。我充分认识到，党风廉政建设责任制所规定的各项责任，是各级领导班子、领导干部在党风廉政建设中必须担负的重大政治责任，各级领导干部尤其是党政一把手要以身作则，身体力行，带头贯彻执行，认真贯彻落实。因此，我坚持把党风廉政建设列为全委年度重要工作任务来认真对待，把抓好党风廉政建设作为自己重要的岗位职责来认真履行，既不当"甩手掌柜"，也不搞"一曝十寒"，做到亲自安排，亲自部署，力求把每项工作都落到实处。今年，我就多次召集委党组成员召开专门会议，学习贯彻中央、省委、市委关于党风廉政建设的部署和要求，分析研究职责范围内的党风廉政状况，研究制订党风廉政建设工作计划，并组织实施，做到了党风廉政建设与各项业务工作紧密结合、一同部署、一同落实、一同检查、一同考核、一同奖惩，影响和带动了全委党风廉政建设工作的有序开展。

二是制度保障到位。今年，我们先后制订完善了"发改委公开办事制度""党委中心组学习制度""机关精神文明建设标准""发改委职业道德基本规范""机关干部职工廉洁自律'十要''十不准'""发改委改进工作作风、加强调查研究的决定""市以工代赈项目实行公开制度的实施方案""发改委党风廉政建设，纠正行业不正之风责任追究制度"等各项规章制度，内容翔实、要求具体、职责明确，使党风廉政建设工作有章可循，有法可依，走上了制度化、规范化的道路。

三是任务分解到位。按照市纪检委的有关精神，我委在年初即对贯彻落实党风廉政建设责任制工作进行了任务分解，明确了责任。我本人负责全面工作，纪检书记协助我专抓党风廉政建设工作，负责监督、检查全委基层党组织、党员、干部对党的路线、方针、政策和上级指示、决议、决定的贯彻执行情况，各位副主任在抓好自身党风廉政建设的同时，侧重抓好所分管科室的党风廉政建设工作，并重点兼管某一方面的党风廉政建设具体工作，从而形成了"一把手负总责、分管领导各负其责、班子成员齐抓共管"的工作机制和工作氛围，做到了班子成员人人有责任、个个有压力，从而保证了党风廉政建设工作的顺利开展。

四是具体措施到位。首先，通过加强学习，提高了干部职工廉洁从政的自觉性。我们每周二下午雷打不动，组织机关干部认真学习"三个代表"重要思想和党的"十六大"、十六届五中、六中全会精神，深入进行《廉洁从政行为准则》《党员纪律处分条例》等党纪条规和《行政许可法》的学习教育活动，使全委干部职工充分认识到了加强党风廉政建设的重要性和必要性；其次，通过认真开好党委民主生活会，促进了领导班子的党风廉政建设。今年两次民主生活会，我们每个班子成员对照党章条例、结合"三项治理"进行了富有成效的批评与自我批评，使大家认识到警钟长鸣的重要性，增强了拒腐防变的自觉性；最后，通过积极参加各种活动，加强了对干部职工的廉洁从政教育。凡全市组织的警示教育、法制宣传、观看影视、征订书刊、知识竞赛、文体比赛等有关党风廉政建设的活动，我们都积极组织参加，凡遇有关党风廉政建设的活动、检查都能高度重视、认真完成。

五是督办检查到位。在党风廉政建设工作上，我从不找借口泛泛地应付，而是紧密结合发改委工作实际，严格按照党风廉政建设年度工作要求，一条一条、一步一个脚印地抓落实，并结合季度、半年和年终科室工作考核测评，把落实党风廉政建设责任制作为对科室和干部职工的一项重要考核内容进行检查、评价，持之以恒，既较好地约束了每一个领导成员和干部职工，又及时给了全委干部群众一个"明白账"，效果很好。

通过落实和加强党风廉政建设，不仅我委的各项工作都取得了长足进步，得到了市委、市政府的充分肯定，而且机关作风和干部精神面貌都焕然一新，廉洁从政、执政为民的风气日益浓厚，到目前为止，不但我本人没有任何违法违纪行为，而且班子成员和其他党员干部也没有发生任何违法违纪案件和责任事故，也未发生吃、拿、卡、要等问题。

二、个人廉洁从政情况

从走上发改委主任特别是到市政协副主席这一岗位开始，我就本着用自己的行动感召人、用自己的形象影响人、用自己的诚意打动人、用自己的表率带动人的原则，公平做事，认真做人，严格执行了廉洁自律各项规定。

一是注重了党性锻炼和德操修养。我能够坚持政治学习，注重自我改造，做到不仅经常教育全委同志，而且能以身作则地自觉做到政治上不说糊涂话、不做出格事，在思想上与党中央保持高度一致，在行动上与市委、市政府保持高度一致，对党和人民的事业充满信心，始终保持旺盛的工作热情，用一个共产党员、一个国家公务员、特别是一个单位的领头羊的标准经常要求、告诫自己，鞭策、激励自己恪守廉洁勤政。

二是坚持了民主集中制原则。站在一把手的位置上，我十分注意团结带领委领导班子按照民主集中制的原则合作共事，一方面在谋全局、把方向、管大事上，充分履行一把手总揽全局、协调各方的职责，煞费苦心、殚精竭虑地谋划全市的经济建设和社会发展；另一方面，我十分注意摆正自己的角色位置，善于放权放手于班子成员、乐于让名让利于上下左右，做到宽容待人、宽厚用人，公正办事、公平处事，从来不搞"一言堂"。

三是认真完成了各项工作任务。我觉得，只有勤政务实、努力工作，才能把党风廉政建设落到实处，抓好发展这个第一要务，才是真正落实党风廉政建设责任制的初衷。因此，我就兢兢业业、不知疲倦地工作，力争在有限的工作时间内，为忻州经济社会发展作出更多贡献。经济运行、结构调整、重大项目、争资引资几项工作与发改委职能密切相关，今年我们都取得了优异成绩。经济运行速度快、质量高、效益好，经济结构调整向纵深推进，负责落实的重大项目均取得实质性的新进展，全年争取国家、省、银行贷款等各类资金超过9亿元，引进资金到位超过50亿元，工作成绩得到了市委、市政府和上级部门的充分肯定。

四是严格执行了廉洁自律有关规定。为官一天，我就天天自省，要求自己严格做到"三无"，即无贪污受贿、无以权谋私、无奢侈浪费现象，而是清清白白，一切从工作出发，一切从大局出发，一切从实际出发，正确处理权、责、利之间的关系，做到以身垂范。在用人上，我严格按照《党政领导干部选拔任用条例》执行，做到了任人唯贤、任人唯才；在财务上，我严格执行财经纪律和财务制度，提倡厉行节约，为了工作不得不花的开销，全部通过主任办公会议集体研究决定；在车辆上，我委从未买过一辆超标小轿车；在住房上，我本人拥有产权的仅有一套，由市委、市政府统一建造并出售，面积108.26平方米，但为了工作方便，也由于身体原因，我现在发改委宿舍借有一套空房暂住；在吃喝上，我本人从未利用公款请吃请喝，也未接受过公款吃请，单位除正常的接待工作外，也从未搞过公款吃喝，不存在奢侈浪费现象；在对待家属、子女问题上，我爱人是市档案局一名普通公务员，女儿在部队工作，儿子仍在读书，都不从事任何经商活动，我本人也从未因此为亲属提供过方便；在生活细节上，我能严格要求自己，从不参加娱乐性活动，也未参与过赌博，更不存在腐化堕落行为。

总之，无论是我个人还是整个发改委班子集体，在党风廉政建设上都做到了有组织领导、有责任规范、有制度措施、有监督约束机制，工作内容到位、工作措施到位、工作效果到位。但是，认真检查一年来的党风廉政建设工作，可以肯定地讲，虽然主观上没有违反党风廉政建设有关制度纪律的故意，但在客观上仍不免存在这样那样的不足。因此，我将继续努力，带领全委干部职工，把落实党风廉政建设责任制工作坚持不懈地扎实开展下去。

三、今后的努力方向

对照市委、市纪委有关要求，针对工作中存在的薄弱环节和不足，今后在贯彻落实党风廉政建设责任制上，我将着重向以下几方面努力：

一是进一步完善党风廉政建设责任制，健全组织，落实制度，明确责任，抓好基础，从我做起、从现在做起，在全委创造和维护党风廉政建设和反腐倡廉的小环境。

二是继续坚持"一岗双责"和"五个到位"，把党风廉政建设真正摆到重要位置、列入议事日程、严格考核测评，坚持让群众来评价、让事实来说话。

三是结合发改委工作的新形势，在实践中进一步探索综合性、服务型机关加强党风廉政建设的工作路子，力求形成具有发改委部门特色、可具操作的反腐倡廉好做法。

四是我个人将一如既往地勤政敬业，廉洁自律，树立好全心全意为人民服务的公仆形象，为市经济社会发展竭心尽力，多做贡献。

王××

××××年××月××日

你知道吗

述职报告的写作要求

在写述职报告时有三个要求：

1. 要以事实和材料为依据

对以往的工作实践进行回顾、分析，因此以往实践所发生的事件是写作的唯一依据。述职报告必须把过去一段时间之内所做工作的材料全面地搜集起来，包括面上的材料与点上的材料、正面的材料与反面的材料、事件材料与数字材料以及背景资料等。事件材料必须真实可信。数字要准确可靠。背景材料要有辅助性，能与事实形成鲜明的对比或者烘托。材料的来源主要依靠以下途径：一是平时积累，作者最好能有亲自参加实践活动的经历，这样得来的材料会更真实可信；二是开座谈会，与会人员要具备代表性，各方面的人都要有，这样得来的材料才不至于偏颇；三是个别走访；四是查阅各部门递交或者以往的文字材料，诸如计划、简报、部门总结、会议记录、统计报表等。总结的写作切忌：闭门造车，随意编造事实或数据，欺上瞒下，或者走过场。

2. 要点面结合，重点突出

写述职报告顾及各个方面，祈求十全十美、天衣无缝，什么工作都写，这样势必犯了大而全的错误。包罗万象，应有尽有，表面看上去好像很不错，实际上眉毛胡子一把抓。这样的述职报告实际上是为了讨好各方，没有什么实际意义。还有的述职报告几十年如一年，年年相似，只是改动一些年份与数字，没有特点。每年的工作可能大同小异，但也有各自的特点。写述职报告时应认真总结出限定时期的工作特点，抓精华，找典型，以这段时期工作中突出而富有典型意义的事件来反映一般，抓住主要矛盾，写出这一段工作的特色，这样的述职报告才不会造成千篇一律的面孔，才会确实具有指导意义。

3. 要分析事实与材料，找出规律

述职报告的目的是为了以后更好地工作，扬长避短，因此经验与教训是一篇总结的关键。要从自己掌握的事实与材料中总结出规律性的东西，这样的述职报告才有意义。所谓规律性的东西，即反映事物本质与发展必然性的认识，是经常起作用的认识。因此，要把已知的材料分门别类地进行分析、比较、鉴别，把零散的感性的事实与材料上升到理性的高度，引出让人看得见、摸得着、用得上的规律。写述职报告切忌仅是简单地罗列事实，没有分析与归纳，这样的述职报告仅仅只是一篇汇报材料而已，只能作为资料收藏，对实际工作毫无指导意义。

知识点7　会议记录和规章制度

一、会议记录

在会议过程中，由记录人员把会议的组织情况和具体内容记录下来，就形成了会议记录。"记"有详记与略记之别。略记是记会议大要，会议上的重要或主要言论。详记则要求记录的项目必须完备，记录的言论必须详细完整。若需要留下包括上述内容的会议记录则要靠"录"。"录"有笔录、音录和影像录几种，对会议记录而言，音录、像录通常只是手段，最终还要将录下的内容还原成文字。笔录也常常要借助音录、像录，是作为记录内容最大限度地再现会议情境的保证。

会议记录的主要作用有：
- 准确写明会议名称（要写全称），开会时间、地点，会议性质。
- 详细记下会议主持人、出席会议应到和实到人数，缺席、迟到或早退人数及其姓名、职务，记录者姓名。如果是群众性大会，只要记参加的对象和总人数，以及出席会议的较重要的领导成员即可。如果某些重要的会议，出席对象来自不同单位，应设置签名簿，请出席者签署姓名、单位、职务等。

● 忠实记录会议上的发言和有关动态。会议发言的内容是记录的重点。其他会议动态，如发言中插话、笑声、掌声，临时中断以及别的重要的会场情况等，也应予以记录。

记录发言可分摘要与全文两种。多数会议只要记录发言要点，即把发言者讲了哪几个问题，每一个问题的基本观点与主要事实、结论，对别人发言的态度等，作摘要式的记录，不必"有闻必录"。某些特别重要的会议或特别重要人物的发言，需要记下全部内容。有录音机的，可先录音，会后再整理出全文；没有录音条件，应由速记人员担任记录；没有速记人员，可以多配几个记得快的人担任记录，以便会后互相校对补充。

● 记录会议的结果。如会议的决定、决议或表决等情况。

会议记录是反映会议真实情况的资料，具有很大的实用价值。例如：在会议期间，会议记录可用来作为编写会议简报的素材。在会议临近尾声时，会议记录又是撰写会议总结或会议纪要的重要参考。会议结束后，会议记录则成了传达会议精神、检查会议议定事项落实情况的一个依据。

1. 特点

（1）依附性 即会议记录是依附于会议和会议言论被动形成的。没有会议便没有会议记录。有会议而无言论也不能形成会议记录。

（2）实录性 会议记录要依实而记。在对真实性与客观性的要求上，会议记录更胜于新闻。新闻报道在坚持用事实说话的前提下，作者时常会顽强地在文稿中渗入自己的观点。会议记录则坚持怎样说就怎样记的原则，不允许以任何方式在记录稿中掺入记录人自己的言论或倾向。

（3）即时性 录音、录像须和记录对象的运动同步进行，笔记也要求紧随其后，在记录对象语速的追逐下快步运行。短暂的迟疑、停顿就可能导致记录内容的遗漏、错乱；较长时间的间隔则极易造成记录的失真。因此，记录是一项专业性较强的工作，必须有相应的速度才能满足其时限要求。

请讨论一下会议记录和会议纪要的异同。

2. 分类

从反映会议情况和内容的详略程度来分，会议记录主要有以下三种：

● 详细的会议记录。即对会议的全过程、会上每个人发言的原话和语态声调等作详细的记录。

● 摘要式会议记录。这种记录不是有话必录，只要求将发言人有关会议议题的讲话要点、重要数据和材料记录下来。

● 重点式会议记录。这种记录不要求把会议过程和个别发言逐一记录下来，只是提纲挈领地记录会议的主要内容或会议决议。

3. 结构和写作方法

会议记录一般由标题、会议组织概况、会议内容、结尾四个部分组成。

（1）标题 标题由会议名称加文种组成。如果使用专用会议记录本，标题只写会议名称即可。

（2）会议组织概况 会议组织概况包括会议时间、开会地点、主持人的职务及姓名、出席人、列席人、缺席人、记录人等部分。

● 会议时间。要写明年、月、日，上午、下午或晚上，×时×分至×时×分。

● 开会地点。如"×会议室""×礼堂""×现场"等。

- 主持人的职务、姓名。如"校党委书记×""公司总经理×"等。
- 出席人。根据会议的性质、规模和重要程度的不同，出席人一项的详略也会有所不同。
- 列席人。包括列席人的身份、姓名，可参照出席人的记录方法。
- 缺席人。如有重要人物缺席，应作出记录。
- 记录人。包括记录人的姓名和部门，如×（××办公室秘书）。

（3）会议内容　一般包含会议的议题、宗旨、目的，会议议程，会议报告和讲话，会议讨论和发言，会议的表决情况，会议决定和决议，会议的遗留问题等。

（4）结尾　可将主持人宣布的"散会"一项记入，也可以将散会一项略去不记。

最后，由主持人和记录人对记录进行认真校核后，分别签名，以示对此负责。

例文

学习两个《条例》民主生活会会议记录

时间：　地点：　主持人：　记录人：　出席人员：党（总）支部委、居委委员

××同志们，今天的民主生活会，主要有两个内容：一是在认真学习两个《条例》后，怎样进一步学好、贯彻落实好两个《条例》；二是通报民主测评情况。

1. 两个《条例》，我们已组织党员干部分期、分批进行了学习。两个《条例》的颁布实施，一方面体现了我们党以民主监督的形式保证党的队伍的纯洁性，保证党的纪律的严肃性；另一方面将法律机制引入到党的队伍建设中来，使执政党的地位得到进一步的巩固和加强。作为一名党员、一个干部怎样通过学习贯彻落实两个《条例》来保持共产党员的本色是我们这次民主生活会的主要内容之一，也是摆在每个共产党员及每个干部面前的一项重要的政治任务。当然，我们要在教育人的前提下，首先要受教育，自己学得好，然后才能去教育人，才能有说服力，平时我们不仅要管好自己，还要管好配偶、子女和身边的人，使周围的人通过学习拥有正确的权力观、地位观、利益观，忍得住清苦，耐得住寂寞，管得住小节，经得起诱惑，不断提高拒腐防变的能力，我作为一个书记更应严格要求自己，认真学习和遵守两个《条例》，做好表率。

2. 街道的测评分数已发下来了，我也和班子成员进行了个别的谈心谈话、思想交流。总的来说，我们的班子成员在居民的心中是一个凝聚力强、团结和睦、办事能力很强的团体，所以居民也给予了我们很高的评价，打的分数也很高，街道的领导也给予了肯定和认可。希望大家在今后的工作中发扬成绩，纠正不足，争取更大的成绩。目前，我们将面临社区整合、换届改选阶段，作为我首先要端正态度，随时听从组织安排，在其位谋其职，作为我们大家也要有正确的认识，做好本职工作。下面，请各位同志结合自己的工作实际谈谈感想以及对今后工作的打算和建议。

××：虽然说在居委我算是一名老同志了，但是作为一名新党员，我还有许多要学的，如怎样做才能成为一个合格的党员等，在工作中我会带好新同志，让他们真正能独立完成工作，也会尽自己的力量做好领导的助手，为领导出谋划策。

××：××在工作上、人际上都是无可非议的，在工作上给予了我很大的帮助，是个好助手；对于教徒弟是尽心尽力，没有保留，是个好师傅；对于同志能互帮互助，是个好同志，所以我希望在座的新同志要向她学习，学习她的优点。

××：我进居委已有半年。在这期间给我最大的感受就是社居委的氛围好，这不是说这里的环境好，比较现代化，而是说社居委的团结精神。不管是领导还是各位老师傅，都给予了我很大的帮助，李书记亲自教我怎样与居民打交道、如何做好工作台账、怎样做一个居民心中的好干部。老师傅们也经常带着我到新村里去熟悉环境，以便我今后更好地工作。所以我工作起来心情好了，积极性也很高了。我的缺点是有时做事粗心，考虑问题不够周到，魄力不够大。我一定在今后的工作中努力改正这些缺点，把工作做得更好，当好领导的助手。

××：在这次测评中，××的优秀称职率是100%，这说明了在居民的心中，××的工作已得到了认可。我希望你在今后的工作中进一步发挥年轻党员的作用，多挑一些重担，改变以前在厂的一些工作方法，更好地融洽到社区里来。

××：我们居委就像个大家庭一样，在这里工作很愉快，居委老干部们都很照顾我，让我感觉在这个环境中工作很舒服。不过，我也有些不足之处，比如说：不经常去新村走动，以致有些人对我不是很熟悉。另外，可能是由于我的性格比较内向，做事没什么魄力，没什么冲劲，这一点，我会在以后的工作中争取改进。在今后的工作中，我会更加认真，努力，做好本职工作。

××：居民对××的评价还可以，优秀称职率是100%。作为年轻人你要压重担，要主动增加工作量，在此基础上，你先要在业务上精益求精。除此之外，你要向年长者多学、多看、多听，以便你做好今后的工作。希望你在今后的工作要增强主动性，多与居民接触。

××：作为老同志、老党员，不管是思想上还是工作上我会起好带头作用，带着新同志熟悉环境，让他们真正成为合格的接班人。不管将来社区的情况如何发展，我都会尽自己的力量站好岗、发挥余热，给领导好的建议，一起建好我们的社区。

××：今年已有两次考评了，居民对你的评价很好，上级领导也给予一定的评价，不管是工作上还是与人交往上你的进步都很大。你的缺点也就是你的优点，"心细、耐做"，作为老同志要多带年轻的同志，发挥党员的作用，发扬××社区的团结精神，要服务于社区、热心于社区、建设好社区，将来社区工作的要求越来越高，作为社区干部的要求也要越来越高。

××：我进社区已经五年了，在这期间领导和同志们不管是在生活上还是工作上都给了我很大的帮助，我也会在今后的日子里站好最后一班岗，作为一个老同志，我也会起好模范带头作用，带着年轻人做好工作。

××：就是有了你们这些老同志，社区的工作才会做好，也就是有了这些新同志、新鲜血液，社区才能有活力，所以作为老同志你们要起好带头作用，让这些年轻人走上正确的轨道，让他们在工作上不走弯路。

××：同志们的发言很实在，说出了心里话，让我对今后的工作更有信心。希望同志们在今后工作实践中，进一步履行好"三个代表"的重要思想，联系各自的思想实际、工作实际，学习、贯彻、落实好两个《条例》，班子更团结，工作更有劲，社区更先进。

你知道吗

写好会议记录的小妙招

写好会议记录要掌握四点：一快、二要、三省、四代。

一快，即记得快。字要写得小一些、轻一点，多写连笔字。要顺着肘、手的自然走势，斜一点写。

二要，即择要而记。就记录一次会议来说，要围绕会议议题、会议主持人和主要领导同志发言的中心思想、与会者的不同意见或有争议的问题、结论性意见、决定或决议等作记录，就记录一个人的发言来说，要记其发言要点、主要论据和结论，论证过程可以不记。就记一句话来说，要记这句话的中心词，修饰语一般可以不记。要注意上下句子的连贯性、可读性，一篇好的记录应当独立成篇。

三省，即在记录中正确使用省略法。如使用简称、简化词语和统称，省略词语和句子中的附加成分，比如"但是"只记"但"，省略较长的成语、俗语、熟悉的词组，句子的后半部分，画一曲线代替，省略引文，记下起止句或起止词即可，会后查补。

四代，即用较为简便的写法代替复杂的写法。一可用姓代替全名，二可用笔画少易写的同音字代替笔画多难写的字；三可用一些数字和国际上通用的符号代替文字；四可用汉语拼音代替生词难字；五可用外语符号代替某些词汇等。但在整理和印发会议记录时，均应按规范要求办理。

二、规章制度

规章制度是国家机关、人民团体、企事业单位为了建立正常的工作、学习、生产、生活秩序而制订的具有法规性与约束力的文书。

规章制度是守则、制度、规程、章程、规定、办法、条例、须知、公约等的总称，是在一定范围内制订的具有法规性和约束性的文件，要求有关人员按章办事，共同遵守。

规章制度有如下作用：

规章制度是客观规律的反映；规章制度是方针、政策的具体化；是实行科学化的管理、提高效率的有力措施；规章制度是协调工作、生产、生活的准则。

1. 特点

- 权威性
- 制约性
- 鲜明性
- 严肃性
- 严密性
- 程式性

2. 分类

规章制度是一个总称，它的种类很多，应用范围也很广。国家机关、社会团体、企事业单位均可根据工作和生产的需要，制订各自的法规、章程等，要求所属人员或社会成员共同遵守，切实执行。

3. 结构和写作方法

规章制度大体上由三部分组成，即标题、条文、具名和日期。

（1）标题　标明规章制度的性质。一般由制定和发布法规文件的单位、事由、法规文件的名称三部分组成。有的标题下用括号注明何时、何部门、何会议发布、通过、批准、修订等项目。

标题的形式一般有两种：

● 完全式：即标题三部分俱全。如《国务院关于鼓励投资开发海南岛的规定》（1988年5月4日国务院发布）。

● 两项式：即只含标题中两部分。一种是事由和法规性文件的名称组成，一种是法规性文件的制发单位和法规文件名称组成。

（2）条文　分条列出规章制度的内容，这是规章制度的主体部分。

按内容的复杂程度条文又有两种写法：

① 比较复杂的条文　这种条文要分章分条来写，由总则、分则、附则等部分组成。

● 总则：常列为第一章，下面分列几条说明制订本规章制度的目的、根据、要求、适用对象或范围等。

● 分则：是规章制度的主要部分，是总则之下的各章。这些章又分若干条款写明规章制度的内容。每章可用小标题标明内容。每条写一个具体内容，如果其中又包括几种情况或要求，可在一条之下再分列几款来叙述。

● 附则：一般都安排在最后一章，说明本规章制度的制订权、解释权、修改权、批准权、监督权属于谁，以及生效日期和其他未尽事宜的处理办法等。附则可单列一章，也可不单列，只用几个条目写出，排在最后。

② 比较简单的条文　有两种写法：一种是把条文一条条地列出就可以了；另一种是在条款之前有一段"前言"代替总则。

（3）具名和日期　写在全文的右下方。

例文

纪委、监察部内部监督制度

为保障和监督委部各项工作的正常开展，避免和纠正工作中的偏差和失误，结合委部实际，制订本制度。

一、纪委、监察部部长负责本部门内部监督工作，综合教育室（办公室）具体负责内部监督工作。

二、内部监督工作内容：

1. 对本部门所制订的各类文件的合法性、科学性、可行性进行监督。

2. 对本部门人员的选拔、录用、考核、交流等进行监督。

3. 对本部门各科室及其工作人员履行职责情况和学习培训情况进行监督。

4. 对本部门的重大工作决策、总体或专项工作计划的实施进行全程监督。

5. 对本部门工作人员的行为规范进行监督。

三、内部监督的要求：

1. 严格执行服务承诺制、限时办结制、责任追究制，进一步提高工作效率和工作质量。

2. 加强内部自律制约，严格执行廉洁从业和廉洁自律各项规定，不准在各类公务活动中接受违规吃请和受礼，不准以任何借口向基层转嫁负担，不准通过基层核销本属于个人付费的任何票据，不准接受下属单位赠送的奖金、购物卡等，不准以任何名义向基层索要物品。未经研究的事项，不得擅作主张、越权办理。

3. 坚持民主集中制，重要事项严格按照民主决策程序，集体讨论决定。

4. 各室应定期向委部领导汇报工作，及时向其他各科室通报情况。科室负责人要主动向领导报告办事结果，形成良好的内部双向监督机制。

四、对在实施内部监督过程中发现的违规违纪行为按照有关规定进行处理。

知识点 8　讲 话 稿

一、含义和作用

讲话稿是人们在工作和社会活动中经常使用的一种应用类文体。从广义上讲，凡是为在会议上发表具有一定目的性、条理性、完整性讲话而拟定的文稿，都可称作讲话稿。讲话稿篇幅有长有短，长至万字以上的报告稿，短至几百字的礼仪致词及讨论会发言稿等都属于讲话稿。

这里所说的讲话稿特指的是领导讲话稿，是指各级领导人在各种重要会议上作带有指示或指导性讲话时所用的文稿。讲话的领导人，可以是本单位领导，也可以是上级机关领导，还可以是从其他单位邀请的领导。

领导讲话稿不同于演讲或一般性发言，主要在于不仅讲话人的身份限于领导人，讲话的内容也总是具有一定指示性、指导性、总结性或号召性，而且所发表的意见体现着领导机关的意图和旨意。

二、分类及特点

领导讲话稿的适用范围相当广泛，种类也比较多。会议讲话稿可分为：

（1）导向性讲话　会议开始时，就召开会议的背景、缘由、目的、开好会议的要求发表讲话，多是以会议主持人或执行主席身份讲话；会议进行中，就讨论中提出的问题，结合有关文件精神进行有针对性的讲话，引导与会者用文件、上级指示精神统一认识。

（2）指导性讲话　在大会工作报告之后，对会议的中心议题作重点阐发，结合当前形势和本地区本单位的实际，向与会者提出应当怎样分析和认识一些具体问题。其中往往提出对某些实质性问题的处理原则，具有明显的指示、指导性质。

（3）总结性讲话　可分为阶段性总结和会议总结讲话。在会议进行中所作的阶段性讲话一般是按会议议程，在转入下一议程之前，就会议已经讨论的问题，针对讨论中的发言、讲话情况作客观的评价，肯定成绩，指出不足，作为阶段小结；在会议结束时，对会议进行总结，提出贯彻会议精神的意见和要求。

按照所参加会议的性质，可以分为工作会议的讲话稿、专题会议的讲话稿、代表大会的讲话稿、座谈会的讲话稿、研讨会的讲话稿等。

■ 三、结构和写作方法

领导讲话稿一般由标题和正文两部分组成。

1. 标题

标题分为简式标题和复式标题两类。简式标题一般由主讲话人的姓名、职务、事由和文种构成，如《×省长在全省教育工作会议上的讲话》。复式标题由一个主标题和一个副标题组成。主标题一般用来概括讲话的主旨或主要内容，副标题则与简式标题的构成形式相同。

2. 正文

讲话稿的正文包括开头、主体和结尾三部分。

（1）开头部分　首先根据与会人员的情况和会议性质来确定适当的称谓，如"同志们""各位代表""各位专家学者"等，要求庄重、严肃、得体；然后用极简洁的文字把要讲的内容概述一下，说明讲话的缘由，或者所要讲的重点内容，然后转入主体讲话。

（2）主体部分　根据会议的内容和发表讲话的目的，可以重点阐述如何领会文件、指示、会议精神；可以通过分析形势和明确任务，提出搞好工作的几点意见；可以结合本单位情况，提出贯彻上级指示的意见；可以对前面其他领导人的讲话作补充讲话；也可以围绕会议的中心议题，结合自己分管的工作，谈几点看法等。

（3）结尾部分　结尾用以总结全篇，照应开头，发出号召，或者征询对讲话内容的意见或建议等。

🕐 例文

在庆祝中华人民共和国成立五十六周年招待会上的讲话

温家宝

各位来宾、各位朋友、各位同志：

今天，我们在这里欢聚一堂，热烈庆祝中华人民共和国成立五十六周年。我代表党中央、国务院，向全国各族人民和各界人士，致以节日的祝贺！向港澳同胞、台湾同胞和海外侨胞，致以亲切的问候！向出席招待会的各国朋友，向所有关心、支持我国改革开放和现代化建设的国际友人，表示诚挚的感谢！

新中国成立五十六年来特别是改革开放以来，我们国家发生了翻天覆地的变化，取得了举世瞩目的伟大成就。全体中国人民无不为之自豪。历史雄辩地证明，我们所走的中国特色社会主义道路是唯一正确的道路。

中国特色社会主义社会是一个变革的社会，是一个开放的社会，是一个不断发展和完善的社会。改革开放是决定中国命运的重大决策，要贯穿社会主义社会发展的全过程。只有坚持改革开放，才能不断激发亿万人民的积极性和创造性，解放和发展生产力，永葆社会主义的生机与活力。

我们要坚定不移地推进经济体制改革，建立和完善社会主义市场经济体制，贯彻落实科学发展观，促进国民经济持续快速健康发展。同时，要积极推进政治体制改革、文化体制改革和社会管理体制改革，促进社会主义物质文明、政治文明、精神文明与和谐社会建设全面协调发展。

来宾们、朋友们、同志们！

我们要同广大港澳同胞一道，共同维护香港、澳门长期繁荣稳定。

我们要同广大台湾同胞一道，共同推进祖国和平统一大业。

我们要同各国人民一道，为共同建设和平、和睦、和谐的新世界而努力奋斗。

来宾们、朋友们、同志们！

我们的国家正站在新的历史起点，向着全面建设小康社会的宏伟目标迈进。我们坚信，在以胡锦涛同志为总书记的党中央领导下，全国各族人民高举邓小平理论和"三个代表"重要思想伟大旗帜，团结奋斗，开拓进取，一定能够排除各种艰难险阻，开创伟大祖国更加美好的未来！

现在，我提议：

为庆祝中华人民共和国成立五十六周年，

为伟大祖国的繁荣富强和各族人民的幸福，

为中国人民同世界人民的友谊与合作，

为来宾们、朋友们和同志们的健康，

干杯！（完）

（《大众日报》，2005 年 10 月 1 日）

每章一练

1. 常用的事务文书有哪几类？

2. 假设张明同学不小心将钱包丢在校园里，英语系的李萌拾到了并将钱包交还给张明。请你以张明的身份向李萌写一封感谢信。

3. 试简述推荐信的特点。

4. 求职信的正文包括哪些部分？请分述各部分应写明的内容。

5. 什么是专题总结？写总结时应注意的要点有哪些？

6. 请试述简报的特点。

7. 会议记录一般包括哪几部分？

第六章 法律文书

教学目标

通过本章的学习，中职生能够了解法律文书的常见类别、写作依据和适用范围，掌握常见法律文书的含义、用途、基本格式、写作规范和内容，使学生具备一定的法律文书理论知识和撰写能力。

教学要求

认知：了解法律文书的常见基本类型和特点，理解法律文书的特定功能。

情感态度观念：法律文书涵盖广泛，了解基本知识是深入学习和掌握多种法律文书写作的前提。

运用：注意结合一定的法律专业知识，与法律专业文书写作相区别，重点掌握常用法律文书的书写，提高写作能力。

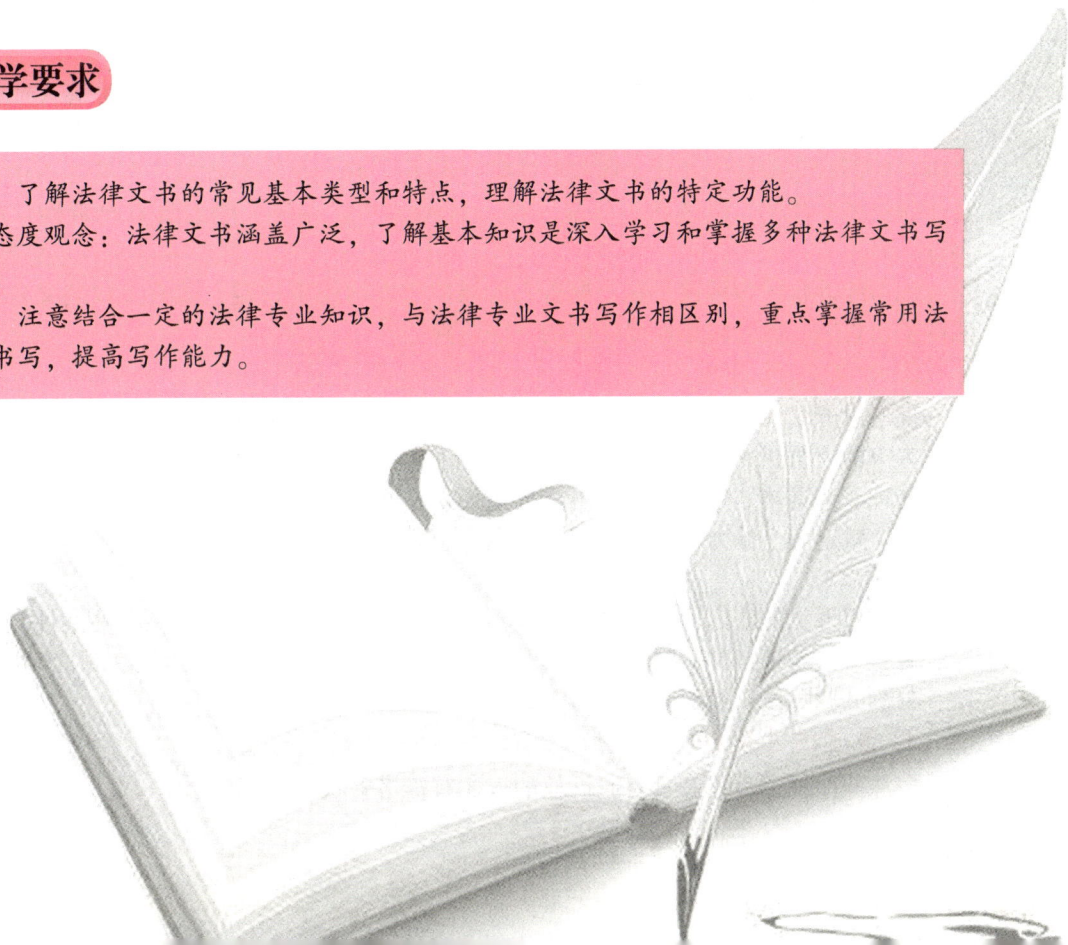

知识点 1　起诉状

一、定义

起诉状是刑事案件的自诉人或民事、行政案件的原告人向法院提呈的诉讼文书，又称"诉状"。

二、分类

以内容性质为标准，诉状可分为刑事起诉状、民事起诉状和行政起诉状。

（1）刑事起诉状　是指刑事自诉案的自诉人或其法定代理人，根据既成事实和相应法律，直接向法院控告被告人侵犯其人身权益，请求追究被告人刑事责任的诉讼文书，简称"刑事诉状"。

（2）民事起诉状　是指民事案件的原告人因民事纠纷，为维护己方的民事权益而向法院提呈的诉状文书，简称"民事诉状"。

（3）行政起诉状　是指公民、法人或者其他组织认为行政机关和行政机关工作人员在行使行政权力时侵犯了其合法利益，依照行政诉讼法和其他有关法律法令的规定，向人民法院提起行政诉讼的一种法律文书。

三、特点

1. 显著的自诉性

刑事起诉状的告诉性主要体现为"自诉性"。该类状是刑事案件的被害人或其法定代理人不借助于公安或检察机关，而以个人名义直接向法院提起的诉状。原告人亦称"自诉人"。自诉人的诉状与检察机关代表国家向法院提起的"起诉书"相比较，尽管二者的法律性质与法律作用基本相同，但区别还是显著的。这种区别就在于，前者具有自诉性，后者具有公诉性。

民事起诉状的告诉性，在于原告人为维护己方的民事权益，就有关权利义务的争议而向法院提出告知，其目的是取得法院的依法裁判。

2. 特定的范围性

刑事起诉状只适于自诉案。根据《中华人民共和国刑事诉讼法》第十三条规定，只有经过被害人的"告诉才处理和其他不需要进行侦查的轻微的刑事案件"，法院才能作为刑事自诉案受理。这具体划定了刑事起诉状的适用范围只包括伤害案，公然侮辱、诽谤案，抗拒执行判决、裁定案，暴力干涉他人婚姻自由案，重婚案，破坏现役军人婚姻案，虐待案，遗弃案等。

民事起诉状的法定适用范围主要包括两类。一类是以"家"为核心的案件，即离婚、抚养、赡养、扶养等案件；另一类是以"财"为核心的案件，即所有权、财产继承、损害赔偿、分割共有财产、经济合同纠纷等案件。

3. 显著的法定性

按照法律规定，只有具有起诉权的人才有资格书状。

具有刑事起诉权的人，是指刑事案件的受害人（自诉人）及其法定代理人。这就是说，当被告人侵害人身权益的行为已成为既定事实时，受害人及其法定代理人才依法拥有了起诉权，遂可书状起诉。具有民事起诉权的人，是指己方的民事权益受到侵犯或遇有纷争的人。凡拥有民事起诉权的人及其法定代理人或监护人，均依法具有书状起诉的资格。

你知道吗

无起诉权的情形

但具有下列情况之一者，均无起诉权：①在客观上不存在纠纷；②不属于法院受理的案件；③法院正在审理的或已经审理的案件；④在法定期限内不准起诉的案件；⑤法院判决不准离婚而在六个月内又无新理由的案件。凡无起诉权者，均无资格书状起诉。

四、作用

1. 具有引起一审程序发生的作用

通过起诉状，一审法院就可及时地获知具体案情以及自诉人或原告人的诉讼目的、请求、理由及其他有关情况。这样，起诉状就成了一审法院受理案件的基本依据。根据法律规定，起诉状是直接引起一审程序发生的先决性根据，也是被告人应诉答辩的根据。

2. 具有维护合法权益的作用

通过起诉状，自诉人或原告人可以陈诉自己的合法权益受到侵害的事实及有关请求。这对促使司法机关依法保护公民、法人、非法人团体的合法权益具有极重要的作用。

五、结构及写作方法

民事诉状和刑事诉状的格式、项目与应具备的内容基本相同，都要求按如下的固定格式书写：

1. 首部

这部分应写明两项：

- 标题。应写明"民事诉状""刑事诉状"或"行政诉状"字样。
- 写明原告人和被告人的个人情况。一般要求写明姓名、性别、年龄、籍贯、职业、住址。如果原告人或被告人是企、事业单位或团体，就要写明单位名称、地址及其法定代表人姓名、职务、住址。如果原告和被告不止一人，应分别写明每个人的情况。

2. 请求事项

即用一个独立的段落，以极简洁准确的文字，写清诉讼要求。主要写法可有以下两种：

- 其一，在"请求事项"字样之后，以"独行式"或"条款式"直接写出起诉目的。
- 其二，在"请求事项"字样之后，先后依次写出两个内容要素。一是案由，即本案矛盾的焦点；二是目的，即诉讼方请求法院做出有利于己方权益的裁决事项。若请求的事项较多，可分条列出。

3. 事实与理由

即起诉状的主干部分，旨在为法院做出有利于维护起诉方合法权益的裁决提出事实与法律的可靠依据。该部分的主要行文方法是摆事实与讲道理。

刑事诉状中的"摆事实"，主要在于以详略得体的叙述法写清被告人对自诉人犯罪行为的具体时间、地点、手段、动因、过程及后果。对于当事人的双方关系、被告人的犯罪目的以及案情的环节，尤其应写得具体突出。

民事诉状中的"摆事实"，要着重叙述被告人损害、侵犯原告人民事权益或当事人双方民事权益纷争的具体情况。在行文过程中，除写清案件的时空、动因、人员与过程之外，尤其应突出写清被告人的行为所铸成的后果或原、被告双方纠纷的焦点。若原告人在案情中也存有一定的错误或责任，也须适当写出，以使案情事实写得合情合理。民事诉状"摆事实"时常用的叙述法有两种：一种是以时间为序、以中心问题为重点的叙述法；另一种是将诸多事实分别"归类"的叙述法。前者以写案情的全过程为主，多用于纠纷较复杂的诉状，如离婚案、赡养案等诉状；后者以具体归结案情的焦点为主，多用于纷争比较单一的诉状，如财产继承、劳务报酬案等诉状。许多民事诉状，也常常兼用这两种叙述法。

除"摆事实"之外，无论刑事诉状还是民事诉状，在"事实与理由"部分中还需要"讲道理"。所谓"讲道理"，主要是指以简明的议论方式，对被告人的行为事实及其性质、责任等进行归纳性的剖析，并明引、意引或摘引相应的法律规定，也可只引录有关法律的条目，进一步论证被告人的行为已构成侵权或犯罪，从而证明起诉请求的合法性。

4. 尾部

即起诉状的末尾部分。

5. 附项

即起诉状尾部之后附注明的有关事项。尾部与附项所涉及的数字，应使用汉字的大写形式。

例文

民事起诉状

［法规编码］
［发布日期］××××年××月××日
［类　　别］法律文书
［正　　文］

原告：＿＿＿＿＿＿＿＿＿＿＿＿＿＿＿＿

住所地：＿＿＿＿＿＿＿＿＿＿＿　邮编：＿＿＿＿＿＿

法定代表人：＿＿＿＿＿＿＿＿　职务：＿＿＿＿＿＿

被告（1）：

住所地：＿＿＿＿＿＿＿＿＿＿＿　邮编：＿＿＿＿＿＿

法定代表人：＿＿＿＿＿＿＿＿　职务：＿＿＿＿＿＿

被告（2）：

住所地：＿＿＿＿＿＿＿＿＿＿＿　邮编：＿＿＿＿＿＿

法定代表人：_____职务：_____

诉讼请求：

(1)

(2)

事实与理由：

(此页无正文)

此致

×市×人民法院

具状人：

年　月　日

知识点 2　上诉状和申诉状

一、上诉状

上诉状，是诉讼当事人或者依照法律规定有权提出上诉的其他人不服人民法院的第一审判决、裁定，在法定期限内依照法定程序向上一级人民法院提出上诉，请求撤销、变更原裁判或重新审理的文书。

1. 特点

(1) 刑事上诉状特点

● 必须是刑事诉讼当事人及其法定代理人提起的。

● 必须是对地方人民法院（而不能对最高人民法院）的第一审（而不能对第二审，因为第二审裁判是终审裁判）裁定或判决不服提起的。

● 必须按照法定程序和期限提起，即在法定的期限内，向做出第一审裁判法院的上一级法院提起，不能超期，也不能越级。

刑事上诉状是第二审人民法院受理案件并进行审理的依据，有利于保证审判质量，防止冤假错案的发生，保护刑事案件当事人的合法权益。

(2) 民事、行政上诉状特点

● 必须是民事、行政诉讼当事人及其法定代理人提起的，别人无权提起。

● 必须是对地方各级人民法院第一审裁判不服才提起的。

● 必须依照法定程序和期限，向做出第一审裁判法院的上一级人民法院提起上诉。

民事、行政上诉状是第二审人民法院受理案件并进行审理的依据。通过民事、行政上诉状，可以使第二审人民法院了解上诉人对第一审裁判的看法、意见、要求，有助于正确、及时、合法地处理案件，保证审判质量，防止错案的发生，有利于保护第一审民事、行政案件败诉一方当事人的合法权益。

2. 分类

上诉状包括民事上诉状、刑事上诉状和行政上诉状。

(1) 民事上诉状　是民事诉讼的当事人不服人民法院的第一审民事判决、裁定，在法定期限内，向上一级人民法院提出上诉，请求撤销或者变更第一审民事判决、裁定的文书。

《民事诉讼法》第 147 条规定："当事人不服地方人民法院第一审判决的，有权在判决书送达之日起 15 日内向上一级人民法院提起上诉。当事人不服地方人民法院第一审裁定的，有权在裁定书送达之日起 10 日内向上一级人民法院提起上诉。"《民事诉讼法》第 148 条规定："上诉应当递交上诉状。上诉状的内容，应当包括当事人的姓名，法人的名称及其法定代表人的姓名或者其他组织的名称及其主要负责人的姓名；原审人民法院名称、案件的编号和案由；上诉的请求和理由。"上述法律规定是制作民事上诉状的法律依据。

（2）刑事上诉状 刑事上诉状是指刑事诉讼案件的被告人或者依照法律规定有权提出上诉的其他人，经被告人同意，不服人民法院的第一审刑事判决或裁定，在法定的期限内，按照法定程序要求上一级人民法院撤销、变更原裁判的书面请求。同时也指刑事自诉案件的当事人（被告人或自诉人）及其法定代理人，不服人民法院的第一审刑事判决或裁定，在法定期限内，按照法定程序提起的上诉。《刑事诉讼法》第 180 条规定："被告人、自诉人和他们的法定代理人，不服地方各级人民法院第一审的判决、裁定，有权用书状或者口头向上一级人民法院上诉。"上述法律规定，是制作刑事上诉状的法律依据。

（3）行政上诉状 行政上诉状是当事人（原告或被告）不服人民法院的第一审行政判决、裁定，依照法定程序和期限，要求上一级人民法院撤销、变更原裁判的书面请求。

3. 上诉状的结构和写作方法

上诉状一般包括标题、上诉人和被上诉人的自然情况、上诉的请求和理由、结尾以及附项五个部分。下面以民事上诉状为例，分别叙述各个部分应写明的内容。

（1）标题 标题应当标明"民事上诉状"。

（2）上诉人和被上诉人的自然情况 同起诉状一样，写出八个要素。但需注意两点：一是在上诉人和被上诉人之后要注明在原审中的地位，并用括号括住。如上诉人（原审原告人或原审被告人）：张××，男，××岁……，被上诉人（原审被告人或原审原告人）：鲁××，男，××岁……。

二是民事案件和刑事自诉案件中的原告和被告，自诉人和被告人，谁提出上诉，另一方就是被上诉人。

下面接着写事由时，一般用下列程式语句："上诉人因……一案，不服××人民法院×年×月×日××字第××号的民事判决（或裁定），现提出上诉。上诉的请求和理由如下。"由此引出上诉的理由和请求。

（3）上诉的请求和理由 这是上诉状的中心内容，因为上诉状重点是讲清上诉的理由，也就是说，要针对原审判决、裁定中的不当之处提出不服的理由。这部分的写作要考虑三个方面：

● 关于对事实的认定 如果原审裁决在事实的认定上有错误，包括某种行为事实根本不存在，或有重大出入，或缺乏证据等，那就要用确凿的证据说明事实真相，全部或部分地否定原审裁决认定的事实。

● 关于定性、裁决和适用法律 如果原审裁决在认定事实方面没出入，而是在认定案件性质、确定罪名以及适用法律作出的处理上有误，那就要运用法律武器，包括从法律理论上的论证和引用具体的法律依据，指明原审裁决在适用法律方面的错误。

● 关于诉讼程序问题 如果原审法院在审理案件和最后裁决中，存在违反诉讼程序的错误，包括是否应当回避，是否应指定辩护人，审判方式是否公开，审判组织是否合法等，也应根据有关法律规定，指出其错误。在阐明了上诉理由的基础上提出具体的诉讼请求。如请求二审撤销、变更原裁决，或请求重新审理等。

理由的具体写法，有的先把原判决书（或裁定书）中不妥或错误的原话引出来；有的把原裁决不妥或错误之处概括成一段话，然后有针对性地陈述理由，予以反驳；有的以讲述理由为主；结合着指明原审裁决的不当之处。

（4）结尾　上诉状的结尾包括三项内容，一是呈文或呈转对象。上诉状写好后，可以直接递交二审法院，也可以通过原审法院转交上一级人民法院。如果是前者，就写"此致××人民法院"。如果是后者，就写"××人民法院（原审法院）转送××人民法院（二审法院）"。二是上诉人签名盖章。三是具状年、月、日。

（5）附项　顺序依次列出：上诉状副本×份，书证×件，物证×件。如有证人，还要写出证人的姓名和地址等。

例文

民 事 上 诉 状

上 诉 人：陈某，男，51岁，汉族，个体户，现住×村

被上诉人：袁某，女，50岁，汉族，农民，住所同上诉人；

被上诉人：某村村委员会 法定代表人：王某，系该村委员会主任

上诉人因不服×人民法院作出的（2005）×初字第×号民事判决书，现提出上诉。

上诉请求：

1. 依法撤销县×人民法院（2005）×初字第×号民事判决书，依法改判；

2. 判令争议的房基地由上诉人享有使用权；

3. 由被上诉人依法承担一二审的诉讼费用及其他一切支出；

事实和理由：

一、一审法院认定事实存在错误，适用法律不当，应当予以纠正。

一审判决在第6页至第7页，认为原告之父×于×年去世后，原告对此事多次找政府及土地部门解决，至今未能得到处理。此事实的认定上诉人认为与事实不符，因为被上诉人袁×从来没有向政府及土地部门要求解决过此事，也无相关证据予以证明，所以，一审法院对此作出的认定明显不妥。

二、一审法院适用法律错误。

在一审的审理过程中，不难看出一个事实，一审原告出示的所谓"合同"是在1984年4月签订的，袁父是在1992年提起诉讼的，1995年去世，2005年袁某向人民法院提起诉讼，所以，无论从何时起计算诉讼时效，袁某向人民法院提起诉讼均已经超过了诉讼时效，一审原告不能举证证明诉讼时效有中止中断的情况，所以，已经丧失了胜诉权，而县人民法院仍然以1984年4月的合同认定上诉人侵权，对上诉人关于诉讼时效的抗辩未予以理睬，明显有违诉讼时效的有关规定，请求中级人民法院依法纠正一审法院的错误判决。

三、上诉人认为，被上诉人向人民法院提交的1984年4月签订的合同是明显伪造的。

在一审的审理过程中，在简易程序转为普通程序后，袁×才向法庭出示了其持有的1984年形成的合同书。在一审结束后，上诉人得知，此合同是被上诉人袁×在2005年初，为了提起诉讼而进行伪造的合同，并不是1984年4月形成的，所以，上诉人请求中级人民法院依法对此合同书的原件进行鉴定，鉴定此合同书形成的真正时间。

总之，上诉人认为，一审法院的判决在认定事实上以及适用法律上均存在明显的错误，所以请求中级人民法院依法予以纠正，以维护上诉人的合法权益不受侵犯。

此致

某市中级人民法院

上诉人：

年　月　日

二、申诉状

申诉状或再审申请书是指诉讼当事人及其法定代理人，包括刑事被害人及其家属，对已经发生法律效力的判决、裁定等不服，向人民法院提出申诉或者再审申请，请求重新审判的文书。

《民事诉讼法》第178条规定："当事人对已经发生法律效力的民事判决、裁定，认为有错误，可以向原审人民法院或者上一级人民法院申请再审，但不停止判决、裁定的执行。"第180条规定："当事人对已经发生法律效力的调解书，提出证据证明调解违反自愿原则或者调解协议的内容违反法律的，可以申请再审。"这是制作再审申请书的法律依据。

根据诉讼法的有关规定，刑事案件、行政案件使用申诉状，民事案件使用再审申请书。

1. 特点

● 必须是与本身权益有关的公民（行政申诉和民事申诉还可以是法人或其他组织）提出的。

● 可以向人民检察院（仅指刑事申诉，而民事、行政申诉不能向人民检察院提出）、原审人民法院或原审的上一级人民法院提出。

● 申诉是对已经发生法律效力的判决、裁定不服提出的。

2. 分类

申诉状可分为刑事申诉状、民事申诉状和行政申诉状。

刑事申诉状是刑事诉讼当事人及其法定代理人、被害人及其家属，对已经发生法律效力的刑事判决、裁定认为确有错误的，向原审人民法院或其上一级人民法院或人民检察院提出的申请复查纠正的书状。

民事、行政申诉状是民事、行政诉讼当事人及其法定代理人，对已经发生法律效力的判决、裁定不服，向原审人民法院或其上一级人民法院提出的申请复查纠正的书状。

3. 结构和写作方法

申诉书和再审申请书由标题、首部、正文、尾部四个部分组成。

（1）标题　写"再审申请书"或"申诉状""申诉书"等。

（2）首部　申请人的基本情况或申诉人及对方当事人（被申诉人）的基本情况。再审申请书不要写对方当事人的基本情况，因为再审申请书没有被申请人。

（3）正文　正文部分包括以下内容：

● 案由部分　这部分应写明申请人或申诉人系因何案不服何人民法院何判决或裁定，而提出申请的。常用的具体写法为："申请人或申诉人因×（原案由）一案，对×人民法院于×年×月×日作出的（年度）×字第×号的一审（或二审刑事、或民事、行政）判决（或裁定）不服，特提出再审申请（或申诉）。申请再审（或申诉）的请求和理由如下："

●申诉或申请再审的主要请求事项　应简明扼要地把要求人民法院解决的问题、自己要达到的目的，明白清楚地写出来。请求事项可分条列项，或请求撤销某判决、裁定，或请求依法改判，或请求确认当事人的某种权利，或请求赔偿当事人的经济损失。

●申诉或申请再审的事实和理由　首先对案情事实、原来的处理经过及最后的处理结果进行综合叙述。在综合叙述案情之后，针对原来的处理决定的不当之处，依次阐述。要具体说明原判决书或裁定书，是认定事实有错误，还是适用实体法、程序法不当，而造成错误的处理后果。

在指出原处理不当之点以后，接着就要列举出充分的证据，证明原认定事实有出入；援引有关法律条款，论证原处理适用法律不当。这样才能做到论证有力。

在经过充分论证后，提出具体请求目的。具体写法可以这样："综上分析论证，原判决书或裁定书在认定事实上错误（或适用法律不当），以致造成处理上的错误，为此，请求如下处理。"在结束语中所表述的请求目的，必须明确、具体、完整，要写明依法给予解决什么具体问题。这里所说的完整，就是要把自己所有的请求事项全部说出来。

（4）尾部　尾部包括致送机关"此致×人民法院"、申请人（或申诉人）签字或盖章、申请（或申诉）的日期和附件。附件除有"本书副本×份，物证×件，书证×件"外，还要特别附上第一审或第二审判决书、裁定书、调解协议等的原件或复印件等。

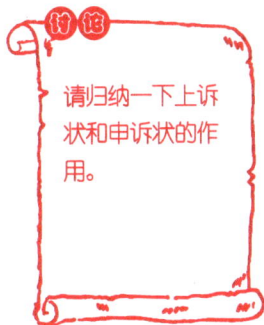

例文

民事再审申请书

申　请　人：曾某，女，×岁，汉族，农民，现住内蒙古×县×村。

被申请人：彭某，男，×岁，汉族，个体，现住呼市×镇×村。

申请人因不服呼市赛罕区人民法院作出的（2006）赛民初字第×号民事调解书，故依法申请再审。

申请事项：

一、请求依法撤销调解书中的第二项，依法进行改判；

二、本案的诉讼费及其他费用由被申请人承担。

事实与理由：

2005年初，申请人以被申请人已经涉嫌犯重婚罪为由向赛罕区人民法院提起了刑事附带民事诉讼，2005年12月，赛罕区人民法院作出了刑事附带民事判决书，申请人因不服一审判决，又向呼市中级人民法院提出了上诉。在上诉期间，申请人又向赛罕区人民法院提起了民事诉讼，请求与被申请人离婚，并请求由申请人抚养子女彭×，请求被申请人依法向申请人支付50 000元赔偿金。

在呼市中级人民法院审理刑事附带民事上诉时，申请人与被申请人于 2006 年 3 月 17 日在中级法院法官的调解下自愿达成了一致和解协议书。约定由被申请人给付孩子抚养费 10 000 元，给付申请人损害赔偿金 20 000 元，共计 30 000 元。在 2006 年 6 月，赛罕区法院在开庭审理申请人与被申请人的离婚诉讼时，申请人就把《和解协议书》出示给了赛罕区法院的主审法官，并说明经过。当时，法官向申请人解释说，孩子的抚养费确实较少，说服被申请人增加 7 000 元的抚养费，就调解解决吧！这样，总金额就增加到了 37 000 元。我就在上面签了字。

但申请人拿到调解书才知道，在调解时没有作出任何说明的情况下，法官就违背双方在中级法院达成的和解协议书，进行了文字上的更改（见调解书第二项），将申请人的赔偿金由 2 万元改为 1 万元，将孩子的抚养费由 1.7 万元改为 2.7 万元，虽然总金额没有变化，但这种改动使申请人的赔偿金减少，也使孩子以后向被申请人追索抚养费产生障碍，严重损害了申请人和子女的合法权益。作为人民法院的法官，无权改变当事人双方在开庭前已经达成的和解协议，这显然是一种严重的违法行为。

综上，申请人认为，调解书中的第二项已经严重损害了我的合法权益，因此依据我国《民事诉讼法》的相关规定，提起再审，将调解书的第二项依法进行纠正，请求人民法院依法予以准许。

此致
呼和浩特市中级人民法院

申请人：（签名）
年　月　日

附：1. 民事调解书一份；
　　2. 和解协议书一份。

你知道吗

申诉状和上诉状的区别

上诉状，是民事、行政或刑事案件的当事人对地方各级人民法院作出的第一审民事、行政或刑事判决或裁定不服，按照法定的程序和期限，向上一级人民法院提起上诉时使用的文书。

申诉状是指刑事案件中的当事人、被害人及其家属或者其他公民和民事案件中的当事人或其法定代理人，对已经发生法律效力的判决、裁定认为有错误而不服，向人民法院或者人民检察院（刑事案件）提出申诉，请求重新审查案件的书状。

它们的不同，简单说就是上诉是对一审判决、裁定不服向上级人民法院上诉。申诉是对二审已经生效的判决、裁定不服向人民法院或人民检察院（刑事案件）提出申诉。

知识点 3　答 辩 状

一、定义和作用

1. 定义

所谓答辩状，就是被告和被上诉人针对起诉的事实和理由或上诉的请求和理由进行回答和辩解的文书。答辩状分刑事答辩状和民事答辩状，它是与诉状和上诉状相对应的文书。

民事答辩状在两种情况下提出：一是原告向第一审人民法院起诉后，被告就诉状（起诉状）提出答辩状。二是案件经第一审人民法院审理终结后，一方当事人不服，提起上诉，被上诉人就上诉状提出答辩状。

人民法院在收到原告的起诉状和上诉人的上诉状以后，应当在规定的期间内将副本送达被告或被上诉人，被告或被上诉人应当在法定的期限内提出答辩状。

2. 作用

被告和被诉人通过答辩状，可以针对原告或上诉人提出起诉或上诉的事实、理由和根据以及请求事项，进行有的放矢的答辩，阐明自己的理由和要求，并提出事实和证据证实自己的观点。这样，人民法院就可以全面了解诉讼双方当事人的意见、要求，对如何合理、合法、及时处理好案件。

二、特点

1. 答辩者的特定性

答辩状必须由刑事自诉案件和民事、行政案件的被告，刑事、民事、行政上诉案件的被上诉人提出。

2. 时间上的限定性

答辩状必须在法定期限内提出。

3. 内容上的针对性

答辩状必须针对起诉状和上诉状的内容进行答辩。

由于答辩状是有关当事人自身对民事、行政诉讼的答复和对刑事控诉的辩护，因此，要认真分析对方当事人提出的诉讼内容，辨明真伪，指出其中存在的问题，有针对性地予以回答和辩驳。如果所诉事实全部不能成立，就全部给以否定；部分事实不能成立，就部分给以否定，并提出符合客观实际的事实加以说明。对对方当事人提出的理由进行辩驳，推翻不实之词，驳斥谬误，阐明自己的主张和意见，维护答辩人的合法权益。写作时，对起诉状或上诉状的副本，一定要认真研究，吃透内容，抓住关键性、实质性问题进行辩驳，从而做到有的放矢、一针见血。

三、结构和写作方法

答辩状由首部、答辩理由、尾部和附项三部分组成。

1. 首部

（1）标题　标题写明"刑事（或民事）答辩状""刑事（或民事）被上诉答辩状"。前者为第一审案件答辩状，后者为上诉案件答辩状。

（2）答辩人的基本情况　当事人栏目，直接列写答辩人的基本情况。

被告人是公民的，就列写答辩人姓名、性别、年龄、民族、籍贯、职业和住址。有代理人的，挨着另起一行列写代理人，并标明是法定代理人、指定代理人、还是委托代理人，并写明其姓名、性别、年龄、民族、籍贯、职业和住址。如果是法定代理人，还要写明他与答辩人的关系。如委托律师代理，只写明其姓名和职务。

被告人是企事业单位、机关、团体（法人）的，先列写答辩人及其单位全称和所在地。另起一行列写该单位的法定代表人及其姓名、职务。再另起一行，列写委托代理人及其姓名、职务。

对方当事人的情况不用单独列写，可在下面的答辩理由中说明起诉人和上诉人是谁、起诉或上诉的案由是什么。

2. 答辩事由

第一审案件答辩状和上诉案件答辩状其事由的写法不同。现分别说明如下：第一审案件答辩人是被告人，答辩事由的具体行文为："因×（案由）一案，现提出答辩如下："。上诉案件答辩状的答辩人是被上诉人，答辩状具体行文为："上诉人×（姓名）因×（案由）一案不服×人民法院年×月×日×字第×号×事判决（或裁定），提起上诉，现提出答辩如下："。

答辩的理由是答辩状的主体部分，写法没有统一的规定，一定要针对原告在诉状中提出的事实和理由，或上诉人在上诉状中提出的上诉请求和理由进行答辩，并可提出相反的事实、证据和理由，以证明自己的理由和观点是正确的，提出的要求是合理的。

3. 尾部和附项

写明以下内容：

- 呈送的机关。写为"此致　×人民法院"。
- 右下方写明。答辩人×（签名或盖章）并注明年、月、日。
- 附项。注明证物、书证的名称和件数。

例文

民事上诉答辩状

答辩人：单景和，男，56岁，汉族，农民，住所在克旗新开地乡双山子村二组

答辩人因上诉人毛凤文不服（2005）克民初字第1208号判决书提出上诉一案，现提出答辩如下：

一、关于争议树的采伐位置是否与答辩人的林权证一致的问题。

1. 因双方均对树的采伐地点"东道沟阴坡"没有异议，"东阴坡"就是"东道沟阴坡"的简称，而不是两个名称，也不是如上诉人所说的相反。因当地根本就没有"东阳坡"这个

地名，所以一审法院认定的"东阴坡"误写成"东阳坡"是正确的，因当时是人工书写，而非电脑打印，笔误原因是填写人的"日"与"月"的书写错误所导致的。

2. 上诉人强调的应以"坝沿"作为认定树的所有权的依据是错误的。因为在林中并没有永久性的"坝沿"存在，所谓的"坝沿"只是临时用来排水用的，在林中就有多条，而此林权证是20年前发放的，所以，上诉人主张仅以其中对自己有利的一条"坝沿"作为确权的住所是得不到林业部门、政府及村委会和相邻权人的认可的，所以，一审法院不予支持是完全正确的。

3. 一审法院经过同政府、村委会、林业部门到现场勘查，又找来同村的与答辩人相邻编号的林权证进行反复对比，认定争议树的采伐位置是在答辩人的林权证所载的四至范围之内，所以，判决争议树的所有权是归答辩人所有是正确的，并无不妥之处。

二、一审法院并未认定争议树归毛凤景所有，在一审质证时，答辩人也没有提出对毛凤景与毛凤文的委托书无异议。

答辩人在一审判决书中，根本找不到上诉状中所提到的"一审法院认为争议的树为毛凤景所有"，如果有，就请指明判决书中的具体位置。另外，对于委托书的问题，答辩人在当庭质证中就对其真实性表示了异议，认为此委托书是上诉人故意伪造的，而上诉人又不能说清委托书的来源及出处，而且又是在举证期满后，第二次开庭时向法院提交的，所以一审法院没有采信是正确的。在开庭质证时，答辩人曾提出要对委托人毛凤景的笔迹进行对比鉴定，审判长回答说"没有必要"。

三、关于现场勘验。

在第一次开庭辩论中，因双方各自出示了林权证书，而且答辩人提出自己的林地与上诉人的弟弟毛凤景的林地没有互相连接之处，也就是说并不相邻。但上诉人否认，并坚持说争议的树林是在毛凤景的林地内所伐，如此一来，双方没有一个无争议的林地平面图。无奈，一审法院在休庭后到现场进行勘验，所以，答辩人认为，一审法院并不是有意偏袒答辩人，是为了查清争议事实而进行的。根据我国《民事诉讼法》第63条的规定，并不违法。

四、本案所争议的50棵树所有权属于答辩人。

双方争议的杨树50棵所在位置处于答辩人林权证所标明的范围内，与相邻的李荣华、孙玉海、宋清瑞等林权证及相应的林木位置互相印证并且吻合，已经排除了该50棵树位于毛凤景的林地内所伐的可能。反之，毛凤景的林权证所指明的林木范围并不与答辩人的林木范围相连接，中间还隔着张玉林等人的林地，按照上诉人所指"坝沿"属于毛凤景林木边界的理解，那么，毛凤景的林地范围就须将张玉林的林地包含在内，但是，毛凤景的林权证却标明"西邻张玉林"，完全否定了上诉人的说法。又因相关林木所有权是集体改制后确认的，并由本林业部门颁发相应证件确认林木所有权人，只要对相邻的所有权人证件进行比照，就能明确本案所争议的50棵树所有权属于答辩人，至于地名的不一致说法，只是个人对同一地名的称呼不一样而已。

综上所述，答辩人的证据能够充分证明所争议50棵树所有权属于答辩人所有，能够与相邻所有权人的林权证相互吻合，形成了完整的证据链条，一审法院认定此部分的事实清楚，证据确实充分，应当予以维持。关于答辩人在一审中提出的因上诉人侵权造成的直接损失的赔偿请求，一审法院并没有予以支持，所以，答辩人将重新向一审人民法院提起赔偿诉讼。

总之，上诉人的诉讼请求实属无理之诉，请求中级人民法院予以驳回。

此致

赤峰市中级人民法院

答辩人：单景和

2005 年 12 月 19 日

每章一练

1. 起诉状按内容性质可分为哪几类？

2. 起诉状有什么作用？

3. 申诉状由哪几部分构成？其中正文部分应包含什么内容？

4. 写答辩状时应注意写明和突出哪些特性？

第七章　礼仪文书

教学目标

　　来而不往，非礼也。礼仪文书在社会生活、工作中具有重要功能。通过本章的学习，学生可以了解礼仪文书的含义、种类和特点，理解各类礼仪文书的特定作用，掌握几种常见的礼仪文书的写作方法，从而具备较强的理论知识和撰写能力。

教学要求

　　认知：认识礼仪文书在社会交往中的重要意义，学习礼仪文书写作技巧。

　　情感态度观念：礼仪文书在实际生活中应用广泛，掌握常见的礼仪文书写作方法十分必要。

　　运用：社交场合中，礼仪文书经常代表一个人、一个团体、一个企业甚至一个国家的形象，注重礼仪文书的写作训练可以扩大社交范围，提高社交能力。

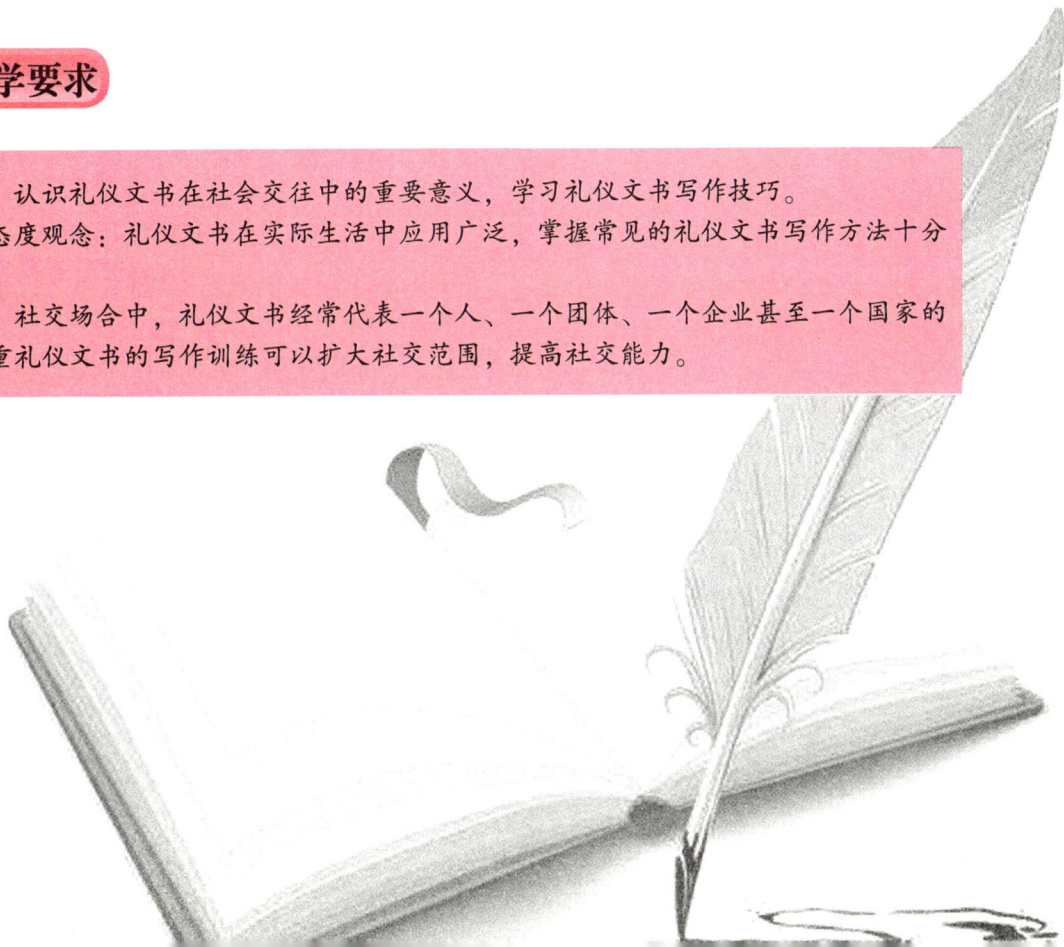

知识点 1　迎送类文书

一、欢迎词

欢迎词是指行政机关、企事业单位、社会团体或个人在公共场合欢迎友好团体或个人来访时致辞的讲话稿。

1. 特点

这种礼仪文书在涉外活动和一般的社交活动中使用频繁，其主要作用是能活跃社交气氛，交流宾主感情，密切相互关系，从而给客人或主人留下深刻而良好的印象。这种礼仪文书的主要特点是：感情真挚，语言文雅大方，如是国际间的迎送往来还应使用适当的外交辞令；内容精要，篇幅简短，一般不涉及具体的细节问题，重在表示热情友好的交往态度。

2. 结构和写作方法

欢迎词一般由标题、称谓、正文和落款四部分组成。

（1）标题　标题写法一般有两种：一种是单独以文种命名。如《欢迎词》；另一种是由活动内容和文种名共同构成。如《在学术讨论会上的欢迎词》。

（2）称谓　用尊称，姓名前加上职衔或表示亲切的词语，如"尊敬的""亲爱的""敬爱的"等；后加"阁下""殿下""同志"等。

（3）正文　欢迎词的正文一般可有开头、中间和结尾三部分构成。

● 开头　开头通常应说明现场举行的是何种仪式，发言者代表什么人向哪些来宾表示欢迎。如：中共温州市委副书记陈艾华于 1998 年 1 月 13 日所作的《在全国普通高校招生改革研讨会上的致辞》的开头部分。

● 中间　欢迎词在这一部分一般要阐述和回顾宾主双方在共同的领域所持的共同的立场、观点、目标、原则等内容，较具体地介绍来宾在各方面的成就及在某些方面做出的突出贡献，同时要指出来宾本次到访或光临对增加宾主友谊及合作交流所具有的现实意义和历史意义。

● 结尾　通常在结尾处再次向来宾表示欢迎，并表达自己对今后合作的良好祝愿。

（4）落款　欢迎词的落款要署上致词单位名称、致词者的身份、姓名，并署上成文日期。用于讲话的欢迎词无须署名。若需刊载，则应在题目下面或文末署名。

> 付诒
> 欢迎词和开幕词有区别吗？

例文

欢 迎 词

女士们、先生们：

值此×厂三十周年厂庆之际，请允许我代表×厂，并以我个人的名义，向远道而来的贵宾们表示热烈的欢迎。

朋友们不顾路途遥远专程前来贺喜并洽谈贸易合作事宜，为我厂三十周年庆更添了一份热烈和祥和，我由衷地感到高兴，并对朋友们为增进双方友好关系作出的努力，表示诚挚的谢意！

今天在座的各位来宾中，有许多是我们的老朋友，我们之间有着良好的合作关系。我厂能取得今天的成绩，离不开老朋友们的真诚合作和大力支持。对此，我们表示由衷的钦佩和感谢。同时，我们也为能有幸结识来自全国各地的新朋友感到十分高兴。在此，我谨再次向新朋友们表示热烈欢迎，并希望能与新朋友们密切协作，发展相互间的友好合作关系。

"有朋自远方来，不亦乐乎"。在此新朋老友相会之际，我提议：

为今后我们之间的进一步合作，

为我们之间日益增进的友谊，

为朋友们的健康幸福，

干杯！

××厂全体

××××年××月××日

你知道吗

欢迎词写作的注意事项

欢迎词是出于礼仪的需要而使用的，因此要十分注意礼貌。具体而言，要注意以下几点：

1. 称呼要用尊称，感情要真挚，要能较得体地表达自己的原则立场。

2. 措辞要慎重，勿信口开河，同时要注意尊重对方的风俗习惯，应避开对方的忌讳，以免发生误会。

3. 语言要精确、热情、友好、温和、礼貌。

4. 篇幅短小，言简意赅。一般的欢迎词都是一种礼节性的外交或公关辞令，宜短小精悍，不必长篇大论。

二、欢送词

欢送词是行政机关、企事业单位、社会团体或个人在公共场合欢送友好团体回归或亲友出行时致辞的讲话稿。

1. 特点

这种礼仪文书在涉外活动和一般的社交活动中使用频繁，其主要作用是能活跃社交气氛，交流宾主感情，密切相互关系，从而给客人或主人留下深刻而良好的印象。这种礼仪文书的主要特点是：感情真挚，语言文雅大方，如是国际间的迎送往来还应使用适当的外交辞令；内容精要，篇幅简短，一般不涉及具体的细节问题，重在表示热情友好的交往态度。

2. 结构和写作方法

同欢迎词一样，欢送词也由标题、称呼、正文和落款组成。

（1）标题　标题的写法一般有两种。

● 单独以文种命名。如《欢送词》。

● 由活动内容和文种名共同构成。如《在研讨会结束典礼上的讲话》。

（2）称呼　称呼要求写在开头顶格处。要写出宾客的姓名称呼。如"尊敬的各位先生们、女士们""亲爱的×大学各位同仁"。

（3）正文　欢送词的正文一般由开头、中间和结尾三部分构成。

● 开头　开头通常应说明此时在举行何种欢送仪式，发言人是以什么身份代表哪些人向宾客表示欢送的。

● 中间　欢送词在这一部分要回顾和阐述双方在合作或访问期间在哪些问题和项目上达成了一致的立场、取得了哪些有突破性的进展，陈述本次合作交流中双方的合作和交流给双方所带来的益处，阐述其深远的历史意义。

● 结尾　通常在结尾处再次向来宾表示真挚的欢送之情，并表达期待再次合作的心愿。

（4）落款　欢送词在落款处要署上致词的单位名称、致词者的身份、姓名，并署上成文日期。

例文

欢 送 词

尊敬的女士们、先生们：

首先，我代表××，对你们访问的圆满成功表示热烈的祝贺！

明天，你们就要离开了，在即将分别的时刻，我们的心情依依不舍。大家相处的时间是短暂的，但我们之间的友好情谊是长久的。我国有句古语："来日方长，后会有期。"我们欢迎各位女士、先生在方便的时候再次来做客，相信我们的友好合作会日益加强。

祝大家一路顺风，万事如意！

×公司
××××年××月××日

三、答谢词

答谢词，是指特定的公共礼仪场合，主人致欢迎词或欢送词后，客人所发表的对主人的热情接待和多关照表示谢意的讲话。答谢词也指客人在举行必要的答谢活动中所发表的感谢主人的盛情款待的讲话。

1. 特点

这种礼仪文书在涉外活动和一般的社交活动中使用频繁，其主要作用是能活跃社交气氛，交流宾主感情，密切相互关系，从而给客人或主人留下深刻而良好的印象。这种礼仪文书的主要特点是：感情真挚，语言文雅大方，如是国际间的迎送往来还应使用适当的外交辞令；内容精要，篇幅简短，一般不涉及具体的细节问题，重在表示热情友好的交往态度。

2. 结构和写作方法

答谢词的写作重点在于表达出对主人的热情好客的真挚感谢之情。

答谢词的开头，应先向主人致以感谢之意。

答谢词的主体，先是用具体的事例，对主人所做的一切安排给予高度评价，对主人的盛情款待表示衷心的感谢，对访问取得的收获给予充分肯定。然后，谈自己的感想和心情。比如，颂扬主人的成绩和贡献，阐发访问成功的意义，讲述对主人的美好印象等。

答谢词的结尾，主要是再次表示感谢，并对双方关系的进一步发展表示诚挚的祝愿。

例文

答 谢 词

尊敬的×集团公司的朋友们：

首先，请允许我代表团全体成员对××先生及××集团公司对我们的盛情接待表示衷心的感谢。

我们一行五人代表××公司首次来贵地访问，此次来访时间虽短，但收获颇大。仅三天时间，我们对贵地的电子业有了比较全面的了解，与贵公司建立了友好的技术合作关系，并成功地洽谈了××电子技术合作事宜。这一切，都得益于主人的真诚合作和大力支持。对此，我们表示衷心的感谢。

电子业是新兴的产业，蒸蒸日上，有着广阔的发展前景。贵公司拥有一支由网络专家组成的庞大队伍，技术力量相当雄厚，在网络工作站市场中一枝独秀。我们有幸与贵公司建立友好的技术合作关系，为我地电子业的发展提供了新的契机，必将推动我地的电子业迈上一个新台阶。

最后我代表××公司再次向××集团公司表示感谢，并祝贵公司迅猛发展，再创奇迹。更希望彼此继续加强合作，共创明天。

最后，我提议：

为我们之间正式建立友好合作关系，为今后我们之间的密切合作，干杯！

×公司

××××年××月××日

📢 **你知道吗**

怎样写好答谢词

1. 客套话与真情

在礼仪场合，必要的客套话是不能省略的，比如"感谢""致敬"之类热情洋溢、充满真情的词语。

2. 尊重对方习惯

在异地做客，要了解当地的民情、风俗，尊重对方习惯。

3. 注意照应欢迎词

主人已经致词在前，作为客人不能"充耳不闻"。答谢词要注意与欢迎词的某些内容照应。这是对主人的尊重。即使预先准备了答谢词，也要在现场紧急修改补充，或因情因境临场应变发挥。

4. 篇幅力求简短

欢迎词、答谢词都是应酬性讲话，而且往往是在一次公关礼仪活动刚开始时发表的，下面还有一系列的活动等着进行。因此篇幅要力求简短，不宜冗长拖沓，以免令人生厌。

知识点 2　贺　信

一、贺信的概念

贺信是表示庆贺的书信，带有交际和社会礼仪的作用，是逢喜庆之时交流感情、密切关系的重要文字形式。

二、贺信的特点

贺信可以用来表彰、赞扬、庆贺对方在某个方面作出的贡献的。这类贺信具有表扬和慰问的特点，例如祝贺重要会议的召开、某项工程的竣工或某一科研项目取得较大的成果等。也有的是对人的寿辰、婚姻喜庆表示祝贺的贺信。有的贺信是用电讯来传达的，也叫贺电。所以贺信的用词感情热烈真挚，语言明快流畅，措词得体，言简意明，力求短小精悍，篇幅不宜过长。

三、贺信的种类

1. 对大会的祝贺

某些活动、会议有重要意义，有关单位、领导甚至个人都会到场表示祝贺。这种祝贺词，一般有三个内容：一是祝贺会议召开；二是赞扬会议的意义；三是提出希望或表示态度。如果是上级单位，还可阐述上级对该单位的指导方针，提出当前工作的要求。

2. 对人们取得突出成绩的祝贺

某单位或个人，在某方面取得了突出的成绩，单位的上级、关系单位或亲朋好友，到会表示祝贺。

3. 对担任新职的祝贺

当党和国家的领导人，通过法定的程序被推选出来的时候，友好的国家就会来电祝贺。这既是国与国之间友好的一种表示，也是对新的领导人的一种鼓舞。

4. 对单位喜庆日子的祝贺

每个单位都有喜庆日子，如工厂建厂多少周年等。较有影响的单位，往往会举行庆祝活动，上级、兄弟单位或有关的人，往往也会发信、致电或亲临祝贺。近几年来，有不少校庆活动，这类贺词、贺信、贺电使用频繁，有些还以诗的形式来表达感情。

5. 对老人寿辰的祝贺

给老人祝寿，是我国的传统习惯。祝寿词的内容，一般是祝老人"寿比南山，福如东海"，也有称颂老人的崇高气节和事业成就的。

四、贺信的构成和写法

贺信一般由标题、称呼、正文和落款四个部分组成。

1. 标题

一般是"祝贺"加主要事项内容。如果用于张贴或篇幅较短，也可只写"贺信"二字。

2. 称呼

第一行顶格写。写单位名称或个人姓名及职务。

3. 正文

开头大多是："值此……之际，谨代表……向……表示热烈祝贺"之语；中间可结合实际，概括分析事项的重大意义，肯定成绩；最后是表示希望之语。

4. 落款

署明发出单位名称或个人姓名及日期。

> 讨论
>
> 贺信的主要功能是什么？

例文

贺　　信

广东海洋大学：

　　值此乙酉金秋，欣闻广东海洋大学建校七十周年，谨向贵校全体师生员工和校友致以热烈的祝贺和诚挚的问候！

　　历经七十年的风雨历程，广东海洋大学已发展成为一所以海洋学科为特色，理、工、农、文、经、管、法、教等学科协调发展，以应用学科见长，兼有理论学科的综合型海洋大学，多年来为国家培养了大批优秀的专业人才。

值此建校七十周年庆典，我们相信贵校定能抓住机遇，开拓创新，加快发展，为把广东海洋大学建成在国内外有一定影响和地位的现代海洋大学而努力奋斗！

衷心祝愿贵我两校进一步加强校际交流，团结合作，共同为国家实施科教兴国战略和全面建设小康社会做出新的更大的贡献！

北京大学

2005 年 11 月 17 日

知识点 3　讣告和悼词

一、讣告

讣告也叫讣闻，是人死后报丧的凶讯。讣告应该在向遗体告别前尽早发出，以便逝者亲友做好赴丧准备。我国现代讣告形式有三种：一般式、公告式、简便式。公告式隆重、庄严，往往由高级机关团体做出决定发出。简便式的讣告常作为一则消息在传播媒体上公布。

1. 特点

（1）介绍性、准确性　起草讣告前，对死者生前的一般情况、简单经历、开追悼会的时间、地点、要求等要有准确的了解。

（2）语言简练、语气严肃　讣告语言要求准确、简练，并需要掌握一定的惯用语。文字虽短小，但能体现对死者严肃郑重的哀悼。

2. 结构和写作方法

讣告一般由标题、正文、落款三个部分组成。

（1）标题　第一行居中，用较大黑体字写"讣告"。有的还写出发出讣告的单位，如《中共中央、全国人大常委会、国务院、全国政协、中央军委讣告》；还有的写出逝者的姓名。

（2）正文　写明死者的姓名、职务、职称、逝世的时间（年月日时分）、地点、逝世的原因及终年年龄。有的还概括介绍死者的主要经历及事迹。最后写明召开追悼会或举行遗体告别仪式的时间、地点。如果死者有丧事从简的遗言，也应写在讣告上，一方面体现出死者的思想境界，另一方面等于告诉大家，不再举行追悼会或遗体告别仪式了。

（3）落款　于结尾右下方写发出讣告的单位及日期。

例文

讣　　告

　　××市原政协委员××同志因病医治无效，不幸于××××年××月××日×时×分在××市逝世，终年九十岁。今定于××××年××月××日×时在×火葬场火化，并遵××同志遗愿，丧事一切从简。

　　特此讣告。

×市政协

××××年××月××日

二、悼词

　　悼词是对死者表示哀悼的话或文章。它有广义和狭义之分。广义的悼词指向死者表示哀悼、缅怀与敬意的一切形式的悼念性文章，狭义的悼词专指在追悼大会上对死者表示敬意与哀思的宣读式的专用文体，即指向死者表示哀悼、缅怀与敬意的悼念性文章。今天的悼词是从古代的诔辞、哀辞、吊文、祭文一步步演化而来的。诔辞作为我国哀悼文体的最古老形式，最早是一种专门表彰死者功德的宣读性的哀悼文体。哀辞文体是诔辞的旁支。诔辞的对象主要是王公、贵族、士大夫并以颂赞死者功德为主；而哀辞的对象主要是"童弱夭折，不以寿终者"，同时以抒发生者哀悼之情为主。吊文指凭吊性的文章，"吊"有慰问之意。吊文内容较诔辞、哀辞广泛，也较其庞杂。可以说吊文是我国古代群众性的哀悼文体。它不一定是歌颂功德的文字，如汉代司马相如的《吊秦二世赋》。吊文也可以对具体的事物而言，成为一种咏怀性的文体，如《吊古战场文》之类。祭文是古时祭祀天地鬼神和死者时所诵读的文章。屈原的《九歌》是最早的祭文。祭文范围较广，只有祭奠死者的文章才属于哀悼文体的范畴。今天我们所说的悼词是"五四"新文化运动的产物，它反映出新时代的新变化，无论在形式还是在内容上，同古代的诔辞、哀辞、吊文、祭文均有实质性的不同。

1. 特点

　　（1）总结死者生平业绩，肯定其一生的贡献　现代性悼词是一种具有高度思想性和现实性的文体，人们以此既寄托哀思又通过死者的业绩激励后来者。如毛泽东同志在追悼张思德同志的追悼会上所致的悼词《为人民服务》，已成为不朽的篇章。它不知激励了多少革命者，直至今天还具有很强的现实意义。

> 你知道悼词和碑文的异同吗？

　　（2）悼词的内容是积极向上的，情感基调是昂扬健康的　它不像古代哀悼文，一味宣泄情绪，充满悲伤的情调，让人感到愁闷压抑。它应该排除一切感伤主义、悲观主义、虚无主义等消极内容。它不是面向过去，而是面向现在和将来，人们常说的"化悲痛为力量"就是这个意思。

　　（3）表现形式和表现手法具有多样性　悼词既可以写成记叙文或议论文，又可以写成优秀的散文作品；既能以叙事为主，也能以议论为主，还可以抒情为主。概括来讲，充分肯定

死者对社会的贡献，真诚表达生者对死者的悼念和敬意，以质朴无华的语言和多种多样的形式体现化悲痛为力量的积极内容，这就是现代悼词的基本特征。

2. 分类

（1）按照用途分

● 宣读体悼词　这种悼词专用于追悼大会，由一定身份的人进行宣读。它是对在场参加追悼的人讲话，而不是对死者讲话。悼词表达出全体在场的人对死者的敬意与哀思，同时勉励群众化悲痛为力量。宣读体悼词以记叙或议论死者的生平功绩为主，而不以个人抒情为主。另外，宣读体悼词受追悼大会本身的时间、地点、条件的限制，在形式上相对来说也较为稳定。

● 艺术散文类悼词　这类悼词内容广泛，包括所有的向死者表示哀悼、缅怀与敬意的情文并茂的文章，这类文章大都发表在报纸杂志上。这种文章通过对死者过去的事情的回忆，展现死者的品质和精神，虽志在怀念，但应落脚在死者的精神对活着的人的鼓舞和激励上。

（2）按照表现的手法分

● 记叙类悼词　记叙类悼词以记叙死者的生平业绩为主，并适当地结合抒情或议论。这是现代悼词最常见的类型。朴实的记叙文体，字里行间充满对死者的哀悼和怀念之情。宣读体悼词和书面体悼词均可以采用这种形式，如朱自清的《哀韦杰三君》。

● 议论类悼词　以议论为主，抒情、叙事为辅的悼词。这类悼词重在评价死者对社会的贡献，议论类悼词能够和现实生活紧密结合，是社会意义较强的一种哀悼文体。如恩格斯《在马克思墓前的讲话》。

● 抒情类悼词　这类悼词以抒发对死者的悼念之情为主，并适当地结合叙事或议论。抒情类悼词经常以抒情散文的形式出现，文学色彩浓厚，能在情感上打动人。它与一般抒情散文的不同在于悼词的情感不同于普通的情感。它崇高而真挚，质朴而自然。如郭沫若的《罗曼·罗兰悼词》。

3. 结构和写作方法

通常来讲悼词没有固定的格式，但宣读体悼词形式却相对稳定，这里主要介绍一下宣读体悼词的格式写法。宣读体悼词主要由三部分构成。

（1）标题　标题的组成方式有两种。一种是直接由文种名称承担标题，如《悼词》。另一种由死者姓名和文种名共同构成，如《在宋庆龄同志追悼会上的悼词》。

（2）正文　悼词的正文通常由开头、中段、结尾三部分构成。

● 开头　以沉痛的心情说明召开或参加此次追悼会的目的，尽可能全面而准确地说明死者的职务、职称和称呼，以示尊崇，要注意这些称呼之间的先后排列顺序。接着简要地概述死者何年何月何日何时何原因与世长辞，以及所享年龄等。

● 中段　承接开头、缅怀死者。这是悼词的主体部分。该部分主要由两方面组成：一是介绍死者的生平事迹，即对死者的籍贯、学历以及生平业绩进行集中介绍，应突出死者对人民、对社会的贡献；二是对死者的思想、精神、作风、品质、修养等作出综合的评价，介绍其对他人和社会产生的积极影响。如鼓舞、激励了青年人，为后人树立了榜样等。该部分的介绍可先概括地说，再具体介绍。也可先具体地介绍，再概括地总结。

● 结尾　主要写明生者对死者的悼念及如何向死者学习、继承其未竟的事业、化悲痛为力量，为国家、为社会做出更大的贡献等内容。最后要写上"永垂不朽""精神长存"之类的话。悼词的结尾要积极向上，不应该是消极的。所以最后的结尾尽量不用"安息吧"这句话。因为"安息吧"是西方天主教为死者举行仪式时的用语，含有人生在世是痛苦的，只有死后才能幸福的消极思想。

（3）落款　悼词一般在开头就已介绍了参加追悼会的人员情况，所以悼词的最后落款一般只署上成文的日期即可。

例文

追悼词

同志们、朋友们：

今天，我们怀着十分沉痛的心情深切悼念离休干部××同志。××同志因患肝癌病医治无效，于2016年6月15日晚9时15分在市人民医院与世长辞，享年91岁。××同志1925年4月生于××省××县，1947年5月参加革命工作。1949年12月加入中国共产党。新中国成立前夕担任东江纵队联络员。新中国成立后，任××县粮食局科长、副局长、××公社副书记、书记。后任××市财政局副局长，××集团公司党委书记兼董事长。1985年5月离休。

在几十年的革命工作生涯中，×同志忠于共产党，热爱祖国，热爱人民。"文化大革命"中，他在错误路线的干扰下，受到极不公正待遇，蒙冤十多年仍坚贞无悔，坚持革命信念，其高尚的品格堪为后人楷模。

××同志一生勤勤恳恳，任劳任怨。他无论是在行政管理岗位，还是在企业管理岗位，他总是一心扑在工作上，敬业爱岗，廉洁自律。××同志为人正直、谦虚谨慎；生活节俭、家庭和睦；对子女要求严格。

××同志的逝世，使我们失去了一位好同志。他虽离我们而去，但他那种勤政廉政和无私奉献精神，永远值得我们学习和缅怀。我们要化悲痛为力量，以××同志榜样，勤奋学习，努力工作，再创佳绩，以慰××同志在天之灵。

××同志精神长存！

××××年××月××日

你知道吗

怎样写出得体的悼词

明确写悼词的目的是主要介绍死者的生平事迹，歌颂死者生前在革命或建设中的功绩，让人们从中学习死者好的思想作风，继承死者的遗志。但是这种歌颂是严肃的，不夸大，不粉饰，要根据事实，作出合理的评价。

要化悲痛为力量。有的死者生前为党为人民做了很多好事，他们的美德会时时触动人们的心灵，悼词应勉励生者节哀奋进。

语言要简朴、严肃、概括性强，这也是写悼词应注意的问题。

每章一练

1. 试述欢迎词的结构和写作方法。

2. 请问欢送词的特点是什么？

3. 简述贺信的种类。

4. 悼词一般分为哪几部分？其中正文部分有什么结构要求？

附 录

一、应用文专门用语

1. 称谓词

即表示称谓关系的词。

第一人称："本""我"，后面加上所代表的单位简称。如：部、委、办、厅、局、厂或所等。

第二人称："贵""你"，后面加上所代表的单位简称。一般用于平行文或涉外公文。

第三人称："该"，在应用文中使用广泛，可用于单指代人、位或事物。如：该厂、该部、该同志、该产品等。"该"字在文件中正确使用，可以使应用文简明、语气庄重。

2. 领叙词

领叙词是用以引出应用文撰写的根据、理由或应用文的具体内容的词。常用的有：

根据 按照 为了 遵照 敬悉 惊悉

……收悉 ……查 为…… 特…… ……现……如下

应用文的领叙词多用于文章开端，引出法律、法规以及政策、指示的根据或事实根据，也有的用于文章中间，起前后过渡、衔接的作用。

3. 追叙词

追叙词是用以引出被追叙事实的词。如：业经、前经、均经、即经、复经、迭经。

在使用时，要注意上述词语在表述次数和时态方面的差异，以便有选择地使用。

4. 承转词

又称过渡用语，即承接上文转入下文时使用的关联、过渡词语，有：为此、据此、故此、鉴此、综上所述、总而言之、总之。

5. 祈请词

又称期请词、请示词，用于向受文者表示请求与希望。主要有：希、即希、敬希、请、望、敬请、烦请、恳请、希望、要求。

使用祈请词的目的在于营造机关之间相互敬重、和谐与协作的气氛，从而建立正常的工作联系。

6. 商洽词

又称询问词，用于征询对方意见和反应，具有探询语气。有：是否可行、妥否、当否、是否妥当、是否可以、是否同意、意见如何。

这类词语一般在公文的上行文、平行文中使用，在使用时要注意确有实际的针对性，即在确需征询对方的意见时使用。

7. 受事词

受事词即向对方表示感激、感谢时使用的词语。如：蒙、承蒙。

属于客套语，一般用于平行文或涉外的公文。

8. 命令词

命令词即表示命令或告诫语气的词语。以引起受文者的高度注意。如：表示命令语气的语词有：着、着令、特命、责成、令其、着即。

表示告诫语气的词语有：切切、毋违、切实执行、不得有误、严格办理。

9. 目的词

目的词即直接交代行文目的的词语，以便受文者正确理解并加速办理。

用于上行文、平行文的目的词，还须加上祈请词，如：请批复、函复、批示、告知、批转、转发。

用于下行文，如：查照办理、遵照办理、参照执行。

用于知照性的文件，如：周知、知照、备案、审阅。

10. 表态词

又称回复用语，即针对对方的请示、问函，表示明确意见时使用的词语。如：应、应当、同意、不同意、准予备案、特此批准、请即试行、按照执行、可行、不可行、迅即办理。

在使用上述词语时应对公文中的下行文和平行文严加区别。

11. 结尾词

结尾词即置于正文最后，表示正文结束的词语。

用以结束上文的词语。如：此布、特此报告、通知、批复、函复、函告、特予公布、此致、谨此、此令、此复、特批。

再次明确行文的具体目的与要求。如：……为要、……为盼、……是荷、……为荷。

表示敬意、谢意、希望。如：敬礼、致以谢意、谨致谢忱。

使用这些词语，可以使文章表述简练、严谨并富有节奏感，从而具有庄重、严肃的色彩。

二、应用文写作常用词语汇释

公文类

备查：供查考。备，准备提供的意思。

备考：书册、文件、表格中供参考的附录或附注。

存查：保存起来以备查考。

参照：参考并仿照。

定案：对方案、案件等所作的最后决定。

核准：审核后批准。

面洽：当面商量。洽，商量，接洽。

业已：即已经。

业经：即已经。

申明：郑重说明。申，申述，说明。

签发：由主管人审核后，签上名字，正式发出。签，书写名字。

签署：在重要文件上正式签字。署，题写名字。

批复：上级对下级答复请示事项用的公文。

纪要：记录要点的文字。

晋级：提升等级。晋，升。

列席：参加会议，有发言权，无表决权。

鉴于：考虑到，觉察到。

就绪：事情安排妥当。就，趋于，归于；绪，条理。

颁布：公布、发布（命令、指示等）。

嘉奖：（上对下）赞许、奖励。嘉，夸奖；奖，奖励。

兹：①这里；②现在。

事宜：关于事情的安排处理。

当否：是否合适。

法律类

起诉状：原告向法院提起起诉的文书。

公诉：刑事诉讼的一种方式，由检察机关代表国家对认为确有犯罪行为、应负刑事责任的人向法院提起诉讼（区别于"自诉"）。

自诉：刑事诉讼的一种方式，由被害人自己向法院起诉（区别于"公诉"）。

辩护：法院审判案件时，被告人或辩护人针对控诉进行申辩的活动。

答辩：被告人或被上诉人对原告或上诉人提出的诉讼理由进行回答与辩解。

上诉：当事人不服地方各级人民法院判决、裁定的，按法律规定程序，有权向上一级法院提起诉讼。

申诉：当事人、法定代理人对已经发生法律效力的判决、裁定认为确有错误的，向原审人民法院或上级人民法院，提出重新审理的要求。申诉不停止判决、裁定的执行。

取保：找保人。

反诉：在同一案件中，被告向原告提起诉讼。

副本：原稿以外的誊录本。

勘验：实地查看。

赃物：贪污、受贿或盗窃等不正当手段得来的财物。

公证：指公证组织接受当事人申请后，依法将当事人所申请的法律行为或具有法律意义的文件和事实予以证明，以确认其真实性与合法性。

经济类

调拨：调动拨付（物资）。

托付：①委托银行部门付给（钱款）；②委托别人照料或办理。

托运：委托运输部门运送（行李、货物）。

债权：有权要求债务人按合同的约定或者依照法律的规定履行义务。

债主：借给别人钱收取利息的人。

收讫：收清（"收讫"两个字常刻成戳子，加盖在发票或其他单据上）。

索供：请求成交供货。

售罄：货物卖光。

打烊：晚上关门停止营业。

标的：合同当事人权利义务所指的对象，如货物、劳务、工程项目等。

礼仪类

台鉴：请您审阅的意思。台，对别人的敬称；鉴，审察的意思。

惠鉴：有劳您审阅的意思。惠，有求于人的敬辞。

雅鉴：请您指教、审阅的意思。雅，高尚不俗，对别人的敬誉之辞。

钧鉴：请您审阅的意思（对上级文职官员用）。

谨悉：谨慎地知道。悉，知道，了解。

台览：您审阅的意思。览，阅看。

已悉：已经知道了。

收悉：收到并知道了。

兹有：现在有。兹，这里，现在。

兹对：现在对。

兹将：现在把。

顷接：刚才接到。顷，刚才。

拜托：托人办事的敬辞。

恭候：恭敬地等着。敬辞。

光临：敬辞，称宾客到来。

惠临：敬辞，称对方到自己这里来。

届时：到时候。届，到。

恳请：诚恳地请求。

莅临：到来，来临。莅，到。

乔迁：①搬到好地方住。②官职升高。

笑纳：请人收下礼物的客套话。

谢忱：感谢的心意。

雅正：请对方指教，常用于书画题款上的客套话。

奉悉：接到来信的意思。

拟于：打算在。

本拟：本来打算的意思。

拟订：起草制订的意思。

就地：在原来的地方（不到别处）。

应予：应该给以的意思。

不予：不给以的意思。

径向：直接向的意思。

径与：直接同的意思。

均应：都应该的意思。

查复：检查后再作答复。

查收：检查后收下的意思。

查询：检查询问的意思。

当即：当时立刻就的意思。

洽商：接洽商谈的意思。

赓即：立即的意思。

洽妥：接洽妥当。

竭诚：竭尽忠诚，全心全意。

歉难：对方提出的要求难以满足，表示抱歉。

尚望：还希望的意思。

孔殷：十分急切的意思。孔，很，十分；殷，深厚。

鉴宥：请求审察原谅的意思。宥，原谅。

函复：写信答复。

惠纳：承您照顾能接受的意思。

诚盼：诚恳盼望的意思。

台祺：您吉祥的意思。

台安：您安好的意思。

见谅：请您原谅的意思。

拨冗：推开繁忙的事务，抽出时间。冗，繁忙的事务。

鉴核：审阅，核查。

钧览：同钧鉴。

敬祈：恭敬地请求。祈，请求。